전면개정판 제36회 공인중개사 시험대비
동영상강의 www.pmg.co.kr

박문각
공인중개사

기초입문서 1차

부동산학개론 | 민법·민사특별법

박문각 부동산교육연구소 편

브랜드만족
1위
박문각
근거자료
후면표기

2025

You Tube
동영상강의
무료제공

합격까지 박문각
합격 노하우가 다르다!

박**문**각 공인중개사

이 책의 머리말

1985년 처음 시행된 공인중개사 시험이 어느덧 36회째 시험을 맞이하게 되었습니다.
해가 거듭될수록 높아지는 문제의 난이도로 많은 수험생들이 시험 준비에 어려움을 겪고 계실 테지만, 준비만 제대로 한다면 단기간에 쉽게 딸 수 있는 자격증이 공인중개사입니다.

먼저 공인중개사 시험을 준비할 때는 [입문서-기본서-필수서-문제집-모의고사-파이널 패스 100선]의 순서로 공부하실 것을 권합니다. 본서는 중개사 시험 준비의 첫걸음이라 할 수 있는 입문서로, 기본서에 앞서 어떤 내용을 익히고 공부해야 하는지, 그 방향을 잡아주는 지침서 역할을 합니다. 때문에 꼭 보지 않아도 되지 않을까 생각하시는 분들도 계시겠지만 입문과정을 거치느냐 거치지 않느냐에 따라 기본서를 이해하고 습득하는 시간이 크게 차이가 나기 때문에 가능하다면 입문서를 공부하고 기본서를 보시는 것이 훨씬 유리합니다.

이 책의 특징은 다음과 같습니다.

· 각 과목별 특성에 맞추어 중요개념을 테마별로 정리하여 제시하고 있습니다.

· 기본서 학습에 앞서 기본적으로 알아야 할 이론과 용어를 쉽게 이해하고 받아들일 수 있도록 풀어서 설명하였습니다.

· 필요한 경우 도표나 만화 등을 활용하여 보다 쉽게 이론을 이해할 수 있도록 돕는 한편, 학습에 재미를 더하고 있습니다.

공인중개사 시험을 준비하시는 분들에게 부끄럽지 않은 교재를 내놓기 위해 많은 교수님들께서 불철주야 애써주셨습니다. 이제 입문서로서의 역할을 제대로 할 수 있도록 다듬고 보완하고 오랜 시간 고민하며 작업한 이 결과물을 조심스럽게 내어놓습니다.
부족한 부분은 계속 채워나갈 것을 약속드리며, 부디 이 책이 공인중개사 합격이라는 수험생들의 꿈을 이루는 데 큰 힘이 되길 바랍니다.

박문각 부동산교육연구소 씀

공인중개사 개요

"자격증만 따면 소자본만으로 개업할 수 있고 '나'의 사업을 능력껏 추진할 수 있다"

'공인중개사는 자격증만 따면 개업하고, 적당히 돌아다니면 적지 않은 수입을 올릴 수 있는 자유직업' 이는 뜬구름 잡듯 공인중개사가 되려는 사람들의 생각인데 천만의 말씀이다.

예전에도 그랬고 지금은 더하지만 '부동산 전문중개인다워야' 제대로 사업을 유지할 수 있고 괜찮은 소득도 올릴 수 있다.

자신의 모든 능력을 전력투구할 때에만 비로소 공인중개사는 최고의 자유직업이라고 할 수 있다.

🏠 공인중개사란

공인중개사란 등록을 하고 타인의 의뢰에 의하여 일정한 보수를 받고 토지나 주택 등의 매매, 교환, 임대차 기타 권리의 득실·변경에 관한 행위의 일신·중개를 하는 자로서, 공인중개사시험에 합격하여 그 자격을 취득한 자이다.

개업공인중개사로서의 공인중개사 업무를 좀더 살펴보면, 앞에서 언급한 알선·중개 외에도 중개부동산의 이용이나 개발에 관한 지도 및 상담(부동산컨설팅)업무도 포함된다. 부동산중개 체인점, 주택 및 상가의 분양대행, 부동산의 관리대행, 경매 및 공매대상 부동산 취득의 알선 등 부동산의 전문적 컨설턴트로서 부동산의 구입에서 이용, 개발, 관리까지 폭넓은 업무를 다룰 수 있다. 최근에는 부동산 가치활용의 중점이 종래의 '부동산의 보존'이라는 차원에서 '부동산의 이용'의 차원으로 옮겨가고 있어, 이에 따른 공인중개사의 업무영역이 더욱 활성화될 것으로 전망된다.

전문직업인으로 정착되어 가는 공인중개사

종래에는 토지나 주택 등의 알선·중개업무를 복덕방이라고 불리는 일반중개인이 담당했었지만 지난 1985년부터 공인중개사제도가 시행됨에 따라 공인중개사만이 부동산중개업의 등록을 받을 수 있게 되었다. 앞으로 공인중개사 자격시험은 해를 거듭할수록 더욱 전문적이고 심도 깊은 출제가 예상되는데, 이는 부동산거래의 공정성과 질적 고양을 추구하는 정책방향과도 밀접한 관련이 있다. 현실적으로도 응시자들의 수준이 높아지고 있으며, 공인중개사가 전문직업인으로 정착되어가는 추세를 띠고 있다. 또한 부동산 유통시장이 1996년부터 개방됨에 따라 우리나라의 부동산업계도 전문화·법인화·대형화되는 추세이고, 부동산 거래정보망과 함께 전국적인 체인점 형성이 두드러지게 나타나면서 공인중개사에 대한 관심이 고조되고 있다.

최근에는 우리나라의 부동산중개사무소도 선진국형으로 변화되어, 부동산컨설팅·분양·관리·개발·신탁 등 전문적인 재산상담에까지도 그 영역을 확대하고 있다.

부동산 시장의 패러다임 변화로 공인중개사의 역할이 커졌다.

부동산 시장은 다른 어떤 분야보다도 경제적·사회적 문제로부터 직접적인 영향을 받는다. 경기선행·후행지수, 금리, 주가, 환율, 세계 경제의 이슈 등 거시경제적 지표들과 지역 부동산거래의 증감, 급매물의 증감, 경매의 경락률, 전세가격과 매매가격의 비율, 주택공급의 인허가 통계 등 부동산 관련지표를 종합적으로 분석해 보면 부동산 시장의 단기적 또는 장기적 미래가 보인다.

IMF 사태 이후 부동산 시장은 패러다임의 변화라는 몸살을 앓고 있어, 그 여파로 금융권의 저금리 기조 유지, 리츠 등 부동산 간접상품의 등장, 외국부동산 자본의 국내 진출 등이 부동산 시장을 움직이는 큰 손이 되고 있다.

최근엔 부동산 투기 수요를 잠재우기 위해 분양권전매 제한, 투기과열지구에서의 규제 강화 등 부동산 투기 억제 대책이 나오고 있다.

이러한 변화를 미리미리 읽고, 그 허리 역할을 해야 하는 게 공인중개사이다.

공인중개사 전망

"자격증 취득하면 무슨 일 할까?"

공인중개사 자격증에 대해 사람들이 가장 많이 궁금해 하는 점이 바로 '취득 후 무슨 일을 하나'이다. 하지만 공인중개사 자격증 취득 후 선택할 수 있는 직업군은 생각보다 다양하다.

공인중개사가 타인의 부동산경매 대행 자격을 부여받아 직접 경매에 참여할 수 있는 제도적 장치가 마련되어 업무범위가 확대되어 보다 전문적인 업무를 할 수 있게 되었다. 공인중개사가 경매·공매 대상 부동산에 대한 시장가격 분석과 권리 분석을 전문자격인으로 이미 수행하고 있는데도 절차적인 행위에 불과한 매수신청 또는 입찰신청의 대리업무를 변호사 및 법무사만이 하도록 제한돼 있어 일반인이 경매 등에 대한 접근이 쉽지 않았지만, 공인중개사에게 입찰신청의 대리 등을 할 수 있도록 하여 업계의 형평성을 도모하고 일반인이 개업공인중개사를 통해 편리하게 경매 등에 참여할 수 있게 됨에 따라 진출할 수 있는 범위가 더 넓어졌다.

 **취 업**

20~30대 수험생들의 경우 인터넷 부동산 회사에 취업을 하는 경우를 볼 수 있다. 부동산 관련 회사에서는 "공인중개사 자격증 취득 여부가 입사시 가장 중요한 요소가 될 수 있다."고 밝혔다. 인터넷 회사뿐만 아니라 법인인 개업공인중개사 등 부동산 관련 기업, 정부재투자기관, 즉 법인인 개업공인중개사와 일반기업에서는 부동산 및 관재팀에 입사할 수 있다. 일반 기업 입사 후에도 승급우대 등의 혜택과 자격증 수당 등이 지급되기도 한다.

🏢 창업

중개사무소 개업은 가장 많은 수험생들이 선택하는 직업이다. 공인중개사는 중개사무소 개설등록을 하여 사무소를 설치, 중개업을 할 수 있다. 소규모의 자본과 자격증만 있으면 창업이 가능해 40~50대 의 퇴직 후의 주 소득원이 된다. 또한 여성들의 경우 결혼과 출산 후에도 안정적으로 일을 할 수 있다는 장점 때문에 20대에서 50대에 이르기까지 다양한 연령층이 공인중개사 시험에 도전하고 있다.

공인중개사가 사무소를 개설하고자 할 때는 가장 먼저 실무교육(실무수습 포함)을 이수하고, 관할 지역 관청(시·군·구청)에 개설등록을 신청한 후 업무보증 설정을 하고 중개업등록증을 교부받음으로써 업무를 개시할 수 있으며 이에 따른 등록신청에 필요한 서류 및 절차는 다음과 같다.

⚙️ 컨설팅

중개사무소 창업과 부동산 기업 입사 외에 합격생들이 선택할 수 있는 직종은 바로 부동산컨설팅이다. 부동산컨설팅은 부동산의 입지 환경과 특성의 조사와 분석을 통해 부동산 이용을 최대화할 수 있는 방안을 연구하며 재개발과 부동산 관련 법규와 세제 등에 대한 자문을 하는 전문화된 직업군이다.

공인중개사 자격증 취득 후 선택할 수 있는 직업의 전문성이 더해짐에 따라 선진국형 중개업으로 자리를 잡아간다고 보는 시각이 높아지고 있다. 기존 장노년층만을 위한 자격증에서 20~30대들의 직업 선택의 폭을 넓혀 주는 자격증으로 범위를 넓혀가고 있다.

공인중개사 공략법

"수험생 유형별 맞춤 합격 방법"

 학습 정도에 따른 공략법

type 01 입문자의 경우

공인중개사 시험 준비 경험이 전혀 없는 상태라면 먼저 시험에 대한 전체적인 파악과 과목에 대한 이해가 필요하다. 서점에서 공인중개사 관련 서적을 살펴보고 공인중개사 시험에 대한 대략적 지식을 쌓은 후 학원에서 수험상담을 받는 것이 좋다.

type 02 학습경험이 있는 경우

잠시라도 손을 놓으면 실력이 급격히 떨어질 수 있으므로 문제풀이를 통해 학습한 이론을 정리하고, 안정적 실력 향상을 위해 꾸준히 노력해야 한다. 강의 또한 평소 취약하다고 느끼는 과목에 대해 집중 심화 학습을 해야 한다. 정기적인 모의고사를 실시하여 결과에 따라 약점을 보완하는 동시에 성적이 잘 나오는 과목에 대해서도 소홀하지 않도록 지속적인 복습을 해야 한다.

type 03 시간이 부족한 직장인 또는 학생의 경우

시험에 올인하는 수험생에 비해 절대적으로 학습시간이 부족하므로 시간을 최대한 아껴가며 효율적으로 공부하는 방법을 찾는 것이 무엇보다도 가장 중요하다. 평소에는 동영상강의 등을 활용하여 과목별 이해도를 높이고 자투리 시간을 활용하여 지하철이나 버스 안에서 자기만의 암기카드, 핸드북 등을 보며 학습하는 것이 좋다. 주말은 주로 기본이론보다는 주중에 학습한 내용의 심화학습 위주로 공부해야 한다.

학습 방법에 따른 공략법

type 01 독학할 경우

신뢰할 수 있는 기본서를 선택하여 기본이론을 충실히 학습하면서 문제집 또는 모의고사 문제집을 통하여 실전에 필요한 문제풀이 방법을 터득하는 것이 관건이다. 주기적으로 모의고사 등에 응시하여 자신의 실력을 확인하면서 체계적인 수험계획을 세우고 이에 따라서 공부하여야 한다.

TIP 관련 법령 개정이 잦은 공인중개사 시험의 특성상 시험 전 최신 수험정보를 확인해 보는 자세가 필요하다.
※ 최신 수험정보 및 수험자료는 **박문각 홈페이지(www.pmg.co.kr)** 참고

type 02 학원강의를 수강할 경우

보통 학원에서는 2달을 기준으로 기본서, 문제집, 모의고사 등에 관련된 강의가 개설·진행되는데 그에 맞춰서 수험 전체의 일정을 잡는 것이 좋다. 학원수업 후에는 개인공부를 통해 실력을 쌓아 나가고, 쉬는 날에도 공부의 흐름을 놓치지 않도록 그 주에 공부한 부분을 가볍게 훑어보는 것이 좋다.

type 03 동영상강의를 수강할 경우

동영상을 통하여 이론강의와 문제풀이 강의를 동시에 수강할 수도 있고, 단원별로 이론강의 수강 후에 문제풀이 강의로 즉시 실력 점검할 수도 있다. 그리고 이해가 안 되거나 어려운 부분은 책갈피해 두었다가 다시 볼 수 있다. 패키지 강좌, 프리미엄 강좌 등을 이용하면 강의료가 할인된다.

TIP 공인중개사 동영상강의: www.pmg.co.kr
박문각공인중개사 전화문의: 02-6466-7201

2025 공인중개사 시험정보

시험일정 및 시험시간

1. 시험일정 및 장소

구 분	인터넷 / 모바일(App) 원서 접수기간	시험시행일	합격자발표
일 정	매년 8월 2번째 월요일부터 금요일까지(2025. 8. 4 ~ 8. 8 예정)	매년 10월 마지막 주 토요일 시행(2025. 10. 25 예정)	11월 중
장 소	원서 접수시 수험자가 시험지역 및 시험장소를 직접 선택		

TIP 1. 제1·2차 시험이 동시접수·시행됩니다.
2. 정기 원서접수 기간(5일간) 종료 후 환불자 범위 내에서만 선착순으로 추가 원서접수 실시(2일간)하므로, 조기마감될 수 있습니다.

2. 시험시간

구 분	교 시	시험과목 (과목당 40문제)	시험시간	
			입실시간	시험시간
제1차 시험	1교시	2과목	09:00까지	09:30 ~ 11:10(100분)
제2차 시험	1교시	2과목	12:30까지	13:00 ~ 14:40(100분)
	2교시	1과목	15:10까지	15:30 ~ 16:20(50분)

* 수험자는 반드시 입실시간까지 입실하여야 함(시험 시작 이후 입실 불가)
* 개인별 좌석배치도는 입실시간 20분 전에 해당 교실 칠판에 별도 부착함
* 위 시험시간은 일반응시자 기준이며, 장애인 등 장애유형에 따라 편의제공 및 시험시간 연장가능(장애 유형별 편의제공 및 시험시간 연장 등 세부내용은 큐넷 공인중개사 홈페이지 공지사항 참조)
* 2차만 응시하는 시간연장 수험자는 1·2차 동시응시 시간연장자의 2차 시작시간과 동일 시작

TIP 시험일시, 시험장소, 시험방법, 합격자 결정방법 및 응시수수료의 환불에 관한 사항 등은 '제36회 공인중개사 자격시험 시행공고시 고지

응시자격 및 합격자 결정방법

1. 응시자격: 제한 없음

다만, 다음의 각 호에 해당하는 경우에는 공인중개사 시험에 응시할 수 없음

① 공인중개사시험 부정행위자로 처분 받은 날로부터 시험시행일 전일까지 5년이 지나지 않은 자(공인중개사법 제4조의3)

② 공인중개사 자격이 취소된 후 시험시행일 전일까지 3년이 지나지 않은 자(공인중개사법 제6조)

③ 이미 공인중개사 자격을 취득한 자

2. 합격자 결정방법

제1·2차 시험 공통. 매 과목 100점 만점으로 하여 매 과목 40점 이상, 전 과목 평균 60점 이상 득점한 자

TIP 제1·2차 시험 응시자 중 제1차 시험에 불합격한 자의 제2차 시험에 대하여는 「공인중개사법 시행령」 제5조 제3항에 따라 이를 무효로 합니다.

* **제1차 시험 면제대상자**: 2024년 제35회 제1차 시험에 합격한 자

시험과목 및 출제비율

구분	시험과목	시험범위	출제비율
제1차 시험 (2과목)	부동산학개론 (부동산 감정평가론 포함)	부동산학개론 • 부동산학 총론[부동산의 개념과 분류, 부동산의 특성(속성)] • 부동산학 각론(부동산 경제론, 부동산 시장론, 부동산 정책론, 부동산 투자론, 부동산 금융론, 부동산 개발 및 관리론)	85% 내외
		부동산 감정평가론(감정평가의 기초이론, 감정평가방식, 부동산 가격공시제도)	15% 내외
	민법 및 민사특별법 중 부동산중개에 관련되는 규정	민법 • 총칙 중 법률행위 • 질권을 제외한 물권법 • 계약법 중 총칙·매매·교환·임대차	85% 내외
		민사특별법 • 주택임대차보호법 • 집합건물의 소유 및 관리에 관한 법률 • 가등기담보 등에 관한 법률 • 부동산 실권리자명의 등기에 관한 법률 • 상가건물 임대차보호법	15% 내외
제2차 시험 1교시 (2과목)	공인중개사의 업무 및 부동산 거래신고 등에 관한 법령 및 중개실무	공인중개사법	70% 내외
		부동산 거래신고 등에 관한 법률	
		중개실무	30% 내외
	부동산공법 중 부동산중개에 관련되는 규정	국토의 계획 및 이용에 관한 법률	30% 내외
		도시개발법	30% 내외
		도시 및 주거환경정비법	
		주택법	40% 내외
		건축법	
		농지법	
제2차 시험 2교시 (1과목)	부동산공시에 관한 법령 및 부동산 관련 세법	부동산등기법	30% 내외
		공간정보의 구축 및 관리 등에 관한 법률 제2장 제4절 및 제3장	30% 내외
		부동산 관련 세법(상속세, 증여세, 법인세, 부가가치세 제외)	40% 내외

TIP 답안은 시험시행일에 시행되고 있는 법령을 기준으로 작성

이 책의 활용방법

Thema

01

중점적으로 학습해야 할 내용을 선별하여 수험생들이 각 과목의 특성을 파악할 수 있도록 테마별로 일목요연하게 정리하였다.

Thema
18 정부의 시장개입수단

STEP 1 이해하기[이해의 영역]

시장실패를 교정하기 위해 정부가 시장에 개입하는데, 개입수단은 크게 직접적 개입고 접적 개입으로 구분할 수 있다.

| 직접적 개입 | 정부가 수요자와 공급자 역할을 수행(수급역할)
예 공영개발, 공공임대주택, 공공토지비축(토지은행), 도시개발사업(수용, 환지 |
| 간접적 개입 | 정부가 수요와 공급을 특정방향으로 유도(수급조절)
예 보조금, 조세, 금융지원, 개발부담금 |

STEP 2 기억하기[암기의 영역]

보조금, 조세, 금융, 개발부담금은 간접적 개입이다.

STEP 3 적용하기[문제풀이의 영역]

대표유형

02

테마를 대표하는 문제를 통해 시험에 자주 출제되는 문제의 유형을 제시하였다.

| 대표유형 | 제31회 |

정부의 부동산 시장 직접개입 유형에 해당하는 것을 모두 고른 것은?

㉠ 토지은행	㉡ 공영개발사업
㉢ 총부채상환비율(DTI)	㉣ 종합부동산세
㉤ 개발부담금	㉥ 공공투자사업

① ㉠, ㉡, ㉢   ② ㉠, ㉡, ㉥
③ ㉢, ㉣, ㉤   ④ ㉢, ㉤, ㉥
⑤ ㉣, ㉤, ㉥

해설 직접적 개입: 토지은행(㉠), 공영개발(㉡), 공공투자사업(㉥)

키워드

간접적 개입
• 총부채상환비율
• 종합부동산세
• 개발부담금
나머지는 직접기

핵심 다지기

1. 현존 · 특정의 물건

물건의 객체는 반드시 특정되고, 현존하여야 한다. 물권의 특징인 배타적, 독점적 지배를 하기 위해서는 물건이 현존해야 하며 또한 특정되어 있어야 한다. 구성부분이 증감 변동하는 집합물이라 하여도 특정성을 상실하지 않는다.

2. 독립한 물건

물권의 객체는 원칙적으로 독립한 물건이어야 한다. 따라서 물건의 일부라든가 구성부분 등은 원칙적으로 별도로 물권의 객체가 되지 못한다. 예를 들어 1필의 토지의 일부에만 다른 사람의 소유권이 성립할 수 없다. 물론 예외가 인정되는 경우가 있는데 그 대표적인 것이 용익물권에 해당한다. 용익물권(用益物權)은 건물 또는 토지의 일부에 대해서도 성립할 수 있다. 독립성의 여부에 대해서는 사회통념과 거래관념에 따라 결정된다.

양도성

물권은 거래의 객체가 되므로 양도성을 본질로 한다. 물론 채권도 양도성을 가질 수 있지만 채권의 성질이나 당사자의 약정에 의하여 양도성이 제한될 수 있는 경우가 많다는 점에서 물권과 구분된다.

❸ 물권의 객체

물권의 객체는 물건이다. 따라서 유체물 및 전기 기타 관리할 수 있는 자연력이 물권의 객체가 된다. 다만, 예외적으로 권리를 물권의 객체로 하는 경우도 있다. 즉, 준점유, 재산권을 목적으로 하는 권리질권, 지상권과 전세권을 목적으로 하는 저당권 등은 권리를 대상으로 하는 물권이다.

> **제98조 【물건의 정의】** 본법에서 물건이라 함은 유체물 및 전기 기타 관리할 수 있는 자연력을 말한다.
> **제99조 【부동산, 동산】** ① 토지 및 그 정착물은 부동산이다.
> ② 부동산 이외의 물건은 동산이다.

핵심 용어 Check

◆ 위기(委棄)

위기란 토지소유권을 지역권자에게 이전한다는 일방적 의사표시를 말한다. 예를 들어 甲이 乙의 토지 일부를 통행할 수 있는 통행지역권을 설정하였는데, 乙이 甲에게 지역권이 설정된 그 부분의 소유권을 일방적으로 이전하는 것을 말한다. 위기에 의하여 지역권은 혼동으로 소멸한다.

03

핵심다지기

중요 내용을 한눈에 파악하고,
다시 한 번 상기할 수 있도록
구성하였다.

2과목

04

핵심용어 Check

공인중개사 시험공부의 입문
자를 위하여 난해한 관련 용
어를 알기 쉽게 설명하였다.

이 책의 차례

01
부동산학개론

이 책의 차례

02
민법 ·
민사특별법

과목별 학습 방법

공인중개사 부동산학개론 시험은 해마다 각 단원별로 일반적인 유형들이 골고루 출제되어 수험생들은 조금이나마 편하게 시험을 치룰 수 있을 것이다. 하지만 긴장을 늦출 수 없는 것은 수험생들이 어렵게 생각하는 계산문제가 유독 많은 비중을 차지하여 출제되는 경우가 있는데, 이는 평소 기본과정을 충실하게 준비하고, 문제집 등을 통해 문제 해결능력을 길러 놓았다면 큰 어려움은 없을 것이라고 생각한다.

부동산학개론 시험은 주로 종합적인 사고와 응용능력을 묻고 있기 때문에 이론에 대한 철저한 이해 위주의 학습이 요구된다. 따라서 기본서를 중심으로 전체적인 흐름을 이해하는 것이 우선이며, 정확한 이해를 바탕으로 이론적인 틀을 잡아놓은 상태에서 문제풀이를 통한 핵심부분의 암기가 이루어진다면 분명 좋은 결과가 있을 것이다.

01

부동산학개론

복합개념의 체계

STEP 1 이해하기[이해의 영역]

복합개념이란 부동산을 정의하는 3가지 관점을 의미하는바, 부동산의 기술적 · 경제적 · 법률적 개념의 총체를 의미한다.

기술적 개념	유형적	물리적 측면: 공간, 자연, 위치, 환경
경제적 개념	무형적	자산, 자본, 생산요소, 소비재, 상품
법률적 개념	무형적	㉠ 협의의 부동산 = 민법상 부동산 = 토지 + 정착물 ㉡ 광의의 부동산 = 협의의 부동산 + 준부동산

① 기술적 개념은 유형적 측면으로 공간, 자연, 위치, 환경으로서의 부동산을 의미한다.

② 경제적 개념은 부동산을 경제활동의 대상으로 취급하는 개념으로 자산, 자본, 생산요소, 소비재, 상품으로서의 부동산을 의미한다.

③ 법률적 개념의 부동산은 협의(좁은 의미)의 부동산과 광의(넓은 의미)의 부동산으로 구분되며, 부동산을 법률적으로 구분하는 개념이다.

STEP 3 적용하기[문제풀이의 영역]

대표유형
제30회 응용

부동산의 개념에 관한 것 중 경제적 개념은 모두 몇 개인가?

> ㉠ 자본　　　　　　㉡ 소비재
> ㉢ 공간　　　　　　㉣ 생산요소
> ㉤ 자연　　　　　　㉥ 자산
> ㉦ 위치

키워드

경제적 개념
자산, 자본, 생산요소, 소비재, 상품

👍정답 4개

복합개념 중 법률적 개념

Thema 02

STEP 1 이해하기[이해의 영역]

법률적 개념이란 부동산을 법률적으로 정의하는 개념으로, 협의 및 광의의 부동산을 의미한다.

> 협의의 부동산 = 좁은 의미의 부동산 = 민법상 부동산 = 토지 + 정착물

협의의 부동산은 좁은 의미의 부동산으로서, 민법 제99조 제1항에 따른 토지 및 그 정착물을 의미한다.

1 토지의 법률적 개념: 소유권

내 용	민법 제211조	법적 범위 내에서 사용, 수익, 처분할 수 있는 권리
범 위	민법 제212조	정당한 이익이 있는 범위 내에서 상·하에 미침
공시방법	부동산	등기에 의함(동산은 점유, 부동산은 등기에 의함)

민법상 토지의 소유권은 사용·수익·처분권을 의미하며, 그 범위는 상하에 입체적으로 미친다.

2 토지의 법률적 개념: 정착물

의 미	① 토지에 부가가치를 더한 개량물 예 주택 등 ② 항구적 목적으로 토지에 부착되어 쉽게 이동할 수 없는 물건	
구 분	종속정착물	토지의 일부: 정착물이면서 토지와 함께 거래!
	독립정착물	토지와는 서로 다른 부동산: 정착물이지만 토지와 따로 거래!

민법상 토지의 정착물에는 토지의 일부로 간주되는 것과 토지와는 서로 다른 부동산으로 간주되는 물건이 있다.

3 토지의 법률적 개념 − 광의의 부동산 : 준부동산

> 광의의 부동산 = 넓은 의미의 부동산 = 협의의 부동산 + 준부동산

① 준부동산은 의제(擬制)부동산이자 법적 부동산을 의미한다.

② 준부동산은 부동산은 아니지만 부동산과 유사한 공시방법을 갖춤으로써, 부동산처럼 등기 · 등록하는 특정의 동산들을 의미한다.

③ 준부동산에는 공장재단, 광업재단, 어업권, 선박, 입목 등이 포함된다.

④ 준부동산은 광의의 부동산에 포함되며, 복합개념 중 법률적 개념에 해당한다.

STEP 2 기억하기[암기의 영역]

① 법 · 경 · 기 = [   ]
② 유형적 = 기술적 = [   ] 측면 [유. 기. 물]
③ 기술적 개념 = 공, 자, 위, 환 ‖ 경제적 : 자산, 자본, 생산, 소비, 상품
④ ★ 협의 = 좁은 = 민법상 부동산 = [   ] + [   ]
⑤ 광의의 부동산 = 협의의 부동산 + [   ]
⑥ 준부동산 = 부동산과 유사한 공시방법 = [   ]하는 특정의 동산

| Answer |
① 복합개념 ② 물리적 ④ 토지, 정착물 ⑤ 준부동산 ⑥ 등기, 등록

STEP 3 적용하기[문제풀이의 영역]

대표유형 · 제29회

우리나라에서 부동산의 소유권에 관한 설명으로 틀린 것은?

① 소유자는 법률의 범위 내에서 토지를 사용·수익·처분할 권리가 있다.
② 민법에서 부동산이란 토지와 그 정착물을 말한다.
③ 토지의 소유권은 정당한 이익 있는 범위 내에서 토지의 상하에 미친다.
④ 토지의 소유권 공시방법은 등기이다.
⑤ 토지의 정착물 중 토지와 독립된 물건으로 취급되는 것은 없다.

해설 토지의 정착물 중 토지와 독립된 물건으로 취급되는 것도 있다. (독립정착물도 존재함)

키워드
① 사용·수익·처분
② 민법상 부동산
　토지 + 정착물
③ 정당한 이익 ‖
　상·하에 미침
④ 토지소유권 공시법
⑤ 독립물건 취급

정답 ⑤

대표유형 · 제30회

부동산의 개념에 관한 것으로 옳은 것으로만 짝지어진 것은?

| ㉠ 자본 | ㉡ 소비재 | ㉢ 공간 | ㉣ 생산요소 |
| ㉤ 자연 | ㉥ 자산 | ㉦ 위치 | |

	경제적 개념	물리적 개념
①	㉠, ㉡, ㉢, ㉥	㉣, ㉤, ㉦
②	㉠, ㉡, ㉣, ㉥	㉢, ㉤, ㉦
③	㉠, ㉣, ㉤, ㉦	㉡, ㉢, ㉥
④	㉡, ㉣, ㉤, ㉥	㉠, ㉢, ㉦
⑤	㉢, ㉣, ㉥, ㉦	㉠, ㉡, ㉤

해설 자본, 소비재, 생산요소, 자산의 4가지가 경제적 개념이고, 나머지는 기술적 개념이다.

키워드
경제적 개념
• 자산
• 자본
• 생산요소
• 소비재
• 상품

정답 ②

대표유형 · 제33회

토지의 정착물에 해당하지 않는 것은?

① 구거 　② 다년생 식물 　③ 가식 중인 수목
④ 교량 　⑤ 담장

해설 ③ 가식 중인 수목은 정착물이 아닌 동산으로 간주

키워드
①②④⑤ 종속정착물
(토지의 일부)

정답 ③

토지의 분류

STEP 1 이해하기[이해의 영역]

택 지	주·상·공	주거용지, 상업용지, 공업용지로 활용되는 건축가능한 토지
부 지	바닥토지	① 일정한 용도로 제공되는 바닥토지 ② 하천, 도로 등 건축이 불가능한 토지를 포함 ③ 토지의 분류 중 가장 포괄적인 개념
후보지	상호간	감정평가상 토지의 용도별 분류는 다음과 같다. **택지지역** 주거지역, 상업지역, 공업지역 **농지지역** 전지지역, 답지지역, 과수원지역 **임지지역** 신탄림, 용재림 후보지는 용도변경 중인 토지로 택지지역, 농지지역, 임지지역 상호간 용도변경이 진행 중인 토지임
이행지	내에서	후보지가 택지지역, 농지지역, 임지지역의 대분류 간 변화라면, 이행지는 특정한 카테고리 내에서 용도변경이 진행 중인 토지를 의미함 (택지 내에서 주거지역이 상업지역으로 변경중)
필 지	등기·등록 지번	① 토지의 법률적 구분단위 : 등기단위, 등록단위, 지번개념 ② 토지의 소유권이 미치는 효력범위
획 지	가격수준	① 토지의 경제적 구분단위 ② 가격수준이 비슷한 일단의 토지를 의미함 ③ 부동산 현상과 활동의 단위이자 토지의 용도별 구분개념
나 지	건물×, 사법×	건물 및 기타의 정착물이 없고, 사법상 토지의 사용수익을 제한하는 권리가 설정되지 아니한 토지
건부지	건축물	지상에 건축물이 부착된 토지
공 지	비워놓은	① 전체 필지 중 건축물을 제외하고 남은 토지 ② 건폐율·용적률의 제한으로 건물을 짓지 않고 남겨둔 토지
맹 지	접속면×	타인의 토지에 둘러싸여 토지와 접속면이 없는 토지(건축불가능)

법 지	소유○, 이익×	① 경사 · 경계면의 토지 ② 법적 소유권은 인정되지만 활용이익이 거의 없는 토지
빈 지	해변, 소유×	① 해변, 백사장 토지(바닷가) ② 법적 소유권은 없지만 활용이익이 있는 토지
휴한지	지력회복	지력회복을 위하여 정상적으로 쉬고 있는 토지
소 지	개발되기 전	택지 등으로 개발되기 이전의 자연적 상태 그대로의 토지
포락지	수면 아래 잠긴	① 개인의 사유지로 지반이 절토되어 내려앉아 하천으로 변한 토지 ② 홍수 등의 사유로 인하여 수면 아래로 잠긴 토지

STEP 2 기억하기[암기의 영역]

① 주 · 상 · 공 : [   ]

② 도로, 하천 등 바닥토지 : [   ]

③ 상호간 전환 중 : [   ] ‖ 내에서 전환 중 : [   ]

④ 건물×, 사법×, 공법○ : [   ]

⑤ 건축면적 제외, 비워놓은 땅, 공법상 규제 : [   ]

⑥ 등기 · 등록 · 지번 : [   ] ‖ 가격수준이 비슷 : [   ]

⑦ 도로와의 접속면× : [   ]

⑧ 경사, 경계면, 소유○, 이익× : [   ] ‖ 해변, 백사장, 소유×, 이익○ : [   ]

⑨ 하천으로 변한, 수면 아래로 잠긴 : [   ]

⑩ 개발되기 이전 : [   ]

Answer

① 택지 ② 부지 ③ 후보지, 이행지 ④ 나지 ⑤ 공지 ⑥ 필지, 획지 ⑦ 맹지 ⑧ 법지, 빈지
⑨ 포락지 ⑩ 소지

STEP 3 적용하기[문제풀이의 영역]

대표유형　　　　　　　　　　　　　　　　　　제32회

토지 관련 용어의 설명으로 틀린 것은?

① 택지지역 내에서 주거지역이 상업지역으로 용도변경이 진행되고 있는 토지를 이행지라고 한다.

② 필지는 하나의 지번이 부여된 토지의 등록단위이다.

③ 획지는 인위적·자연적·행정적 조건에 따라 다른 토지와 구별되는 가격수준이 비슷한 일단의 토지를 말한다.

④ 나지는 건부지 중 건폐율·용적률의 제한으로 건물을 짓지 않고 남겨둔 토지를 말한다.

⑤ 맹지는 도로에 직접 연결되지 않은 토지이다.

해설 ④ 나지가 아닌 공지에 대한 설명이다.

키워드

① 택지지역 내에서
② 지번
③ 가격수준
④ 남겨둔
⑤ 도로에 연결 ×

🔖정답 ④

대표유형　　　　　　　　　　　　　　　　　　제33회

토지는 사용하는 상황이나 관계에 따라 다양하게 불리는바, 토지 관련 용어의 설명으로 틀린 것은?

① 도시개발사업에 소요된 비용과 공공용지를 제외한 후 도시개발사업 전 토지의 위치·지목·면적 등을 고려하여 토지소유자에게 재분배하는 도시를 환지(換地)라 한다.

② 토지와 도로 등 경계 사이의 경사진 부분의 토지를 법지(法地)라고 한다.

③ 고압송전선로 아래의 토지를 선하지(線下地)라 한다.

④ 소유권이 인정되지 않는 바다와 육지 사이의 해변 토지를 포락지(浦落地)라 한다.

⑤ 도시개발사업에 필요한 경비에 충당하기 위해 환지로 정하지 아니한 토지를 체비지(替費地)라 한다.

해설 ④ 소유권이 인정되지 않는 바다와 육지 사이의 해변 토지를 빈지(濱地)라 한다.

키워드

① 위치·지목·면적 등을 고려, 재분배
② 경계, 경사
③ 고압선 아래
④ 해변
⑤ 필요한 경비에 충당

🔖정답 ④

Thema 04 토지의 특성

STEP 1 이해하기[이해의 영역]

토지의 특성 중 자연적 특성에는 부동성, 부증성, 영속성, 개별성, 인접성이 있다.

1 부동성 = 지리적 위치의 고정성

부동성은 토지는 물리적으로 그 위치가 고정되어 있다는 특징이다.

국지화	부동성으로 인해 토지시장은 지역적으로 국한되고 지역마다 규제도 달라짐
지역분석	토지는 고정되어 있으므로 부동산 가치평가시에는 지역분석이 요구됨
외부효과	토지는 고정되어 있으므로 주변환경에 따라 긍정적·부정적 외부효과가 발생함
임장활동	토지는 고정되어 있으므로 현장조사 활동인 임장활동이 중시됨
자산구분	부동성으로 인해 동산과 부동산이 구분됨

2 부증성 = 비생산성

부증성이란 토지는 물리적으로 공급할 수 없고, 생산이 불가능한 재화라는 특징이다.

물리적 공급	토지의 물리적 공급은 불가하며, 그 절대량은 불변임(완전비탄력적)
경제적 공급	① 토지는 개간, 매립, 간척 등을 통해 용도를 전환하여 공급할 수 있음 ② 토지의 용도적·경제적 공급은 가능함
희소성	토지의 공급은 제한되어 있으므로 부동성으로 인해서 토지의 희소성은 증대됨
지대, 지가	부증성으로 인하여 희소성이 강하되고, 토지의 지대 및 지가가 발생함
독점소유욕	부증성으로 인하여 토지에 대한 독점소유욕이 증대됨
수요자 경쟁	부증성으로 인하여 토지시장에서 수요자 경쟁이 발생함
최유효이용	부증성으로 인하여 토지는 귀하고 비싸지므로 최유효이용(최고·최선)이 중시됨
집약화	부증성으로 인하여 토지의 집약도가 높아짐

3 영속성 = 비소모성

영속성이란 토지는 물리적으로 감가되지 않는다는 특징이다.

물리적 감가	토지는 물리적으로 감가되거나 소모되지 않으며 영원함
가치보존력	토지는 감가되지 않으므로 가치보존력이 높음
장기적 배려	토지는 수명이 영속적이므로 의사결정시 장기적 관점이 중시됨
장기투자	투자자는 장기투자를 통하여 영업의 과정 및 처분의 과정에서 이득을 얻을 수 있음
관 리	부동산은 수명이 긴 재화이므로 관리의 중요성이 강조됨

4 개별성 = 비대체성

개별성이란 토지는 물리적으로 대체되지 않는다는 특징이다.

대체 제약	토지는 이질적이므로 물리적으로 대체가 불가능함
일물일가 ×	토지의 가격은 모두 개별화되며, 일물일가(一物一價)의 법칙이 성립되지 않음
정보수집	토지거래는 모두 개별화되기에 거래 정보 수집이 어려움

STEP 2 기억하기[암기의 영역]

대체 제약	1	독점소유욕	6	지역분석	11
물리적 감가 ×	2	장기투자	7	집약화	12
최유효이용	3	희소성	8	일물일가 ×	13
정보수집 어려움	4	임장활동	9	수요자경쟁	14
국지화	5	가치보존력	10	외부효과	15

Answer

① 개별성 ② 영속성 ③ 부증성 ④ 개별성 ⑤ 부동성 ⑥ 부증성 ⑦ 영속성 ⑧ 부증성
⑨ 부동성 ⑩ 영속성 ⑪ 부동성 ⑫ 부증성 ⑬ 개별성 ⑭ 부증성 ⑮ 부동성

STEP 3 적용하기[문제풀이의 영역]

대표유형

토지의 자연적 특성 중 다음 설명에 모두 관련 있는 것은?

- 토지이용을 집약화시킨다.
- 토지의 공급조절을 곤란하게 한다.
- 토지의 소유 욕구를 증대시킨다.

① 인접성   ② 부증성   ③ 영속성
④ 개별성   ⑤ 적재성

해설 집약화, 공급조절의 어려움, 소유욕은 모두 부증성과 관련이 있다.

키워드
- 집약화
- 공급 곤란
- 소유욕

🔖 정답 ②

대표유형

토지의 특성에 관련된 설명으로 옳은 것을 모두 고른 것은?

㉠ 개별성은 토지시장을 불완전경쟁시장으로 만드는 요인이다.
㉡ 부증성은 토지이용을 집약화시키는 요인이다.
㉢ 부동성은 부동산 활동에서 임장활동 필요성의 근거가 된다.
㉣ 영속성은 부동산 활동에서 감가상각 필요성의 근거가 된다.

① ㉠
② ㉡, ㉣
③ ㉠, ㉡, ㉢
④ ㉡, ㉢, ㉣
⑤ ㉠, ㉡, ㉢, ㉣

해설 ㉣ 영속성으로 인해 토지는 감가상각의 필요성이 배제된다.

키워드
- 불완전경쟁시장
- 집약화
- 임장활동
- 감가상각의 배제

🔖 정답 ③

대표유형

토지의 특성에 관련된 설명으로 옳은 것을 모두 고른 것은?

㉠ 부증성으로 인해 동산과 부동산이 구분되고, 일반재화와 부동산 재화의 특성이 다르게 나타난다.
㉡ 부동성으로 인해 임장활동과 지역분석을 필요로 한다.
㉢ 인접성으로 인해 부동산의 수급이 불균형하여 균형가격의 형성이 어렵다.
㉣ 개별성으로 인해 일물일가 법칙의 적용이 배제되어 토지시장에서 물건 간 완전한 대체관계가 제약된다.

① ㉠, ㉡
② ㉠, ㉢
③ ㉡, ㉢
④ ㉡, ㉣
⑤ ㉢, ㉣

해설 ㉠ 부동성에 대한 설명 ㉢ 부증성에 대한 설명

키워드
- 동산/부동산 구분
- 임장/지역분석
- 수급 불균형
- 일물일가 배제

🔖 정답 ④

05 부동산의 수요 · 공급의 기본개념

Thema

STEP 1 **이해하기**[이해의 영역]

1 수요(Demand)와 공급(Supply)

수 요	공 급
① 수요(D): 재화나 서비스에 대한 구매욕구	① 공급(S): 재화나 서비스에 대한 판매욕구
② 수요량(Qd): 특정가격 수준에서의 소비자가 구매하고자 하는 의사와 능력을 갖춘 수량	② 공급량(Qs): 특정가격 수준에서의 공급자가 판매하고자 하는 의사와 능력을 갖춘 수량
③ 사전적, 유효수요: [구매의사 + 구매력]	③ 사전적, 유효공급: [판매의사 + 판매력]

2 유량(flow)과 저량(stock)

부동산의 수요량과 공급량은 일반적으로 일정 기간에 걸쳐 측정되는 유량(flow)의 값이다. 수요량과 공급량은 유량 이외에도 저량의 개념이 존재할 수도 있다.

유 량	저 량
① 유량 = flow = 일정 기간에 걸쳐 측정	① 저량 = stock = 일정시점의 값
② 매월, 매년, 매 분기의 값	② 현재시점의 측정값
③ 임대료, 지대, 신규공급량, 순영업소득, 가계 소비량 등	③ 재고, 자산, 자본, 가치, 부채, 인구, 통화량 등

3 함수, 법칙, 곡선

수 요	공 급
수요함수: 해당 재화의 가격 및 가격 이외 요인과 수요량(Q_d)의 관계	공급함수: 해당 재화의 가격 및 가격 이외 요인과 공급량(Q_s)의 관계
<table><tr><td>해당 재화 가격</td></tr><tr><td>수요량 (Q_d)</td></tr><tr><td>가격 이외 요인</td></tr></table>	<table><tr><td>해당 재화 가격</td></tr><tr><td>공급량 (Q_s)</td></tr><tr><td>가격 이외 요인</td></tr></table>
• 수요법칙: 가격(P)과 수요량(Q_d)의 법칙 • 가격이 상승(↑)하면 수요량은 감소(↓)하고 가격이 하락(↓)하면 수요량은 증가(↑) • 가격과 수요량의 반비례 관계	• 공급법칙: 가격(P)과 공급량(Q_s)의 법칙 • 가격이 상승(↑)하면 공급량은 증가(↑)하고 가격이 하락(↓)하면 공급량은 감소(↓) • 가격과 공급량의 정비례 관계
가격이 100에서 50으로 하락하였더니 수요량이 10에서 20으로 증가하였다!	가격이 50에서 100으로 상승하였더니 공급량이 10에서 20으로 증가하였다!

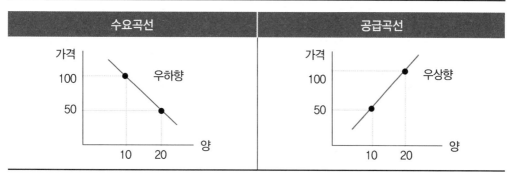

수요곡선	공급곡선

4 수요량의 변화와 수요의 변화

수요량이 10개에서 20개로 증가하였다면 그 원인이 무엇일까?

원인 ① 해당 재화의 가격이 변해서 수요량이 10개 증가할 수도 있고,

원인 ② 가격 이외에 소득이나 인구의 변화로 인해 수요량이 10개 증가할 수도 있다.

① 해당 재화의 가격이 변해서 수요량이 변한다면 이를 수요량의 변화라고 하고,
② 가격 이외의 요인이 변해서 수요량이 변한다면 이를 수요의 변화라고 한다.

수요량의 변화	수요의 변화
해당 재화의 가격변화	가격 이외 요인의 변화
곡선상 점의 이동 곡선이동 없음	곡선 자체의 이동 우측: 증가, 좌측: 감소

STEP 2 기억하기[암기의 영역]

① 특정가격 수준에서 구매하고자 하는 최대수량: [   ]
② 구매의사와 구매력을 갖춘 수요를 [   ]수요라고 한다.
③ 재고, 자산, 자본, 가치, 부채, 인구, 통화량: [   ] ⇨ 재·자·가·부·인·통화
④ 수요법칙: 가격이 상승하면 수요량이 [   ]: 가격과 수요량의 [   ]비례
⑤ 공급법칙: 가격이 상승하면 공급량이 [   ]: 가격과 공급량의 [   ]비례
⑥ 수요곡선은 우[   ]향하고, 공급곡선은 우[   ]향한다.
⑦ 수요의 변화 vs 수요량의 변화

가격 이외 요인변화	¹[ ]의 변화	곡선상의 변화	⁵[ ]의 변화
해당 재화 가격변화	²[ ]의 변화	곡선 자체의 변화	⁶[ ]의 변화
소득의 변화	³[ ]의 변화	곡선상 점의 이동	⁷[ ]의 변화
인구의 변화	⁴[ ]의 변화	곡선이 우측이동	⁸[ ]의 변화

Answer

① 수요량 ② 유효 ③ 저량 ④ 감소, 반 ⑤ 증가, 정 ⑥ 하, 상
⑦ 1. 수요, 2. 수요량, 3. 수요, 4. 수요, 5. 수요량, 6. 수요, 7. 수요량, 8. 수요

STEP 3 적용하기[문제풀이의 영역]

대표유형   제28회, 제29회, 제30회 응용

부동산 수요에 관한 설명으로 틀린 것은? (수요곡선은 우하향하며, 다른 조건은 일정하다고 가정함)

① 가격이 상승하면 수요량이 감소한다.
② 수요량은 일정 기간에 실제로 구매한 수량이다.
③ 대출금리가 하락하면 수요곡선 자체의 변화가 나타난다.
④ 해당 주택가격변화에 의한 수요량의 변화는 동일한 수요곡선상의 이동으로 나타난다.
⑤ 가격 이외의 다른 요인이 수요량을 변화시키면 수요곡선이 좌측 또는 우측으로 이동한다.

키워드

① 가격상승
② 실제로 구매한
③ 금리 하락
④ 해당 가격, 곡선상
⑤ 가격 이외, 곡선이동

해설 ② 수요량은 실제로 구매한 수량이 아닌 사전에 의도된 수량이다.

🔖정답 ②

수요변화요인

이해하기[이해의 영역]

소득	소득증가 ⇨ 수요증가: 정상재		소득증가 ⇨ 수요감소: 열등재	
관련 재화	대체재	소비의 경쟁관계	보완재	소비의 보완관계
		A수요↑ ⇨ B수요↓		C수요↑ ⇨ D수요↑
	• 대체재 가격상승 ⇨ (해당)수요증가 • A가격↑ ⇨ A수요량↓ ⇨ B수요↑ ★ A의 가격과 B의 수요 같은 방향		• 보완재 가격상승 ⇨ (해당)수요감소 • C가격↑ ⇨ C수요량↓ ⇨ D수요↓ ★ C의 가격과 D의 수요 반대 방향	
	대체재: 가·수 같음		보완재: 가·수 반대	
가격예상	가까운 장래에 가격상승예상: 수요증가 ‖ 가격하락예상: 수요감소			

① 소득이 증가하면 정상재의 수요는 증가하며, 열등재의 수요는 감소한다.

② 대체재란 소비로부터 효용이 비슷한 두 재화의 관계를 의미하며, 두 재화가 대체재라면 A의 가격이 상승할 때 B의 수요가 증가하게 된다.

③ 보완재란 그 성격상 동시소비가 유리한 두 재화의 관계를 의미하며, 두 재화가 보완재라면 C의 가격이 상승할 때 D의 수요가 감소하게 된다.

적용하기[문제풀이의 영역]

대표유형

다음을 읽고 ○, ×를 판단하시오.

① 아파트와 단독주택의 관계가 대체재라고 가정할 때 아파트의 가격이 상승하면, 단독주택의 수요는 증가한다.　　　[　] 제26회

② 대체재인 단독주택가격이 상승하면, 아파트의 수요곡선은 우측으로 이동한다.　　　[　] 제29회

③ 부동산 가격상승에 대한 기대감은 부동산 시장에서 수요를 증가시킨다.　　　[　] 제31회

키워드

① A가격상승, B수요?
② A가격상승, B수요?

대체재는 A가격과 B수요의 방향이 같다.
[가. 수. 같음]

정답 ① ○, ② ○, ③ ○

Thema
07 균형의 형성

STEP 1 **이해하기**[이해의 영역]

균형이란 수요량(Qd)과 공급량(Qs)이 일치하는 상태를 의미한다. 균형점은 수요곡선과 공급곡선이 교차하는 지점에서 형성된다.

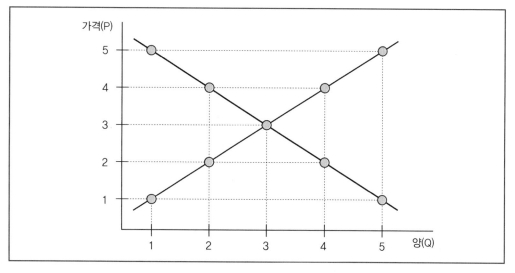

① 가격이 3이 된다면, 수요량과 공급량이 모두 3개가 되므로 균형이 형성된다.

② 이때 가격 3원을 균형가격, 수량 3개를 균형거래량이라고 한다.

③ 만약 균형상태에서 가격이 4로 상승한다면, 수요량은 줄고 공급량은 늘어나면서 초과공급이 발생하게 된다.

④ 만약 균형상태에서 가격이 2로 하락한다면, 공급량은 줄고 수요량은 늘어나면서 초과수요가 발생하게 된다.

⑤ 즉 균형상태에서 가격이 상승하면 초과공급, 가격이 하락하면 초과수요가 발생한다.

> 수요함수가 Qd = 100 − 4P, 공급함수가 Qs = 40 + 2P라면 균형가격과 균형거래량은?
> (Qd는 수요량, Qs는 공급량이며, P는 가격을 의미한다)

① 균형상태는 수요량 = 공급량이므로 Qd와 Qs가 같다고 놓고 풀면 된다.

② 즉, 100 − 4P = 40 + 2P가 균형상태이므로, 60 = 6P가 되고, P = 10이 된다.

③ P = 10을 수요함수에 대입하면 Qd = 100 − 4 × 10 = 60이 되므로, 균형량은 60이 된다.

④ 따라서 균형가격은 10, 균형거래량은 60이다.

STEP 3 적용하기 [문제풀이의 영역]

대표유형

A지역 아파트시장에서 수요함수는 일정한데, 공급함수는 다음 조건과 같이 변화하였다. 이 경우 균형가격(㉠)과 공급곡선의 기울기(㉡)는 어떻게 변화하였는가? (단, 가격과 수량의 단위는 무시하며, 주어진 조건에 한함)

풀이요령

- 기울기 산정
  ⇨ $\dfrac{Q\ 앞\ 숫자}{P\ 앞\ 숫자}$

> - 공급함수: $Q_{s1} = 30 + P$ (이전) ⇨ $Q_{s2} = 30 + 2P$ (이후)
> - 수요함수: $Q_d = 150 - 2P$
> - P는 가격, Qs는 공급량, Qd는 수요량, X축은 수량, Y축은 가격을 나타냄

① ㉠ 10 감소, ㉡ $\dfrac{1}{2}$ 감소

② ㉠ 10 감소, ㉡ 1 감소

③ ㉠ 10 증가, ㉡ 1 증가

④ ㉠ 20 감소, ㉡ $\dfrac{1}{2}$ 감소

⑤ ㉠ 20 증가, ㉡ $\dfrac{1}{2}$ 증가

해설 함수식에서 기울기를 구할 때는 $\dfrac{Q\ 앞\ 숫자}{P\ 앞\ 숫자}$ 로 구하면 된다.

1) 이전 기울기: $\dfrac{1}{1} = 1$ ⇨ 이후 기울기: $\dfrac{1}{2}$, 기울기는 $\dfrac{1}{2}$ 감소

2) 최초 균형가격 30+P=150−2P이므로, 3P=120이 되고, P=40

3) 변경 균형가격 30+2P=150−2P이므로, 4P=120이 되고, P=30

4) 균형가격은 40에서 30으로 10만큼 감소한다.

🔒 정답 ①

Thema 08 균형의 이동

STEP 1 이해하기[이해의 영역]

균형상태에서 수요 또는 공급이 변하면 곡선의 이동으로 인해 균형의 변화가 초래된다.

1 수요나 공급이 하나만 변할 때

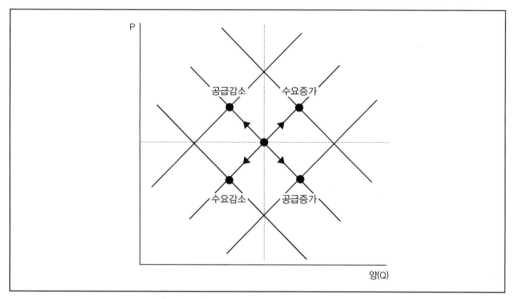

구 분	균형가격	균형거래량
수요증가	상승 (↑)	증가 (→)
수요감소	하락 (↓)	감소 (←)
공급증가	하락 (↓)	증가 (→)
공급감소	상승 (↑)	감소 (←)

① 균형상태에서 수요가 증가하면 균형가격은 상승하고, 균형거래량은 증가한다.

② 균형상태에서 수요가 감소하면 균형가격은 하락하고, 균형거래량은 감소한다.

③ 균형상태에서 공급이 증가하면 균형가격은 하락하고, 균형거래량은 증가한다.

④ 균형상태에서 공급이 감소하면 균형가격은 상승하고, 균형거래량은 감소한다.

수요의 가격탄력성

STEP 1 **이해하기**[이해의 영역]

① 수요의 가격탄력성이란 해당 재화의 가격이 변할 때 해당 재화의 수요량의 변화율을 측정하는 개념이다.

② 수요의 가격탄력성이란 수요량의 증가나 감소를 의미하는 개념이 아니라, 수요량이 변화할 때 양이 얼마나 변화하는가를 측정하는 정량적 개념이다.

$$수요의\ 가격탄력성 = \left| \frac{수요량변화율}{가격변화율} \right|$$

(절댓값으로서 항상 0보다 크거나 같음)

1 가격탄력성의 구분

해당 재화의 가격변화율과 수요량변화율을 비교하여 가격탄력성이 결정된다.

특 징	이 름	의 미	
가격변 ⇨ 양불변	완전비탄력적	양이 불변함	가격탄력성 = 0
가격변 > 양변	비탄력적	가격변화율 > 수요량변화율	가격탄력성 < 1 [1보다 작음]
가격변 = 양변	단위탄력적	가격변화율 = 수요량변화율	가격탄력성 = 1 [기준점]
가격변 < 양변	탄력적	가격변화율 < 수요량변화율	가격탄력성 > 1 [1보다 큼]
양 무한대 변화 (가격불변)	완전탄력적	가격불변(수요량 무한대)	가격탄력성 = ∞

① 가격이 변할 때, 수요량의 변화가 없으면 이를 완전비탄력적이라고 한다. [양불변]

② 가격변화율에 비하여 수요량의 변화율이 작을 때를 비탄력적이라고 한다.

③ 가격변화율과 수요량변화율이 같을 때, 즉 탄력성이 1일 때를 단위탄력적이라고 한다.

④ 수요량변화율이 가격변화율보다 클 때를 탄력적이라고 한다.

⑤ 가격은 불변인 채 수요량이 무한하게 변할 때 또는 미세한 가격변화에 수요량이 무한대로 변할 때, 이를 완전탄력적이라고 한다.

2 가격탄력성의 곡선표현

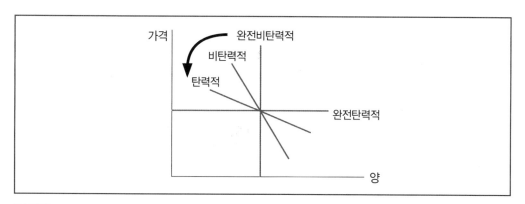

수요의 가격탄력성

① 완전비탄력 = 수직선 ∥ 완전탄력적 = 수평선

② 비탄력적 = 곡선의 기울기가 급하고 수직에 가깝다. (위, 아래의 가격변화율이 큼)

③ 탄력적 = 곡선의 기울기가 완만하고 수평에 가깝다. (좌, 우로의 양적 변화율이 큼)

3 가격탄력성의 결정요인

수요의 가격탄력성에는 대체재의 유무가 가장 큰 영향을 미치며 기타 요인들로는 다음과 같은 것들이 있다.

대체재	대체재가 많을수록 탄력적(탄력성이 커짐)
수요량 측정기간	단기일수록 비탄력, 장기일수록 탄력적 [단비장탄]
용도변경	용이하면 탄력적, 어려우면 비탄력적
규제 및 법규	규제 및 법규가 강화될수록 비탄력

STEP ② 기억하기[암기의 영역]

① 수요의 가격탄력성은 가격이 변할 때 [   ]의 변화율을 측정하는 개념

② 가격탄력성 : 해당 재화의 [   ]변화율에 대한 [   ]의 변화율

③ 가격탄력성의 구분

변화율 같을 때	¹[ ]	양불변	⁵[ ]
가격변화 > 양변화	²[비탄력적 vs 탄력적]	양이 무한히 변화	⁶[ ]
가격변화 < 양변화	³[비탄력적 vs 탄력적]	탄력성 < 1	⁷[ ]
탄력성 = 0	⁴[ ]	탄력성 > 1	⁸[ ]

④ 수직선 = 완전[비탄력 vs 탄력적] ‖ 수평선 = 완전[비탄력 vs 탄력적]

⑤ 기울기 급함 = [탄력적 vs 비탄력적] ‖ 기울기 완만 = [탄력적 vs 비탄력적]

⑥ 대체재가 많을수록 [탄력적 vs 비탄력적]

⑦ 용이하면 [비탄력적 vs 탄력적] ‖ 어려우면 [비탄력적 vs 탄력적]

Answer

① 수요량 ② 가격, 수요량 ③ 1. 단위탄력적, 2. 비탄력적, 3. 탄력적, 4. 완전비탄력적, 5. 완전비탄력적, 6. 완전탄력적, 7. 비탄력적, 8. 탄력적 ④ 비탄력, 탄력적 ⑤ 비탄력적, 탄력적 ⑥ 탄력적 ⑦ 탄력적, 비탄력적

STEP ③ 적용하기[문제풀이의 영역]

대표유형

수요의 가격탄력성에 관한 설명으로 틀린 것은?

① 미세한 가격변화에 수요량이 무한히 크게 변화하는 경우 완전탄력적이다.

② 대체재의 존재 여부는 수요의 가격탄력성을 결정하는 중요한 요인 중 하나이다.

③ 일반적으로 부동산 수요에 대한 관찰기간이 길어질수록 수요의 가격탄력성은 작아진다.

④ 일반적으로 재화의 용도가 다양할수록 수요의 가격탄력성은 커진다.

⑤ 수요의 가격탄력성이 비탄력적이라는 것은 가격의 변화율에 비해 수요량의 변화율이 작다는 것을 의미한다.

키워드

① 양이 무한히
② 대체재 존재
③ 관찰기간 길어질수록
④ 용도가 다양
⑤ 비탄력적, 양변화율이 작다

해설 ③ 관찰기간이 길어질수록 수요는 탄력적 = 탄력성은 커진다.   ⬆정답 ③

대표유형

수요와 공급의 가격탄력성에 관한 설명으로 옳은 것은? (단, x축은 수량, y축은 가격, 수요의 가격탄력성은 절댓값이며, 다른 조건은 동일함)

① 수요의 가격탄력성은 수요량의 변화율에 대한 가격의 변화비율을 측정한 것이다.

② 수요의 가격탄력성이 완전비탄력적이면 가격이 변화할 때 수요량이 무한대로 변화한다.

③ 수요의 가격탄력성이 비탄력적이면 수요량의 변화율이 가격의 변화율보다 더 크다.

④ 공급의 가격탄력성이 탄력적이면 가격의 변화율보다 공급량의 변화율이 더 크다.

⑤ 공급곡선이 수직선이면 공급의 가격탄력성은 완전탄력적이다.

해설 ① 가격의 변화비율에 대한 수요량의 변화비율
② 수요가 완전탄력적일 때를 의미함
③ 수요가 탄력적일 때를 의미함
⑤ 공급이 완전비탄력적임

👍정답 ④

키워드

① 가격변화율에 대한 수요량의 변화율
② 수요량이 무한
③ 수요량 변화율이 큼
④ 공급량 변화율이 큼
⑤ 완전비탄력적

1과목

대표유형   제34회

수요와 공급의 가격탄력성에 관한 설명으로 옳은 것은? (단, X축은 수량, Y축은 가격, 수요의 가격탄력성은 절댓값을 의미하며, 다른 조건은 동일함)

① 가격이 변화하여도 수요량이 전혀 변화하지 않는다면, 수요의 가격탄력성은 완전탄력적이다.

② 가격변화율보다 공급량의 변화율이 커서 1보다 큰 값을 가진다면, 공급의 가격탄력성은 비탄력적이다.

③ 공급의 가격탄력성이 0이라면, 완전탄력적이다.

④ 수요의 가격탄력성이 1보다 작은 값을 가진다면, 수요의 가격탄력성은 탄력적이다.

⑤ 공급곡선이 수직선이면, 공급의 가격탄력성은 완전비탄력적이다.

해설 ① 가격이 변화하여도 수요량이 전혀 변화하지 않는다면 수요곡선이 수직선이며, 수요의 가격탄력성은 완전비탄력적
② 공급의 가격탄력성은 탄력적
③ 완전비탄력적
④ 수요의 가격탄력성은 비탄력적

👍정답 ⑤

키워드

① 수요량 변화 ×
② 1보다 큰 값
③ 탄력성=0
④ 1보다 작은 값
⑤ 수직

부동산 경기변동

1 부동산 경기변동의 의의

① 부동산 경기변동이란 일반경기처럼 부동산 경기가 상승과 하강을 반복하는 현상이다.

② 부동산 경기도 일반경기처럼 회복 ⇨ 상향 ⇨ 후퇴 ⇨ 하향국면이 반복된다.

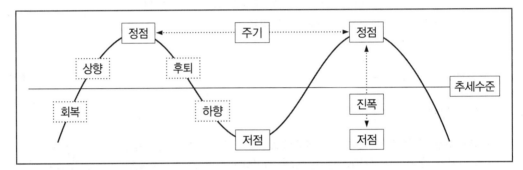

① 정점에서 정점까지를 주기(cycle)라고 하고, 정점에서 저점까지를 진폭이라고 한다.

② 회복국면과 상향국면을 합쳐 팽창(확장)국면이라고 하고, 후퇴국면과 하향국면을 합쳐 수축(위축)국면이라고 한다.

2 부동산 경기변동의 특징

부동산 경기는 일반경기와 비교했을 때 다음과 같은 특징이 있다.

길고 크다	① 일반경기에 비해 주기가 길고 진폭이 큰 편 ② 일반경기보다 저점이 깊고 정점이 높은 편
타성이 길다	부동산 경기는 일반경기에 비해 뒤지는 시간 차이가 발생
불명확, 불규칙	부동산 경기는 명확하지 않고, 일정치 않으며, 분명하지 않은 특징
국지적 ⇨ 전국적	경기는 국지적으로 발생하여 전국적으로 확대되는 경향이 강함
다르고 다양함	지역별·유형별로 모두 다르고 다양하게 나타남

3 부동산 경기변동의 국면별 특징

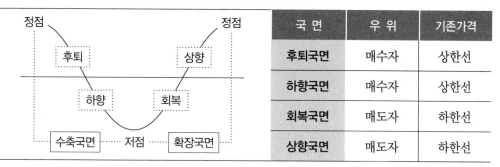

국 면	우 위	기존가격
후퇴국면	매수자	상한선
하향국면	매수자	상한선
회복국면	매도자	하한선
상향국면	매도자	하한선

① 후퇴국면 및 하향국면은 수요가 감소하는 국면으로서 매수자 우위의 시장이 형성되며, 가격은 점차 내림추세가 이어지기 때문에 과거의 사례가격은 새로운 거래의 상한선이 된다.

② 회복국면 및 상향국면은 수요가 증가하는 국면으로서 매도자 우위의 시장이 형성되며, 가격은 점차 오름추세가 이어지기 때문에 과거의 사례가격은 새로운 거래의 하한선이 된다.

STEP 2 기억하기[암기의 영역]

① 경기변동은 회복 ⇨ 상향 ⇨ [   ] ⇨ [   ]
② 부동산 경기는 불·불·불: [명확 vs 불명확], [분명 vs 불분명], [규칙 vs 불규칙]
③ 부동산 경기는 주기가 [길다 vs 짧다], 진폭이 [크다 vs 작다]
④ 후퇴국면: [   ]우위, [   ]한선
⑤ 상향국면: [   ]우위, [   ]한선

Answer
① 후퇴, 하향 ② 불명확, 불분명, 불규칙 ③ 길다, 크다 ④ 매수, 상 ⑤ 매도, 하

STEP 3 적용하기[문제풀이의 영역]

① 부동산 경기는 일반경기와 같이 일정한 주기와 동일한 진폭으로 규칙적이고 안정적으로 반복되며 순환된다. [○, ×] 제31회

② 하향국면은 매수자가 중시되고, 과거의 거래사례가격은 새로운 거래가격의 상한이 되는 경향이 있다. [○, ×] 제25회

③ 회복시장에서 직전국면 저점의 거래사례가격은 현재 시점에서 새로운 거래가격의 하한이 되는 경향이 있다. [○, ×] 제31회

Answer
① × ② ○ ③ ○

부동산 시장

STEP 1 이해하기[이해의 영역]

불완전경쟁	소수의 수급자, 제품의 이질성, 진입장벽, 불완전한 정보의 시장
국지적 시장	부동성으로 인하여 토지시장이 지리적으로 국한됨
수급조절 곤란	부동산은 고가성이 있고 공급의 장기성이 있으므로 수급조절이 곤란하며, 단기적으로 시장이 왜곡될 가능성이 큼
정보의 비공개	부동산 거래는 고도로 사적인 경향이 있기에 정보의 비공개성이 있고, 정보수집이 어려우며 정보비용이 요구됨
비표준화	개별성으로 인하여 부동산 시장은 비표준화, 비조직화의 특성이 있음
공매의 제한	부동산은 대체가 불가능한 재화이므로 공매(short selling)가 제한적임

STEP 3 적용하기[문제풀이의 영역]

① 부동산 거래비용의 증가는 부동산 수요자와 공급자의 시장 진출입에 제약을 줄 수 있어 불완전경쟁시상의 요인이 될 수 있다.   [○, ×] 제26회

② 진입장벽의 존재는 부동산 시장을 불완전하게 만드는 원인이다.   [○, ×] 제29회

③ 부동산 시장에서는 어떤 특정한 지역에 국한되는 지역 시장성이 존재한다.

   [○, ×] 제26회

④ 시장의 분화현상은 경우에 따라 부분시장별로 불균형을 초래하기도 한다.

   [○, ×] 제29회

⑤ 부동산 시장에서 정보의 비대칭성은 가격형성의 왜곡을 초래할 수 있다.

   [○, ×] 제28회

⑥ 부동산에 대한 다양한 공적 제한은 부동산 시장 기능을 왜곡할 수 있다.

   [○, ×] 제29회

Answer

① ○   ② ○   ③ ○   ④ ○   ⑤ ○   ⑥ ○

Thema

12 주택시장분석(여과과정, 주거분리)

STEP 1 **이해하기**[이해의 영역]

1 주택여과과정(filtering)

① 여과현상이란 주택의 질적 변화, 가구의 소득변화에 따라 나타나는 가구이동 현상이다.

② 즉 하나의 주택을 놓고 소득에 따라 거주자가 지속적으로 바뀌는 현상을 의미한다.

③ 여과현상은 누가 주택에 들어가느냐에 따라 하향여과와 상향여과로 구분된다.

하향여과	㉠ 상위계층이 사용하던 주택이 하위계층의 사용으로 전환되는 현상 ㉡ 저소득층이 고소득층 주택에 침입하는 현상
상향여과	㉠ 하위계층이 사용하던 주택이 상위계층의 사용으로 전환되는 현상 ㉡ 저급주택이 재개발, 재건축되면서 상위계층이 유입되면서 발생함

여과현상이 지속적으로 발생하기 위해서는 시장에 충분한 공가(空家 - 신규주택)가 공급되어야 하며, 하향여과 현상이 원활하게 작동하면 저가주택의 공급량도 증가하게 된다.

2 주거분리 현상

① 주거분리란 고소득층의 주거지역과 저소득층의 주거지역이 서로 분리되는 현상이다.

② 주거분리는 부동산이 용도별 분화현상이 아닌, 소득계층별로 분화되는 현상이다.

③ 주거분리는 주택 소비자가 정(＋)의 편익을 추구하고, 부(－)의 피해를 피하려는 경향으로 인해 발생하는데, 도시 전체뿐 아니라 지리적으로 인접한 근린지역에서도 발생하는 현상이다.

고소득층	고소득층 주택 중 경계지역과 인접한 주택은 "할인"거래 됨
경계지역	경계지역 주택 중 고소득층 주거지역과 인접한 주택은 "할증"거래 됨 경계지역 주택 중 저소득층 주거지역과 인접한 주택은 "할인"거래 됨
저소득층	저소득층 주택 중 경계지역과 인접한 주택은 "할증"거래 됨
하향여과	고소득 주택의 개조·보수비용 ＞ 가치상승분 : 보수되지 않고 하향여과됨
상향여과	저소득 주택의 가치상승분 ＞ 개조·보수비용 : 보수되어 상향여과됨

STEP 2 기억하기[암기의 영역]

① 연쇄적 가구이동 현상: [   ]현상

② 하위계층의 사용으로 전환: [   ]여과 ∥ 상위계층의 사용으로 전환: [   ]여과

③ 재개발이 되어 상위계층이 유입: [   ]여과

④ 고소득층 주거지역과 저소득층 주거지역이 분리되는 현상: [   ] 현상

⑤ 주거분리는 [용도에 따라 vs 소득계층에 따라] 분리되는 현상

⑥ 고소득층 주택 중 경계지역과 인접: [할증 vs 할인]

⑦ 경계지역 주택 중 고소득층 주거지역과 인접: [할증 vs 할인]

⑧ 경계지역 주택 중 저소득층 주거지역과 인접: [할증 vs 할인]

⑨ 저소득층 주택 중 경계지역과 인접: [할증 vs 할인]

Answer

① 여과 ② 하향, 상향 ③ 상향 ④ 주거분리 ⑤ 소득계층에 따라 ⑥ 할인 ⑦ 할증 ⑧ 할인
⑨ 할증

STEP 3 적용하기[문제풀이의 영역]

대표유형   제31회

주택의 여과과정(filtering process)과 주거분리에 관한 설명으로 틀린 것은?

① 주택의 하향여과과정이 원활하게 작동하면 저급주택의 공급량이 감소한다.

② 저급주택이 재개발되어 고소득가구의 주택으로 사용이 전환되는 것을 주택의 상향여과과정이라 한다.

③ 저소득가구의 침입과 천이 현상으로 인하여 주거입지의 변화가 야기될 수 있다.

④ 주택의 개량비용이 개량 후 주택가치의 상승분보다 크다면 하향여과과정이 발생하기 쉽다.

⑤ 여과과정에서 주거분리를 주도하는 것은 고소득가구로 정(+)의 외부효과를 추구하고, 부(−)의 외부효과를 회피하려는 동기에서 비롯된다.

키워드
① 하향여과의 작동
② 고소득으로 사용
③ 침입과 천이
④ 비용이 크다
⑤ 정(+) 추구,
   부(−) 회피

해설 ① 저급주택의 공급량이 증가한다.   정답 ①

효율적 시장이론

STEP 1 **이해하기**[이해의 영역]

1 효율적 시장

① 시장의 효율성이란 시장이 새로운 정보를 얼마나 지체 없이 가치에 반영하는가의 문제이다.

② 새로운 정보가 지체 없이 가치에 반영되는 시장을 효율적 시장이라고 한다.

③ 정보를 과거, 현재, 미래 정보로 구분했을 때, 시장에 반영되는 정보의 양에 따라 약성 효율적, 준강성 효율적, 강성 효율적 시장으로 구분된다.

약성 효율적	㉠ 과거의 정보가 정확히 가치에 반영된 시장 ㉡ 현재나 미래의 정보는 아직 가치에 반영되지 않은 시장 ㉢ 과거의 정보를 분석해도 초과이윤을 얻을 수 없으며, 현재나 미래의 정보를 이용해서만 초과이윤을 획득
준강성 효율적	㉠ 과거와 현재의 정보가 정확히 가치에 반영된 시장 ㉡ 미래의 정보는 아직 가치에 반영되지 않은 시장 ㉢ 공표된 정보는 시장가치에 반영되어 있으나, 공표되지 않은 정보는 가치에 반영되어 있지 않은 시장 ㉣ 과거 정보나 현재 정보를 분석하면 정상이윤만 발생하고, 초과이윤을 얻기 위해서는 아직 공표되지 않은 미래정보가 필요한 시장
강성 효율적	㉠ 과거, 현재, 미래의 모든 정보가 가치에 반영된 시장 ㉡ 공표된 정보이든 공표되지 않은 정보이든 모든 정보가 시장가치에 반영 ㉢ 아직 공표되지 않은 정보를 분석해도 초과이윤을 얻을 수 없다.

일반적으로 현실의 주식 시장이나 부동산 시장은 준강성 효율적 시장에 가깝다고 볼 수 있다.

STEP 2 기억하기[암기의 영역]

① 정보가 얼마나 지체 없이 가치에 반영? [   ] 시장

② 약성 효율적: [   ]정보만이 시장에 반영

③ 준강성 효율적: [   ]정보는 시장에 미반영

④ 모든 정보가 시장가치에 반영: [   ] 효율적

⑤ 공표된 정보는 시장가치에 반영, 공표되지 않은 정보는 미반영: [   ] 효율적 시장

⑥ 공표된 것이든 공표되지 않은 것이든 모두 시장가치에 반영: [   ] 효율적 시장

⑦ 준강성 효율적 시장에서 초과이윤 획득? [   ] 정보가 필요함

⑧ 강성 효율적 시장은 정보를 통한 초과이윤이 존재 [한다 vs 하지 않는다]

Answer

① 효율적 ② 과거 ③ 미래 ④ 강성 ⑤ 준강성 ⑥ 강성 ⑦ 미래 ⑧ 하지 않는다

STEP 3 적용하기[문제풀이의 영역]

대표유형   제27회

부동산 시장의 효율성에 관한 설명으로 틀린 것은?

① 효율적 시장은 어떤 정보를 지체 없이 가치에 반영하는가에 따라 구분될 수 있다.

② 강성 효율적 시장은 공표된 정보는 물론이고 아직 공표되지 않은 정보까지도 시장가치에 반영되어 있는 시장이므로 이를 통해 초과이윤을 얻을 수 없다.

③ 약성 효율적 시장에서는 현재가치에 대한 과거의 역사적 자료를 분석하여 정상이윤을 초과하는 이윤을 획득할 수 있다.

④ 준강성 효율적 시장은 과거의 추세적 정보뿐만 아니라 현재 새로 공표되는 정보가 지체 없이 시장가치에 반영되므로 공식적으로 이용가능한 정보를 기초로 기본적 분석을 하여 투자해도 초과이윤을 얻을 수 없다.

해설 ③ 약성 효율적 시장은 이미 과거정보가 반영되어 있기 때문에 과거의 역사적 자료를 분석하여 투자하게 된다면 초과이윤을 얻을 수 없다.

키워드

① 정보를 지체 없이

② 공표된 공표되지 않은

③ 과거분석, 초과이윤 획득

④ 준강성 효율적 기본적 분석, 초과이윤 없다

🖰정답 ③

Thema 14 지대(地代)이론

STEP 1 이해하기[이해의 영역]

1 농업지대이론

구 분		특 징
리카도 차액지대설	원 인	비옥도 : "땅의 비옥도가 좋아서⋯⋯."
	특 징	① 비옥한 토지의 희소성 및 수확체감의 법칙을 전제 ② 비옥도에 따라 토지를 한계지와 우등지로 구분하고, 토지의 생산성의 차액을 지대로 봄 ③ 조방적 한계의 토지에는 지대가 발생하지 않으므로 무지대(無地代)토지가 됨
마르크스 절대지대설	원 인	사유화 : "땅이 내 것이라서⋯⋯."
	특 징	① 지대는 비옥도 생산력과 무관하게 소유의 결과로 발생함 ② 토지소유자는 토지 소유라는 독점적 지위를 이용하여 최열등지에도 지대가 발생함
튀넨 위치지대설 (고립국이론)	원 인	수송비 : "땅의 위치가 좋아서⋯⋯."
	특 징	① 농업이 이루어지는 위치에 따라 수송비의 차이가 발생함 ② 도심에 가까울수록 수송비가 절약되므로 지대가 높아진다고 봄

2 도시지대이론 및 현대지대이론

구 분		특 징
알론소 입찰지대설	의 미	입지경쟁의 결과
	특 징	① 도시 내 토지의 입지경쟁을 입찰의 과정으로 설명 ② 입찰지대는 해당 토지에 대해 토지이용자가 지불하고자 하는 최대금액임 ③ 최대지불능력을 가진 주체에게 토지가 우선 할당됨
마샬 준지대	의 미	단기에 공급이 고정된 고정생산요소에 대한 대가
	특 징	① 토지 이외의 고정생산요소 중, 토지와 유사한 성격을 지니는 생산요소에서 비롯되는 대가 ② 인간이 만든 기계, 기구 등에서 비롯되는 이득이나 토지의 개량공사로 인해 발생하는 일시적 이윤 등을 포함함 ③ 단기에만 지대적 성격이 있을 뿐 영구적으로 지속되지 않음
파레토 지대	의 미	지대(rent) = 전용수입 + 경제지대로 구성됨
	특 징	① 전용수입 : 생산요소가 다른 용도가 전용되지 않기 위해 공급자에게 지급되어야 하는 최소수입 ② 경제지대 : 전용수입을 초과하여 생산요소의 공급자에게 지급되는 잉여분

STEP **2** **기억하기**[암기의 영역]

① 비옥도에 따른 수확량의 차이 : [   ]의 이론
② 소유에 의한 지대발생 : 마르크스의 [   ]지대설
③ 위치에 따른 수송비 차이 : [   ]의 위치지대설
④ 알론소의 [   ]지대설 : 입찰경쟁결과 지대가 형성됨
⑤ 마샬의 [   ] : 단기에 공급이 제한된 고정생산요소에 대한 대가
⑥ 파레토 지대 = [   ]수입과 경제지대로 구성

| Answer |
| ① 리카도 ② 절대 ③ 튀넨 ④ 입찰 ⑤ 준지대 ⑥ 전용 |

STEP ③ 적용하기[문제풀이의 영역]

대표유형   제29회

지대이론에 관한 설명으로 옳은 것은?

① 차액지대는 토지의 위치를 중요시하고 비옥도와는 무관하다.

② 준지대는 토지 사용에 있어서 지대의 성질에 준하는 잉여로 영구적 성격을 가지고 있다.

③ 절대지대는 토지의 생산성과 무관하게 토지가 개인에 의해 배타적으로 소유되는 것으로부터 발생한다.

④ 경제지대는 어떤 생산요소가 다른 용도로 전용되지 않고 현재의 용도에 그대로 사용되도록 지급하는 최소한의 지급액이다.

⑤ 입찰지대는 토지소유자의 노력과 희생 없이 사회 전체의 노력에 의해 창출된 지대이다.

해설 ③ 배타적 소유 = 절대지대

① 차액지대는 비옥도를 중시하는 이론이며, 위치의 문제를 경시했다는 평가를 받는다.

② 준지대는 영구적이지 않다.

④ 현재 용도에 그대로 사용되도록 지급하는 최소한의 지급액을 전용수입이라고 한다.

⑤ 사회 전체의 노력에 의해 창출된 지대를 공공발생지대라고 한다.

정답 ③

키워드

① 차액지대
   비옥도와 무관
② 준지대
   영구적 성격
③ 절대지대
   배타적 소유
④ 경제지대
   최소한의 지급액
⑤ 사회 전체의 노력에
   의해 창출된 지대

대표유형   제33회

다음 설명에 모두 해당하는 것은?

• 서로 다른 지대곡선을 가진 농산물들이 입지경쟁을 벌이면서 각 지점에 따라 가장 높은 지대를 지불하는 농업적 토지이용에 토지가 할당된다.

• 농산물 생산활동의 입지경쟁 과정에서 토지이용이 할당되어 지대가 결정되는데, 이를 입찰지대라 한다.

• 중심지에 가까울수록 집약 농업이 입지하고, 교외로 갈수록 조방 농업이 입지한다.

① 튀넨(J. H. von Thünen)의 위치지대설

② 마샬(A. Marshall)의 준지대설

③ 리카도(D. Ricardo)의 차액지대설

④ 마르크스(K. Marx)의 절대지대설

⑤ 파레토(V. Pareto)의 경제지대론

해설 ① 튀넨(J. H. von Thünen)의 위치지대설에 대한 설명이다.

정답 ①

키워드

• 수송비가 지대 결정
• 동심원이론,
   고립국이론
• 중심 : 집약,
   교외 : 조방

공업입지이론

STEP 1 이해하기[이해의 영역]

구 분		특 징
베버 공업입지론	의 미	최고의 공장입지 = 운송비, 노동비, 집적이익을 고려한 비용최소화
	특 징	① 공급자 관점에서 최적 공장입지를 제시한 모형 ② 운송비, 노동비, 집적이익을 중시 – 수송비를 가장 강조함 ③ 최소운송비, 최소노동비, 최대집적이익의 입지를 최적입지로 설명
크리스탈러 중심지이론	의 의	재화의 도달범위, 최소요구 범위 등의 개념을 통해 중심지의 형성과정 및 계층구조 등을 설명한 모형
	특 징	① 중심지: 각종 재화와 서비스 공급기능이 집중되어 배후지에 재화와 　서비스를 공급하는 중심지역 ② 최소요구범위: 판매자가 정상이윤을 얻는 만큼의 충분한 소비자를 　포함하는 경계까지의 거리 ③ 재화의 도달범위: 중심지 활동이 제공되는 공간적 한계로 중심지로 　부터 어느 기능에 대한 수요가 0이 되는 지점까지의 거리
레일리 소매인력 법칙	의 의	뉴턴의 만유인력법칙을 활용하여 중심지 간의 상호작용을 설명
	특 징	레일리의 소매인력법칙에 따르면 A도시가 소비자를 유인하는 힘은 도 시의 크기에 비례, 거리의 제곱에 반비례 함
컨버스 분기점모형	특 징	레일리의 소매인력법칙을 응용하여, 두 도시 간 상권의 분기점, 경계지 점을 측정하는 모델을 제시함
허프 확률이론	의 의	점포의 시장점유율을 측정하는 확률적 모형
	특 징	① 소비자들의 특정 상점의 구매를 설명하는 확률적 모형 ② 점포선택인자: 실측거리, 시간거리, 매장규모, 경쟁자의 수 등 ③ 접근성의 측정 지표로서 마찰계수를 고려함 ④ 교통수단이 발달할수록 마찰계수가 작아지고 선택확률이 증가 ⑤ 편의품보다는 전문품의 경우 마찰계수가 작아짐

STEP 2 기억하기[암기의 영역]

① [　　　]는 공급자 관점에서 운송비, 노동비, 집적이익을 고려하여 비용최소화를 주장
② 도달범위, 최소요구범위를 통해 중심지 형성과정을 설명 : [　　　　　]
③ 레일리 법칙 : 유인력은 크기에 [　　　]. 거리의 제곱에 [　　]
④ 상권의 경계지점, 분기점을 측정하는 모델 : [　　　]의 분기점모형
⑤ 다수의 구매중심점을 가진 대도시 소비자들의 쇼핑모델을 확률적 관점으로 묘사 : [　　　]

Answer

① 베버 ② 크리스탈러 ③ 비례, 반비례 ④ 컨버스 ⑤ 허프

STEP 3 적용하기[문제풀이의 영역]

대표유형　　　　　　　　　　　　　　　　　제29회

다음 이론에 관한 설명으로 틀린 것은?

① 레일리(W. Reilly)는 두 중심지가 소비자에게 미치는 영향력의 크기는 중심지의 크기에 반비례하고 거리의 제곱에 비례한다고 보았다.
② 베버(A. Weber)는 운송비·노동비·집적이익을 고려하여 비용이 최소화되는 지점이 공장의 최적입지가 된다고 보았다.
③ 컨버스(P. Converse)는 경쟁관계에 있는 두 소매시장 간 상권의 경계지점을 확인할 수 있도록 소매중력모형을 수정하였다.
④ 허프(D. Huff)는 소비자가 특정 점포를 이용할 확률은 점포와의 거리, 경쟁점포의 수와 면적에 의해서 결정된다고 보았다.
⑤ 크리스탈러(W. Christaller)는 재화와 서비스에 따라 중심지가 계층화되며 서로 다른 크기의 도달범위와 최소요구범위를 가진다고 보았다.

키워드

① 크기에 반비례, 거리 제곱에 비례
② 비용최소화
③ 경계지점
④ 거리, 경쟁점포 수, 면적에 의해서
⑤ 중심지 계층화, 도달범위, 최소요구범위

해설 ① 레일리에 따르면 유인력은 중심지의 크기에 비례하고 거리의 제곱에 반비례한다고 보았다.

정답 ①

도시내부구조이론

STEP 1 이해하기[이해의 영역]

구 분		특 징
버제스 동심원이론	발달모양	동심원(원형)
	특 징	① 단핵을 기반으로 시카고시의 발달모양을 원형으로 설명 ② 도시팽창에 따른 거주지의 분화현상을 도시생태학적 관점(침입, 경쟁, 천이)으로 묘사 ③ 도시는 5개 지대로 분화 　　중심업무지대 ⇨ 천이지대 ⇨ 근로자 ⇨ 중산층 ⇨ 통근자 ④ 천이(점이)지대는 중심업무지대와 근로자 사이에 위치하며, 소득 수준이 매우 낮은 저소득(극빈)층 지대가 형성됨
호이트 선형(扇形)이론	발달모양	부채꼴(선형)
	특 징	① 단핵을 기반으로 미국 도시 내 고급주택을 위주로 조사 ② 도시발달모양을 부채꼴 = 선형(扇形) = 쐐기형으로 묘사 ③ 도시발달은 교통망을 축으로 부채꼴 모양으로 나타남
해리스와 울만 다핵심이론	발달모양	여러 개의 전문화된 핵
	특 징	① 도시발달은 여러 개의 전문화된 핵이 동시다발적으로 발생 ② 다핵화 요인 － 동종이 모여서 핵이 되고, 이종은 흩어지며 다핵화 **동종(同種)** 유사함 집중, 집적하는 성향 : 양립성 **이종(異種)** 이질적 산재, 분산하는 성향 : 비양립성

STEP ② 기억하기[암기의 영역]

① 도시내부구조 − 동심원 모양 : [   ]의 이론
② 도시생태학적 관점 − 침입, 경쟁, 천이 : [   ]의 이론
③ 버제스의 5지대 : 중심업무지대 − [   ]지대 − 근로자주택 − 중산층주택 − 통근자지대
④ 교통망을 기반으로 부채꼴 모양으로 발달 : [   ]의 이론
⑤ 해리스와 울만은 도시 발달을 [단핵, 다핵] 모델로 설명
⑥ 다핵심이론에 따르면 동종은 [집중, 분산]하는 성향이 있음
⑦ 다핵심이론에 따르면 이종은 [집적, 산재]하는 경향이 있음
⑧ 다핵심이론에 따르면 동종은 [양립, 비양립]하는 경향

Answer
① 버제스 ② 버제스 ③ 천이 ④ 호이트 ⑤ 다핵 ⑥ 집중 ⑦ 산재 ⑧ 양립

STEP ③ 적용하기[문제풀이의 영역]

대표유형   제34회

도시공간구조이론 및 입지이론에 관한 설명으로 옳은 것은?
① 버제스(E. Burgess)의 동심원이론에서 통근자지대는 가장 외곽에 위치한다.
② 호이트(H. Hoyt)의 선형이론에 따르면, 도시공간구조의 성장과 분화는 점이지대를 향해 직선으로 확대되면서 나타난다.
③ 해리스(C. Harris)와 울만(E. Ullman)의 다핵심이론에는 중심업무지구와 점이지대가 존재하지 않는다.
④ 뢰쉬(A. Lösch)의 최대수요이론은 운송비와 집적이익을 고려한 특정 사업의 팔각형상권체계 과정을 보여준다.
⑤ 레일리(W. Reilly)의 소매인력법칙은 특정 점포가 최대이익을 확보하기 위해 어떤 장소에 입지하는가에 대한 8원칙을 제시한다.

해설 ② 교통노선을 따라 부채꼴 모양으로 확대되면서 배치
③ 해리스와 울만의 다핵심이론에 대한 설명으로 중심업무지구와 점이지대가 존재함
④ 운송비, 집적이익을 고려한 것은 베버의 최소비용이론
⑤ 넬슨의 소매입지론에 대한 설명

키워드
① 통근자지대 : 외곽
② 부채꼴 모양(선형)
③ 다핵심이론, 중심업무지구, 점이지대
④ 운송비, 직접이익
⑤ 최대이익 확보

정답 ①

시장실패 : 공공재 및 외부효과

STEP 1 **이해하기**[이해의 영역]

1 시장실패

① 시장실패란 시장에서 어떤 원인으로 인해 자원의 효율적 배분이 실패하는 현상을 의미한다.

② 시장실패는 시장(수요와 공급)이 스스로 문제를 해결할 수 없는 상황으로 부동산 시장은 다음과 같은 특징으로 인해 시장실패가 빈번하게 발생한다.

불완전경쟁	소수의 수급자, 제품의 이질성, 진입장벽, 불완전한 정보
공공재	공공재의 부족문제
외부효과	주변 환경요인으로 인해 발생하는 긍정적·부정적 영향
정보의 비대칭성	정보의 불균등한 분배에 따른 왜곡

2 공공재의 문제

① 공공재는 정부의 세금이나 기금이 투입되어 공공의 사용을 목적으로 공급되는 재화이다.
예 도로, 국방, 치안, 소방, 초등교육, 잘 보전된 산림 등

② 공공재는 다음과 같은 이유로 인해 부동산 시장실패를 초래한다.

비경합성	소비의 경합이 발생하지 않으며 동시적 소비가 가능한 특성
비배제성	별도의 요금을 지불하지 않아도 소비로부터 배제되지 않는 특성
무임승차	비경합성과 비배제성으로 인해 무임승차의 속성이 발생
과소공급	사적 주체에 의해서 공급되지 않거나, 적정량 이하로 공급되는 문제 발생

3 외부효과

① 외부효과란 한 개인의 행위가 제3자에게 의도하지 않게 시장을 통하지 않고 긍정적·부정적 영향을 주었는데, 이에 대한 보상이 이루어지지 않은 상태를 의미한다.

② 외부효과는 뜻하지 않은 주변의 환경적 영향으로 발생하는데, 부동산은 부동성 및 인접성이 있기 때문에 외부효과가 빈번하게 발생하고, 이는 곧 시장실패의 원인이 된다.

③ 외부효과는 정(+)의 외부효과와 부(−)의 외부효과로 구분된다.

정(+)의 외부효과	부(−)의 외부효과
개인의 행위가 제3자에게 의도하지 않게 이익을 주었으나 보상 없음	개인의 행위가 제3자에게 의도하지 않게 피해를 주었으나 보상 없음
사적 비용이 크고, 사회적 편익이 큼	사회적 비용이 크고, 사적 편익이 큼
과소공급 = 부족의 문제	과잉공급 = 과다의 문제
PIMFY : Please In My Front Yard	NIMBY : Not In My Back Yard

④ 정의 외부효과는 과소공급의 문제, 부의 외부효과는 과잉공급의 문제로 인해 시장실패가 발생한다.

STEP 2 기억하기[암기의 영역]

① 시장실패의 원인 고르기

완전경쟁 vs 불완전경쟁	1	정(+)의 외부효과 : 과소 vs 과잉	4
제품의 동질성 vs 이질성	2	부(−)의 외부효과 : 과소 vs 과잉	5
공공재 : 과소 vs 과잉	3	정보의 대칭성 vs 비대칭성	6

② 공공재는 [   ]성과 [   ]성으로 인해 시장실패가 발생할 수 있음

③ 외부효과의 정의

개인의 행위가 [거래당사자 vs 제3자], [의도하게, 의도하지 않게],

[시장을 통해서 vs 시장을 통하지 않고] 긍정적·부정적 영향을 주었는데, 이에 대해

보상이 [이루어진 vs 이루어지지 않은] 상태 ⇨ 의도×, 시장×, 보상×

Answer

① 1. 불완전경쟁 2. 이질성 3. 과소 4. 과소 5. 과잉 6. 비대칭성 ② 비경합, 비배제
③ 제3자, 의도하지 않게, 시장을 통하지 않고, 이루어지지 않은

STEP ③ 적용하기[문제풀이의 영역]

대표유형

제29회

부동산 시장에서 시장실패의 원인으로 틀린 것은?

① 공공재　　　　　② 정보의 비대칭성

③ 외부효과　　　　④ 불완전경쟁시장

⑤ 재화의 동질성

해설 ⑤ 재화의 동질성이 아닌 재화의 이질성이 시장실패의 원인이다.

키워드

재화의 동질성

정답 ⑤

대표유형

공공재에 관한 일반적인 설명으로 틀린 것은?

① 소비의 비경합적 특성이 있다.

② 비내구재이기 때문에 정부만 생산비용을 부담한다.

③ 무임승차와 같은 시장실패가 발생한다.

④ 생산을 시장기구에 맡기면 과소생산되는 경향이 있다.

⑤ 비배제성에 의해 비용을 부담하지 않은 사람도 소비할 수 있다.

해설 ② 공공재는 내구재이며, 다양한 기금과 세금이 투입되어 공공재가 공급된다.

키워드

① 비경합성
② 비내구재
③ 무임승차
④ 과소생산
⑤ 비배제성

정답 ②

대표유형

제30회 일부

외부효과에 대한 설명으로 틀린 것은?

① 외부효과란 어떤 경제활동과 관련하여 거래당사자가 아닌 제3자에게 의도하지 않은 혜택이나 손해를 가져다주면서도 이에 대한 대가를 받지도 지불하지도 않은 상태를 의미한다.

② 정(+)의 외부효과가 발생하면 님비(NIMBY)현상이 발생한다.

③ 부(-)의 외부효과를 발생시키는 시설의 경우, 발생된 외부효과를 제거 또는 감소시키기 위한 사회적 비용이 발생할 수 있다.

④ 여러 용도가 혼재되어 있어 인접지역 간 토지이용의 상충으로 인하여 토지시장의 효율적인 작동을 저해하는 경우, 부의 외부효과가 발생할 수 있다.

해설 ② 정의 외부효과는 PIMFY를, 부의 외부효과는 NIMBY현상을 유발한다.

키워드

① 제3자,
　의도하지 않은,
　지불하지 않은,
② 정: NIMBY
③ 부의 외부효과,
　사회적 비용발생
④ 여러 용도 혼재,
　효율적, 작동저해,
　부의 외부효과

정답 ②

정부의 시장개입수단

STEP 1 이해하기[이해의 영역]

시장실패를 교정하기 위해 정부가 시장에 개입하는데, 개입수단은 크게 직접적 개입과 간접적 개입으로 구분할 수 있다.

직접적 개입	정부가 수요자와 공급자 역할을 수행(수급역할) 예 공영개발, 공공임대주택, 공공토지비축(토지은행), 도시개발사업(수용, 환지 등)
간접적 개입	정부가 수요와 공급을 특정방향으로 유도(수급조절) 예 보조금, 조세, 금융지원, 개발부담금

STEP 2 기억하기[암기의 영역]

보조금, 조세, 금융, 개발부담금은 간접적 개입이다.

STEP 3 적용하기[문제풀이의 영역]

대표유형   제31회

정부의 부동산 시장 직접개입 유형에 해당하는 것을 모두 고른 것은?

㉠ 토지은행	㉡ 공영개발사업
㉢ 총부채상환비율(DTI)	㉣ 종합부동산세
㉤ 개발부담금	㉥ 공공투자사업

① ㉠, ㉡, ㉢   ② ㉠, ㉡, ㉥
③ ㉢, ㉣, ㉤   ④ ㉢, ㉤, ㉥
⑤ ㉣, ㉤, ㉥

해설 직접적 개입 : 토지은행(㉠), 공영개발(㉡), 공공투자사업(㉥)

키워드

간접적 개입
• 총부채상환비율(DTI)
• 종합부동산세
• 개발부담금
나머지는 직접개입

📌정답 ②

STEP ① 이해하기[이해의 영역]

	실시법령	국토의 계획 및 이용에 관한 법률
지역지구제	의 의	① 서로 어울리지 않은 토지이용을 분리함으로써 부의 외부효과를 제거하고 사회적 후생손실을 완화 ② 토지의 효율적 이용 및 공공복리 증진을 도모하기 위한 토지이용규제 수단에 해당 ③ 국토의 계획 및 이용에 관한 법률상 용도지역, 용도지구, 용도구역을 지정하여 토지이용제한
	실시법령	현재 미실시
개발권양도제	의 의	① 토지이용규제로 인해 피해를 본 보전지역의 토지소유자에 대한 손실보상책 ② 토지소유자에게 용적률(개발권)을 부여함으로써 보상 ③ 개발권의 양도를 통해서 규제로 인한 손해를 보상하는 제도이지만 현재 우리나라에서는 미실시
	실시법령	공공토지비축에 관한 법률
공공토지비축	의 의	① 공익사업용지의 원활한 공급과 토지시장의 수급조절을 위해 정부가 미개발 토지를 직접 매입하고 비축하고 공급하는 직접적 개입 방안 ② 국토교통부장관의 계획하에 한국토지주택공사가(LH) 토지를 매입·비축하는 제도
	의 의	공공복리를 위해 토지의 사용·수익·처분권을 제한하는 개념
토지공개념	관련법령	① 토지공개념 3법(1980년대 후반) ② 택지소유상한제: 토지소유한도 제한 - 폐지 ③ 토지초과이득세: 유휴토지 등의 초과이득 환수 - 폐지 ④ 개발이익환수제: 개발로 인한 불로소득 환수 - 실시 중

	실시법령	개발이익환수에 관한 법률
개발이익환수 (개발부담금)	의 의	① 개발사업의 시행으로 인해 발생하는 정상지가상승분을 초과하는 개발이익을 환수 ② 개발사업으로 인한 토지소유자의 불로소득을 개발부담금으로 환수하는 제도
	실시법령	부동산 거래신고 등에 관한 법률
부동산 거래신고제도	의 의	부동산의 매매계약이 있을 때 거래당사자가 그 실제 거래가격 등을 거래 계약체결일부터 30일 이내에 시장·군수 또는 구청장에게 공동으로 신고하는 제도
	실시법령	부동산 거래신고 등에 관한 법률
토지거래허가 구역	의 의	토지의 투기적인 거래가 성행하거나 지가가 급격히 상승하는 지역과 그러한 우려가 있는 지역에 대해서 5년 이내의 기간을 정하여 토지거래계약에 관한 허가구역으로 지정하는 제도
	실시법령	부동산 거래신고 등에 관한 법률
토지선매제도	의 의	시장·군수 또는 구청장이 토지거래계약에 관한 허가신청이 있는 경우 국가, 지방자치단체, 한국토지주택공사 등이 그 매수를 원하는 경우에는 이들 중에서 선매자(先買者)를 지정하여 그 토지를 (협의) 매수하게 하는 제도

STEP 2 **기억하기**[암기의 영역]

① 토지이용 효율화, 공공복리증진, 부의 외부효과 제거 : [   ]
② 규제지역 토지소유자에 대한 손실보상책 : [   ] : [실시 vs 미실시]
③ 공익사업용지 원활한 공급, 수급안정 : [   ] by 한국토지주택공사(LH)
④ 택지소유상한 : [실시 vs 미실시], 토지초과이득세 : [실시 vs 미실시]
⑤ 개발사업으로 인해 발생하는 불로소득을 환수 : [   ]
⑥ 거래신고제도 : 계약체결일로부터 [   ]일 이내 시·군·구청장에게 신고

| Answer |
① 지역지구제 ② 개발권양도제, 미실시 ③ 공공토지비축제도 ④ 미실시, 미실시
⑤ 개발이익환수제도 ⑥ 30

STEP **3** **적용하기**[문제풀이의 영역]

대표유형   제29회

토지정책에 관한 설명으로 틀린 것은?

① 개발부담금제는 개발사업의 시행으로 이익을 얻은 사업시행자로 부터 개발이익의 일정액을 환수하는 제도이다.

② 용도지역·지구제는 토지이용계획을 구현하는 법적 수단이다.

③ 개발권양도제(TDR)는 개발이 제한되는 지역의 토지 소유권에서 개발권을 분리하여 개발이 필요한 다른 지역에 개발권을 양도할 수 있도록 하는 제도이다.

④ 부동산 가격공시제도에 있어 개별공시지가는 국토교통부장관이 공시한다.

⑤ 토지비축제도는 정부가 직접적으로 시장에 개입하는 수단이다.

해설 ④ 개별공시지가는 시장·군수·구청장이 공시한다.

키워드

① 개발이익의 일정액을 환수

② 토지이용계획 구현, 법적 수단

③ 개발권을 양도할 수 있도록 하는

④ 개별공시지가, 국토교통부장관

⑤ 비축제도, 직접적 개입

🔖 정답 ④

대표유형   제33회

부동산 정책과 관련된 설명으로 옳은 것은?

① 분양가상한제와 택지소유상한제는 현재 시행되고 있다.

② 토지비축제도(토지은행)와 부동산가격공시제도는 정부가 간접적으로 부동산 시장에 개입하는 수단이다.

③ 법령상 개발부담금제가 재건축부담금제보다 먼저 도입되었다.

④ 주택시장의 지표로서 PIR(Price to Income Ratio)은 개인의 주택지 불능력을 나타내며, 그 값이 클수록 주택구매가 더 쉽다는 의미다.

⑤ 부동산실명제의 근거 법률은 「부동산등기법」이다.

해설 ③ 개발부담금제(1990년), 재건축부담금제(2006년)
① 분양가상한제는 시행되고 있으나, 택지소유상한제 미시행
② 토지비축제도(토지은행)는 정부의 직접적 개입
④ PIR이 클수록 주택구매가 더 어려움
⑤ 근거 법률은 「부동산 실권리자명의 등기에 관한 법률」

키워드

① 분양가상한제, 택지소유상한제

② 토지비축제도, 간접적 개입

③ 개발부담금제, 재건축부담금제

④ PIR

⑤ 부동산실명제

🔖 정답 ③

Thema 20 주택정책

STEP 1 이해하기[이해의 영역]

임대료상한제 전월세상한제	의 의	**임대료의 인상 비율을 제한하는 규제정책**
	특 징	① 임대료를 시장임대료보다 낮게 규제하는 정책 ② 재계약시 임대인의 인상비율을 제한하는 규제정책 ③ 임대료가 하락하는 효과가 있으므로, 초과수요가 발생하나 임대주택의 공급이 감소(위축)될 우려
임대료보조제 바우처제도	의 의	**임대료의 일부 또는 전부를 보조하는 정책**
	특 징	① 저소득 임차인에게 정부가 임대료를 보조하는 정책 ② 주거급여제도, 바우처제도 등을 통해 소비자 보조 ③ 임차인의 실질소득 증가, 임대주택의 공급을 증가시킴
공공임대주택	의 의	**정부가 직접 임대주택을 건설·매입하여 공급하는 정책**
	특 징	① 정부가 시장임대료보다 낮은 가격으로 임대주택을 공급 ② 정부의 직접적 개입수단으로서, 시장임대료보다 낮게 임대주택을 직접 공급하면 임차인의 주거선택폭이 확대됨 ③ 공공임대주택의 거주자는 사적 주택과의 차액만큼 보조효과
분양가상한제	의 의	**시장의 분양주택가격을 규제하는 정책(by 주택법)**
	특 징	① 주택가격의 안정 및 무주택자의 신규주택구입부담을 완화 ② 신규주택의 분양가격을 시장가격 이하로 통제하는 제도 ③ 분양가격 = 택지비 + 건축비의 합으로 구성 ④ 도시형 생활주택에는 분양가상한제 미적용 ⑤ 분양주택의 공급위축 및 가수요(투기)증가가 우려됨
선분양제도	의 의	**착공과 동시에 분양을 하는 제도**
	특 징	① 계약금 - 중도금 - 잔금납입 후 입주하는 방식 ② 공급자 입장에서 건설자금 조달이 용이함 : 공급 활성화 ③ 수요자 입장에서 비교구매가 어렵고, 품질저하 우려
후분양제도	의 의	**완공 후 혹은 일정 기간 공사가 진행 후 분양하는 제도**
	특 징	① 공급자 입장에서 자금조달을 직접 해야 하는 제도 ② 건설자금 조달이 어렵고 분양시장이 위축될 가능성 ③ 수요자 입장에서는 비교구매가 용이하고 품질개선 효과

STEP 2 기억하기[암기의 영역]

① 임대료상한제는 임대주택시장에서 초과[수요 vs 공급] 유발

② 임대료규제정책은 임대주택 공급을 [활성화 vs 위축]

③ 주택바우처 제도는 임차인의 실질소득을 [증가 vs 감소] ∥ 임대주택 공급을 [증가 vs 감소]

④ 공공임대주택은 정부의 [직접적, 간접적] 개입정책

⑤ 분양가상한제는 분양주택의 공급을 [활성화 vs 위축]

⑥ 비교구매가 용이하고 주택 품질 개선이 기대됨 [선분양 vs 후분양]

Answer
① 수요 ② 위축 ③ 증가, 증가 ④ 직접적 ⑤ 위축 ⑥ 후분양

STEP 3 적용하기[문제풀이의 영역]

대표유형 제31회

주택정책에 관한 설명으로 틀린 것은?

① 금융지원정책은 정부의 주택시장 간접개입방식에 속한다.

② 주택정책은 주거안정을 보장해준다는 측면에서 복지기능도 수행한다.

③ 소득대비 주택가격비율(PIR)과 소득대비 임대료비율(RIR)은 주택시장에서 가구의 지불능력을 측정하는 지표이다.

④ 공공임대주택 공급정책은 입주자가 주거지를 자유롭게 선택할 수 있는 것이 장점이다.

⑤ 주거복지정책상 주거급여제도는 소비자보조방식의 일종이다.

해설 ④ 공공임대주택 공급정책은 입주자가 주거지를 자유롭게 선택할 수 없는 것이 단점이다.

키워드

① 금융 : 간접적 개입
② 주택정책, 복지기능
③ PIR, RIR
④ 공공주택의 공급
⑤ 주거급여, 소비자보조

🔖 정답 ④

대표유형 제29회

주택공급제도에 관한 설명으로 틀린 것은?

① 후분양제도는 초기 주택건설자금의 대부분을 주택구매자로부터 조달하므로 건설자금에 대한 이자 일부를 주택구매자가 부담한다.

② 선분양제도는 준공 전 분양대금의 유입으로 사업자의 초기자금부담을 완화할 수 있다.

③ 후분양제도는 주택을 일정 절차에 따라 건설한 후에 분양하는 방식이다.

④ 선분양제도는 분양권 전매를 통하여 가수요를 창출하여 부동산 시장의 불안을 야기할 수 있다.

⑤ 소비자 측면에서 후분양제도는 선분양제도보다 공급자의 부실시공 및 품질저하에 대처할 수 있다.

해설 ① 초기 주택건설자금의 대부분을 주택 구매자로부터 조달하는 분양체계는 선분양이다.

🖑정답 ①

키워드

① 건설자금을 주택구매자로부터
② 선분양제도, 초기자금부담 완화
③ 후분양, 건설한 후 분양
④ 선분양, 가수요 창출
⑤ 후분양제도, 부실시공, 품질저하에 대처

1 과목

① 정부의 규제임대료가 균형임대료보다 낮아야 저소득층의 주거비 부담 완화효과를 기대할 수 있다. [○, ×] 제28회

② 시장의 균형임대료보다 낮은 임대료 규제는 임대부동산의 공급 축소와 질적 저하를 가져올 수 있다. [○, ×] 제25회

③ 임대료 규제는 장기적으로 민간임대주택 공급을 위축시킬 우려가 있다. [○, ×] 제26회

④ 임대료 상한을 균형가격 이하로 규제하면 임대주택의 공급과잉현상을 초래한다. [○, ×] 제28회

⑤ 주택바우처(housing voucher)는 임대료 보조 정책의 하나다. [○, ×] 제26회

⑥ 임대료 보조정책은 장기적으로 임대주택의 공급을 증가시킬 수 있다. [○, ×] 제28회

Answer

① ○ ② ○ ③ ○ ④ ×(과잉수요) ⑤ ○ ⑥ ○

부동산 투자 : 인플레이션 햇지, 투자수입

STEP 1 이해하기[이해의 영역]

1 인플레이션과 인플레이션 햇지(hedge)

인플레이션이란 실물가치(물가)가 지속적으로 상승하는 현상이자, 동시에 화폐가치가 하락 = 구매력이 하락하는 현상을 의미한다.

> 배추 1포기 가격 : 1,000원에서 ⇨ 3,000원으로 인상 : "물가상승" = 인플레이션
> 배추 1포기 구매 : 1,000원짜리 1장에서 3장이 필요 : "화폐가치 하락" = 구매력 하락

만약 미래에 인플레이션이 예상될 때, 투자자가 화폐 대신 부동산(실물)을 보유하고 있다면 화폐가치 하락으로부터 자신을 방어할 수 있는데, 이러한 투자의 방어적 효과를 인플레이션 햇지(hedge)라고 한다.

2 부동산 투자수입

투자자는 부동산 투자를 통해 투자수입을 얻게 되는데, 이때 부동산 투자를 통해 발생하는 두 가지의 수입을 각각 "소득이득"과 "자본이득"이라고 한다.

부동산가치 : 5억	5년간 임대사업 : 1억 수입	처분(재매도) 8억
총투자액 : 5억원	영업수입 1억 : 소득이득	처분수입 3억 : 자본이득

부동산 투자 : 레버리지 효과

STEP 1 이해하기[이해의 영역]

레버리지(leverage)란 지렛대라는 의미이자, 목적을 달성하는 수단이라는 의미이다. 부동산은 고가성이라는 특징이 있기에 일반적으로 부동산을 매입할 때 자기자본 외에 융자의 도움을 받게 되는데, 이때 융자가 내 집 마련을 위한 레버리지(leverage) 역할을 한다.

1 기초용어

갑(甲)은 임대사업을 하기 위해 60원의 대출을 받아 100원짜리 주택을 매입하였다.
대출금리는 5%이고, 연간 순영업소득이 10원이 될 것이라고 가정한다.

100원	부동산 가치(value) 또는 총투자액이라고 함
60원	타인자본으로서 융자액 또는 저당대부액(loan)이라고 함(레버리지)
40원	자기자본 또는 지분투자액이라고 함
5%	차입이자율 저당수익률, 타인자본수익률이라고 함

2 수익률의 계산

수익률이란 투자액에 대한 수입액의 비율을 의미한다.

갑(甲)은 임대사업을 하기 위해 60원의 대출을 받아 100원짜리 주택을 매입하였다.
대출금리는 5%이고, 연간 순영업소득이 10원이 될 것이라고 가정한다.

① 총투자액 = 부동산가치 = 100원

② 융자액 = 60원

③ 지분투자액 = 40원

④ 총수입 = 영업소득 = 10원

⑤ 이자액 = 60원 × 5% = 3원

⑥ 지분수입 = 총수입 − 이자액 = 7원

총투자수익률	$\dfrac{총수입액}{총투자액}$	$\dfrac{10원}{100원} = 0.1 = 10\%$
자기자본수익률	$\dfrac{지분수입액}{지분투자액}$	$\dfrac{10원 - 3원}{40원} = 0.175 = 17.5\%$
저당수익률	차입이자율 = 5%	이자율 5%

3 레버리지 효과

① 레버리지 효과는 타인자본(융자)이 자기자본수익률에 미치는 효과를 의미한다.

② 레버리지 효과는 정(+)의 효과, 부(−)의 효과, 중립적(0) 효과로 나누어 볼 수 있다.

정(+)의 레버리지	㉠ 융자액이 지분수익률을 + 시키는 효과 ㉡ 자기자본수익률 > 총투자수익률 > 저당수익률(금리) ㉢ 융자비율이 증가할수록 지분수익률은 증가함
부(−)의 레버리지	㉠ 융자액이 지분수익률을 − 시키는 효과 ㉡ 자기자본수익률 < 총투자수익률 < 저당수익률(금리) ㉢ 융자비율이 증가할수록 지분수익률은 감소함
중립적 레버리지	㉠ 자기자본수익률 = 총투자수익률 = 저당수익률 ㉡ 수익률이 동일하거나, 수익률이 변하지 않을 때

STEP 2 기억하기[암기의 영역]

① 레버리지는 [자기자본 vs 타인자본]을 의미한다.

② 부동산가치가 100원이면 [   ]이 100원이라는 의미이다.

③ 은행대출을 60원을 받아 100원짜리 주택을 매입하였다면 지분투자액은 얼마인가?

④ $\dfrac{\text{총수입} - \text{이자비용}}{\text{지분투자액}} = [\qquad]$수익률

⑤ 자기자본수익률이 총투자수익률보다 클 때 [   ]의 레버리지가 예측된다.

⑥ 부채가 수익률에 영향을 미치지 않을 때를 [   ] 레버리지라고 한다.

Answer

① 타인자본 ② 총투자액 ③ 40원 ④ 자기자본 ⑤ 정 ⑥ 중립적 = 0

STEP 3 적용하기[문제풀이의 영역]

대표유형

부동산 투자에 따른 1년간 자기자본수익률은? (단, 주어진 조건에 한함)

- 투자 부동산 가격 : 3억원
- 금융기관 대출 : 2억원, 자기자본 : 1억원
- 대출조건
  - 대출기간 : 1년
  - 대출이자율 : 연 6%
  - 대출기간 만료시 이자지급과 원금을 일시상환
- 1년간 순영업이익(NOI) : 2천만원
- 1년간 부동산가격 상승률 : 0%

① 8%   ② 9%
③ 10%   ④ 11%
⑤ 12%

해설 ① (2,000만원 − 1,200만원) / 1억원 = 8%

풀이과정

① 총수입 : 2,000만
② 이자 : 2억 × 6%
  = 1,200만원
③ 지분투자액 : 1억
④ 자기자본수익률
  $= \dfrac{\text{총} - \text{이}}{\text{지}}$
  $= \dfrac{2{,}000만 - 1{,}200만}{1억}$
  = 8%

정답 ①

투자위험

STEP 1 **이해하기**[이해의 영역]

1 위험(risk)의 의미

① 투자의 위험은 불확실성이자, 예상된 값과 실현된 값이 서로 달라질 가능성을 의미한다.

② 위험을 측정할 때는 통계적으로 분산과 표준편차의 값을 활용한다.

③ 분산 및 표준편차는 예상값과 실제값의 편차를 나타내는 데이터로, 분산이나 표준편차가 클 경우 위험이 큰 투자안이라는 의미이다.

2 위험(risk)의 유형

부동산 투자과정에서 직면하게 되는 위험은 사업상 위험, 금융적 위험, 법률적 위험, 인플레이션 위험, 유동성 위험 등이 있다.

사업상 위험	사업과정에서의 수익성 악화 위험 예 시장위험(수급), 위치위험(입지), 운영 위험(경비)
금융적 위험	① 과도한 융자로 인한 채무불이행 위험 ② 원리금 상환부담에 따른 위험
법률적 위험	법적 환경변화로 인해 야기되는 재산권 위험 예 정책 및 규제의 변화로 인한 위험
인플레이션 위험	인플레이션으로 인한 구매력 하락 위험(화폐가치 하락) 예 인플레이션 ⇨ 은행의 실질이자가치 하락 : 변동금리 계약을 선호
유동성 위험	부동산을 현금화하는 과정의 위험(낮은 환금성) 예 급매시의 손실위험

STEP 2 기억하기[암기의 영역]

① 위험의 의미 : 예상과 실현의 차이 ⇨ [   ] 및 [   ]로 측정함

② 수익성 악화위험 : [   ] 위험 : 시장위험, 위치위험, [   ]위험

③ 과도한 융자로 인한 위험 : [   ] 위험 = 채무불이행 위험

④ 정책 및 규제로 인한 위험 : [   ] 위험

⑤ 구매력 하락 위험 = [   ] 위험

⑥ 대출기관은 구매력 하락 위험을 햇지(hedge)하기 위하여 [   ]금리를 선호함

⑦ 현금화 위험 = [   ] 위험 = 낮은 환금성에 기인

Answer

① 분산, 표준편차 ② 사업상, 운영 ③ 금융적 ④ 법률적 ⑤ 인플레이션 ⑥ 변동 ⑦ 유동성

STEP 3 적용하기[문제풀이의 영역]

대표유형   제23회

부동산 투자의 위험에 관한 설명으로 틀린 것은?

① 장래에 인플레이션이 예상되는 경우 대출자는 변동이자율 대신 고정이자율로 대출하기를 선호한다.

② 부채의 비율이 크면 지분수익률이 커질 수 있지만, 마찬가지로 부담해야 할 위험도 커진다.

③ 운영위험(operating risk)이란 사무실의 관리, 근로자의 파업, 영업경비의 변동 등으로 인해 야기될 수 있는 수익성의 불확실성을 폭넓게 지칭하는 개념이다.

④ 위치적 위험(locational risk)이란 환경이 변하면 대상 부동산의 상대적 위치가 변화하는 위험이다.

⑤ 유동성 위험(liquidity risk)이란 대상 부동산을 현금화하는 과정에서 발생하는 시장가치의 손실가능성을 말한다.

해설 ① 장래 인플레이션이 예상되면 대출자는 변동금리를 선호한다.

키워드

① 인플레이션 예상, 고정이자율 선호
② 부채비율 크면 위험도 커진다.
③ 관리, 파업, 경비
④ 상대적 위치변화
⑤ 현금화하는 과정

정답 ①

대표유형   제29회

투자의 위험과 관련하여 (   )에 들어갈 용어로 옳은 것은?

키워드

• 채무불이행

투자재원의 일부인 부채가 증가함에 따라 원금과 이자에 대한 채무불이행의 가능성이 높아지며, 금리 상승기에 추가적인 비용부담이 발생하는 경우는 (   )에 해당한다.

① 기술위험   ② 입지위험
③ 시장위험   ④ 법적위험
⑤ 금융위험

해설 ⑤ 채무불이행, 금리 상승기에 추가적 비용부담

🔑정답 ⑤

대표유형   제34회

부동산 투자의 위험에 관한 설명으로 옳은 것을 모두 고른 것은?

키워드

㉠ 편차↓, 위험↓
㉡ 회피, 변이↓
㉢ 체계적 · 비체계적
㉣ 현금화, 유동성

㉠ 표준편차가 작을수록 투자에 수반되는 위험은 커진다.
㉡ 위험회피형 투자자는 변이계수(변동계수)가 작은 투자안을 더 선호한다.
㉢ 경기침체, 인플레이션 심화는 비체계적 위험에 해당한다.
㉣ 부동산 투자자가 대상 부동산을 원하는 시기와 가격에 현금화하지 못하는 경우는 유동성위험에 해당한다.

① ㉠, ㉡   ② ㉠, ㉢
③ ㉡, ㉢   ④ ㉡, ㉣
⑤ ㉢, ㉣

해설 ④ 옳은 것은 ㉡, ㉣이다.
㉠ 표준편차가 작을수록 투자에 수반되는 위험은 작아진다.
㉢ 경기침체, 인플레이션 심화는 피할 수 없는 체계적 위험에 해당한다.

🔑정답 ④

Thema 24 부동산 투자 수익률

STEP 1 이해하기[이해의 영역]

1 수익률의 구분

부동산 투자와 관련된 수익률로는 기대수익률, 요구수익률, 실현수익률이 있다.

기대수익률	예상수익률	투자의 예상수입과 예상지출로 계산된 수익률
요구수익률	최소수익률	투자채택을 위해 보장받아야 하는 최소·필수 수익률
실현수익률	사후적 수익률	투자가 이루어지고 난 후 사후적으로 달성된 수익률

2 기대수익률

기대수익률은 예상되는 지출액과 수입액을 기반으로 계산된 수익률을 의미한다.

향후 미래 발생을 예측	확 률	수익률
경기가 호황으로 갈 수 있고	20%	30%
경기가 정상으로 갈 수 있고	30%	20%
경기가 불황으로 갈 수 있고	50%	10%

기대수익률은 상황별 확률에 수익률을 곱하여 가중평균한다.

① 호황일 경우 = 20% × 30% = 6%

② 정상일 경우 = 30% × 20% = 6%

③ 불황일 경우 = 50% × 10% = 5%

④ 최종 기대수익률 = 6% + 6% + 5% = 17%

3 요구수익률

요구수익률은 투자에 대한 위험이 주어졌을 때, 투자자가 투자부동산에 대하여 자금을 투자하기 위해 충족되어야 할 최소한의 수익률을 말한다.

요구수익률 = 무위험률 + 위험할증률

무위험률	위험할증률
① 위험이 거의 없는 투자 자산의 수익률 　**예** 예금금리, 국채수익률 등 ② 부동산 투자의 기회비용적 성격 ③ 무위험률이 커질수록 요구수익률도 증가	① 위험에 대한 대가 = 위험 프리미엄 ② 위험이 커질수록 할증률이 높아짐 　⇨ 위험과 위험할증률은 정비례함 　⇨ 투자자마다 달라질 수 있음(주관적)

부동산 투자자는 누구나 예금금리 이상은 원하며, 위험에 따른 더 많은 대가를 바란다.

4 실현수익률

투자가 이루어진 후 현실적으로 달성된 수익률로 사후적 수익률을 의미한다. 투자채택시에는 알 수 없는 수익률로 투자의사결정과는 무관하다.

5 투자안의 채택기준

투자자는 미래의 예상 수익률인 기대수익률과 자신이 원하는 최소수준인 요구수익률을 비교하여 투자의사결정을 한다.

기대수익률 ≧ 요구수익률

① 기대수익률이 요구수익률보다 높을 경우 투자자는 투자가치가 있는 것으로 판단한다.
② 요구수익률이 기대수익률보다 작아야 투자안이 채택된다.

STEP 2 **기억하기**[암기의 영역]

① 예상, 계산 : [   ]수익률 ‖ 최소, 필수 : [   ]수익률 ‖ 사후적 : [   ]수익률

② 요구수익률 = 무위험률 + [   ]

③ 무위험률이 커질수록 요구수익률은 [증가 vs 감소]

④ 위험할증률 = 위험대가 = 위험보상 = 위험[   ]

⑤ 투자위험이 증가 ⇨ 위험할증률은 [증가 vs 감소] ⇨ 요구수익률은 [증가 vs 감소]

⑥ 투자채택기준1 : 기대수익률이 요구수익률보다 [커야 함 vs 작아야 함]

⑦ 투자채택기준2 : 요구수익률이 기대수익률보다 [커야 함 vs 작아야 함]

⑧ 기대수익률을 두 글자로 [   ]이라고 하고 위험을 [   ] 및 [   ]로 표현하기도 한다.

Answer

① 기대, 요구, 실현 ② 위험할증률 ③ 증가 ④ 프리미엄 ⑤ 증가, 증가 ⑥ 커야 함
⑦ 작아야 함 ⑧ 평균, 분산, 표준편차

STEP 3 **적용하기**[문제풀이의 영역]

대표유형   제30회

상가 경제상황별 예측된 확률이 다음과 같을 때, 상가의 기대수익률이 8%라고 한다. 정상적 경제상황의 경우 (   )에 들어갈 예상수익률은? (단, 주어진 조건에 한함)

상가의 경제상황		경제상황별 예상수익률	상가의 기대수익률
상황별	확률		
비관적	20	4	
정상적	40	( )	8%
낙관적	40	10	

① 6%   ② 7%
③ 8%   ④ 9%
⑤ 10%

풀이과정

• 비관
$20 \times 4 = 80$
• 정상
$40 \times x$
• 낙관
$40 \times 10 = 400$
• 전체
$80 + 40x + 400$
$= 800$이므로
$40x = 320$이고
$x = 8$이 된다.

👍정답 ③

위험의 처리 및 관리방안

STEP 1 이해하기[이해의 영역]

투자자가 위험을 처리하고 관리하는 대표적인 방법들로는 다음과 같은 것들이 있다.

위험의 회피	위험한 투자안을 투자대안에서 제외시키는 방법
위험의 전가	위험의 일부 또는 전부를 계약에 의해 제3자에게 떠넘기는 방법
보수적 예측	① 가능한 한 수익은 낮게 위험은 높게 투자안을 평가함 ② 기대수익률의 하향조정방법
위험조정할인율법	① 위험조정할인율: 위험에 따라 조정된 할인율 ② 위험한 투자안일수록 요구수익률을 높임(상향조정) ③ 위험에 따라 할증률을 더해가는 방법
민감도 분석	① 투입요소에 따른 수입에의 영향력을 측정 ② 수익에 영향을 미치는 가장 민감한 요인을 집중 통제

STEP 2 기억하기[암기의 영역]

① 제외: [   ]

② 제3자와의 계약: [   ]

③ 보수적 예측: 기대수익률의 [   ]조정

④ 위험조정할인율법: 요구수익률의 [   ]조정

⑤ 투입요소의 변화에 따른 결과반응분석: [   ] 분석

Answer
① 회피 ② 전가 ③ 하향 ④ 상향 ⑤ 민감도

STEP ③ 적용하기[문제풀이의 영역]

대표유형

제29회, 제30회

부동산 투자의 위험분석에 관한 설명으로 틀린 것은?

① 부동산 투자에서 일반적으로 위험과 수익은 비례관계에 있다.

② 평균분산결정법은 기대수익률의 평균과 분산을 이용하여 투자대안을 선택하는 방법이다.

③ 보수적 예측방법은 투자수익의 추계치를 하향조정함으로써, 미래에 발생할 수 있는 위험을 상당수 제거할 수 있다는 가정에 근거를 두고 있다.

④ 위험조정할인율을 적용하는 방법으로 장래 기대되는 소득을 현재가치로 환산하는 경우, 위험한 투자안일수록 낮은 할인율을 적용한다.

⑤ 민감도 분석은 투자효과를 분석하는 모형의 투입요소가 변화함에 따라, 그 결과치에 어떠한 영향을 주는가를 분석하는 기법이다.

해설 ④ 위험조정할인율법은 장래 소득을 현재가치로 환산할 때 위험한 투자안일수록 높은 할인율(요구수익률의 상향조정)을 적용하는 것이다.

정답 ④

키워드

① 위험, 수익 비례
② 평균, 분산
③ 보수적 예측 추계치 하향조정
④ 위험조정할인율법 낮은 할인율 적용
⑤ 민감도 분석 투입요소변화, 결과치에 영향

1 과목

최적 투자안의 선택 : 평균 – 분산 지배원리

STEP 1 **이해하기**[이해의 영역]

1 평균 – 분산 지배원리

투자자가 투자안을 선택할 때는 수익률(평균)과 위험(분산 및 표준편차)을 고려하여 투자 선택을 한다.

> ① 두 투자안의 평균이 같다면 분산이 낮은 투자안이 선호되고,
> ② 두 투자안의 분산이 같다면 평균이 높은 투자안이 선택된다.

다음과 같은 4개의 투자안이 있다고 가정하자.

투자안	평균(수익률)	분산(위험)
A	2%	1%
B	2%	2%
C	3%	3%
D	4%	3%

① 투자안 A와 B는 평균이 같으므로, 투자자는 상대적으로 분산이 낮은 A를 선택하게 되는데, 이때 '투자안 A가 B를 지배한다' 라고 표현한다.

② 투자안 C와 D는 분산이 같으므로, 투자자는 상대적으로 평균이 높은 D를 선택하게 되는데, 이때 '투자안 D가 투자안 C를 지배한다' 라고 표현한다.

③ 4개의 투자안 중에서 A와 D가 남게 되는데, 이때 이 2개의 투자안을 효율적 투자대안이라고 한다.

2 효율적 투자전선

앞서 살펴본 4개의 투자안 A, B, C, D를 위험과 수익 평면에 점으로 표시하면 다음과 같다.

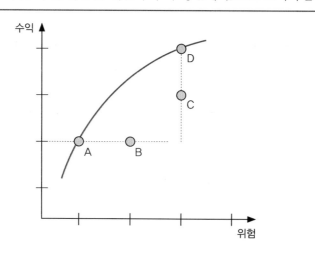

① 투자안 A는 B를, D는 C를 지배함
② 효율적 투자대안: A와 D를 의미함
③ 효율적 투자전선 = 프런티어(frontier)
　평균 − 분산 지배원리에 의해 동일한 기대수익률을 얻을 수 있는 상황에서 위험을 최소화
　할 수 있는 포트폴리오의 집합을 말한다.
④ 효율적 전선의 모양: 우상향
　⇨ 더 높은 수익을 위해선 더 많은 위험을 감수해야 함

STEP 2 **기억하기**[암기의 영역]

① 평균은 [　　　]을, 분산은 [　　　]을 의미
② 평균이 같으면 분산은 [높은 vs 낮은] 것이 유리
③ 분산이 같으면 평균은 [높은 vs 낮은] 것이 유리
④ 동일위험선상 최고의 수익을 거두는 투자안을 연결한 선 = 효율적 [　　　　]
⑤ 효율적 투자전선 모양: 우[　　]향 = 더 높은 수익을 거두기 위해서 더 많은 위험을
　감수

Answer
① 수익률, 위험　② 낮은　③ 높은　④ 투자전선　⑤ 상

STEP 3 **적용하기**[문제풀이의 영역]

① 평균분산결정법은 기대수익률의 평균과 분산을 이용하여 투자대안을 선택하는 방법이다.

[○, ×] 제28회

② 효율적 프론티어(efficient frontier)는 평균 − 분산 지배원리에 의해 동일한 기대수익률을 얻을 수 있는 상황에서 위험을 최소화할 수 있는 포트폴리오의 집합을 말한다.

[○, ×] 제32회

③ 효율적 프론티어(efficient frontier)에서는 추가적인 위험을 감수하지 않으면 수익률을 증가시킬 수 없다.

[○, ×] 제27회

Answer

① ○ ② ○ ③ ○

포트폴리오 이론

STEP 1 이해하기[이해의 영역]

포트폴리오(portfolio) 투자란 하나의 자산에 투자했을 때 발생할 수 있는 위험을 분산시키기 위한 투자조합을 의미한다. 현재의 수익을 유지하면서, 투자의 위험을 낮추고자 분산투자가 이루어지게 된다.

1 포트폴리오의 위험

> 포트폴리오의 총위험 = 체계적 위험 + 비체계적 위험

포트폴리오의 총위험은 체계적 위험과 비체계적 위험으로 구성된다.

체계적 위험	제거 불가능	시장 전체에 영향 예 경기변동, 금리, 인플레이션 등
비체계적 위험	제거 가능	자산 고유(개별) 위험 예 영업경비, 관리의 비효율성 등

① 포트폴리오를 구성하더라도 시장 전체에 영향을 미치는 체계적 위험은 제거할 수 없다.
② 분산투자를 통해서는 오직 비체계적 위험만 제거할 수 있다.

2 포트폴리오의 수익률(가중평균)

자산비중 및 경제상황별 예상수익률이 다음과 같을 때 전체 구성자산의 기대수익률은?
(단, 확률은 호황 40%, 불황 60%임)

구 분	포트폴리오 비중(%)	경제상황별 수익률(%)	
		호 황	불 황
상 가	20	20	10
오피스텔	30	25	10
아파트	50	10	8

① **호황일 때**: $20\% \times 20\% + 30\% \times 25\% + 50\% \times 10\% = 4\% + 7.5\% + 5\% = 16.5\%$

② **불황일 때**: $20\% \times 10\% + 30\% \times 10\% + 50\% \times 8\% = 2\% + 3\% + 4\% = 9\%$

③ **최종 포트폴리오 수익률**: $40\% \times 16.5\% + 60\% \times 9\% = 6.6\% + 5.4\% = 12\%$

3 포트폴리오 효과의 극대화

분산투자를 통해 위험을 분산시키는 효과를 극대화하기 위해서는 자산 간 수익률의 움직임이 중요하다. 포트폴리오 효과를 극대화하기 위해서는 자산 간 수익률의 움직임이 유사한 것보다는 움직임이 반대가 되도록 구성하는게 유리하다.

STEP 2 기억하기[암기의 영역]

① 시장 전체에 영향: [체계적 위험 vs 비체계적 위험]

② 개별자산의 고유 위험: [체계적 위험 vs 비체계적 위험]

③ 포트폴리오를 통해서는 오직 [체계적 위험 vs 비체계적 위험]만 감소

④ 체계적 위험은 제거할 수 [있다, 없다]

⑤ 효과의 극대화: 수익률의 움직임이 [유사하게 vs 반대가 되도록] 구성하는게 유리

Answer

① 체계적 위험　② 비체계적 위험　③ 비체계적 위험　④ 없다　⑤ 반대가 되도록

STEP **3** **적용하기**[문제풀이의 영역]

대표유형

제30회

포트폴리오 이론에 관한 설명으로 틀린 것은?

① 분산투자 효과는 투자자산 종목의 수를 늘릴수록 체계적 위험이 감소되어 포트폴리오 위험이 감소되는 것이다.

② 포트폴리오 전략에서 구성자산 간에 수익률이 반대 방향으로 움직일 경우 위험감소의 효과가 크다.

③ 효율적 프런티어란 평균 - 분산 지배원리에 의해 모든 위험수준에서 최대의 수익을 얻을 수 있는 포트폴리오의 집합을 말한다.

④ 효율적 프런티어의 우상향에 대한 의미는 투자자가 높은 수익을 얻기 위해서 많은 위험을 감수하는 것이다.

⑤ 포트폴리오 이론은 투자시 여러 종목에 분산투자함으로써 위험을 분산시켜 안정된 수익을 얻으려는 자산투자이론이다.

해설 ① 체계적 위험이 아닌 비체계적 위험이 감소되어 포트폴리오의 위험이 감소되는 것이다.

키워드

① 체계적 위험 감소
② 수익률이 반대방향
③ 모든 위험에서 최대수익
④ 우상향
⑤ 분산투자로써 위험을 분산시킴

정답 ①

대표유형

제33회

포트폴리오 이론에 관한 설명으로 틀린 것은? (단, 다른 조건은 동일함)

① 개별자산의 기대수익률 간 상관계수가 "0"인 두 개의 자산으로 포트폴리오를 구성할 때 포트폴리오의 위험감소효과가 최대로 나타난다.

② 포트폴리오의 기대수익률은 개별자산의 기대수익률을 가중평균하여 구한다.

③ 동일한 자산들로 포트폴리오를 구성하여도 개별자산의 투자비중에 따라 포트폴리오의 기대수익률과 분산은 다를 수 있다.

④ 무차별곡선은 투자자에게 동일한 효용을 주는 수익과 위험의 조합을 나타낸 곡선이다.

⑤ 최적 포트폴리오의 선정은 투자자의 위험에 대한 태도에 따라 달라질 수 있다.

해설 ① 상관계수가 -1

키워드

① -1, 효과가 최대
② 기대수익률 : 기대수익률을 가중평균
③ 투자비중에 따라, 다를 수 있다.
④ 무차별곡선: 동일한 효용을 주는 수익과 위험의 조합
⑤ 최적 포트폴리오 : 위험에 대한 태도

정답 ①

현금흐름의 추정

STEP 1 이해하기[이해의 영역]

부동산으로부터 기대되는 투자수입은 다음과 같이 구분할 수 있다.

영업수입	소득이득	임대사업	세후현금흐름
처분수입	자본이득	매매차익	세후지분복귀액

다음과 같은 투자안이 있다고 가정하자.

① 부동산 가치(value) : 10억원
② 실당 임대료 : 100만원, 임대가능호수 : 20호
③ 지분투자액 : 6억원, 융자 : 4억원(금리 3%, 만기 10년)
④ 5년 후 매각예정 예상 매도가격 : 12억원

1 영업의 현금흐름 = 세후현금흐름

임대사업을 통한 영업수입 = 총매출 − 영업경비 − 부채비용 − 세금

	가능총소득	총임대료수입 = 임대료(P) × 임대단위수(Q)
− +	공실 및 불량부채 기타수입	① 임대주택 공실예측 및 회수불가능한 임대수입 반영(차감) ② 영업외수입 고려(합산)
=	유효총소득	유효총소득 = 가능총소득 − 공실 및 불량부채 + 기타수입
−	영업경비	임대사업과정의 각종 경비를 차감
=	순영업소득	순영업소득 = 유효총소득 − 영업경비
−	부채서비스액	융자금액에 대한 원금과 이자액의 합계를 차감
=	세전현금흐름	세전현금흐름 = 순영업소득 − 부채서비스액
−	영업소득세	영업수입에 대한 세금
=	세후현금흐름	임대사업을 통한 최종 영업수입

2 처분의 현금흐름 = 세후지분복귀액

임대사업을 통한 처분수입 = 매도가격 − 매도경비 − 잔금 − 세금

매도가격	예상 매도가격
− 매도경비	매도과정의 경비를 차감(중개보수 등)
= 순매도액	순매도액 = 매도가격 − 매도경비
− 미상환저당잔금	융자에 대한 미상환된 원금
= 세전지분복귀액	세전지분복귀액 = 순매도액 − 미상환저당잔금
− 자본이득세	양도차익에 대한 세금 = 양도소득세
= 세후지분복귀액	임대사업을 통한 최종 처분수입

최종 투자수입 = 영업을 통한 세후현금흐름 + 처분을 통한 세후지분복귀액 = 세후소득

STEP 2 기억하기[암기의 영역]

① 투자수입 : 운영의 [   ]이득과 처분의 [   ]이득으로 구성
② 영업의 현금흐름 : 임대료 × 임대단위수 = [   ]총소득
③ 가능총소득 − 공실 및 불량부채 + 기타수입 = [   ]총소득
④ 유효총소득 − 영업경비 = [   ]
⑤ 순영업소득 − [   ] = 세전현금흐름
⑥ 세전현금흐름 − 영업소득세 = [   ]
⑦ 처분의 현금흐름 : 매도가격 − 매도경비 = [   ]
⑧ 순매도액 − 미상환저당잔금 = [   ]
⑨ 세전지분복귀액 − 자본이득세 = [   ]

| Answer |

① 소득, 자본 ② 가능 ③ 유효 ④ 순영업소득 ⑤ 부채서비스액 ⑥ 세후현금흐름 ⑦ 순매도액
⑧ 세전지분복귀액 ⑨ 세후지분복귀액

STEP 3 적용하기[문제풀이의 영역]

대표유형   제30회

부동산 투자의 현금흐름의 추정에 관한 설명으로 틀린 것은?

① 가능총소득은 단위면적당 추정 임대료에 임대면적을 곱하여 구한 소득이다.

② 유효총소득은 가능총소득에서 공실손실상당액과 불량부채액(충당금)을 차감하고 기타수입을 더하여 구한 소득이다.

③ 순영업소득은 유효총소득에 각종 영업외수입을 더한 소득으로 부동산 운영을 통해 순수하게 귀속되는 영업소득이다.

④ 세전현금흐름은 순영업소득에서 부채서비스액을 차감한 소득이다.

⑤ 세후현금흐름은 세전현금흐름에서 영업소득세를 차감한 소득이다.

해설 ③ 순영업소득은 유효총소득에서 영업경비를 차감한 소득이다.

키워드

① 가능총소득 임대료에 임대면적을 곱하여 산정
② 가능 − 공실 + 기타
③ 유효 + 영업외수입
④ 순영업 − 부채
⑤ 세전현금 − 소득세

🔖 정답 ③

대표유형   제34회

다음 자료는 A부동산의 1년간 운영수지이다. A부동산의 세후현금흐름승수는? (단, 주어진 조건에 한함)

- 총투자액: 50,000만원
- 가능총소득(PGI): 6,000만원
- 재산세: 500만원
- 영업소득세: 400만원
- 지분투자액: 36,000만원
- 공실률: 15%
- 원리금상환액: 600만원

① 8   ② 10   ③ 12
④ 15   ⑤ 20

해설 세후현금흐름승수 = 지분투자액/세후현금흐름
1) 유효총소득 = 가능총소득 − 공실 = 6,000 − 900 = 5,100
2) 유효총소득 − 영업경비 = 순영업소득: 5,100 − 500 = 4,600
3) 순영업소득 − 부채서비스액 = 세전현금흐름: 4,600 − 600 = 4,000
4) 세전 − 영업소득세 = 세후: 4,000 − 400 = 3,600
∴ 세후현금흐름승수 = 36,000만원/3,600만원 = 10

키워드

• 공실=가능×공실률
  6,000×15%=900
• 재산세는 영업경비

🔖 정답 ②

Thema
29

화폐의 시간가치

STEP 1 **이해하기**[이해의 영역]

1 화폐의 시간가치

부동산 투자는 현재시점에서 이루어지지만, 수입은 미래시점에 발생하게 된다.
따라서 투자자가 투자 대안을 분석할 때에는,

① 현재의 투자액의 미래 수입금액을 예측하거나 (할증)

② 미래의 수입액을 현재가치로 환산하는 분석 작업이 요구되기도 한다. (할인)

이때 등장하는 개념이 바로의 화폐의 시간가치인데, 그 구성은 다음과 같다.

할 증	이자를 더함	이자율	현재 금액의 미래가치	내가계수를 활용
할 인	이자를 뺌	할인율	미래 금액의 현재가치	현가계수를 활용

2 이자의 계산(단리와 복리)

단리(單利)가 원금에 이자가 "한 번만" 붙는다는 의미라면,
복리(複利)란 원금에 이자가 붙고, 그 원리금에 다시 이자가 붙는다는 의미이다.

예 정기예금상품 : 예금액 : 100원, 연 이자 : 10%, 만기 : 3년

구 분	단리계산	복리계산
1년차 기말	100 + 이자 : $100 \times 10\% = 110$원	100 + 이자 : $100 \times 10\% = 110$원
2년차 기말	110 + 이자 : $100 \times 10\% = 120$원	110 + 이자 : $110 \times 10\% = 121$원
3년차 기말	120 + 이자 : $100 \times 10\% = 130$원	121 + 이자 : $121 \times 10\% = 133.1$원
만기달성액	이자 30원 포함 = 원리금 130원	이자 33.1원 포함 = 원리금 133.1원

화폐의 시간가치를 계산할 때는 "복리이자"를 가정하여 계산한다.

3 미래가치계수

일시불의 내가계수	◯ ————————▶ ?	현재 ◯원의 n년 후?
연금의 내가계수	◯–◯–◯–◯–◯–▶ ?	매기 ◯원의 n년 후?
감채기금계수	?–?–?–?–?–?–▶ ◯	미래 ◯원을 만들기 위한 매기의 적립금(불입액)

① **일시불의 내가계수**: 현재의 ◯원의 n년 후의 금액을 산정

  예 100원에 이자율 10%를 적용하였을 때 5년 후를 구할 때 활용

  ⇨ 특정 금액을 할증을 할 때는 $(1 + r)^n$을 곱한다.

② **연금의 내가계수**: 매년 말 ◯원의 n년 후를 구할 때 활용

  예 매년 말 100원에 이자율 10%를 적용하였을 때 5년 후를 구할 때 활용

③ **감채기금계수**: 미래의 ◯원을 만들기 위한 매기의 불입액(적립금)을 산정할 때 활용

  예 5년 후에 100원을 만들기 위해 이자율 10%를 적용하였을 때 매기 적립하는 불입액을 산정할 때 활용

4 현재가치계수

일시불의 현가계수	? ◀———————— ◯	미래 ◯원의 현재가치?
연금의 현가계수	? ◀–◯–◯–◯–◯–◯	매기 ◯원의 현재가치?
저당상수	대출 ▶ ?–?–?–?–?–?	◯원을 대출받았을 때 매기의 상환액(원리금) 산정

① **일시불의 현가계수**: 미래의 ◯원의 현재가치를 구할 때 활용

  예 5년 후 100원에 할인율 10%를 적용하였을 때 현재가치를 구함

  ⇨ 일반적으로 특정 금액을 할인을 할 때는 $(1 + r)^n$으로 나눈다.

② **연금의 현가계수**: 매기의 ◯원의 현재가치를 구할 때 활용

  예 매년 100원에 할인율 10%를 적용하였을 때 해당 금액의 현재가치를 산정할 때 활용

③ **저당상수**: 현재 ○원을 원리금균등상환 조건으로 대출받았을 때 매기의 원리금을 산정할 때 활용 **예** 100원을 대출받고 매기 상환해야 할 금액을 구할 때 저당상수를 활용

5 투자분석에서 가장 중요한 개념

현재가치로		미래가치로
$110 \div (1.1)^1 = 100$	현재 100 →10%: 이자율→ 미래 110 ←10%: 할인율←	$100 \times (1.1)^1 = 110$

① **할증**: 현재의 금액을 미래로 보낼 때는 $(1 + r)^n$을 곱하면 된다.

② **할인**: 미래의 금액을 현재가치로 환산할 때는 $(1 + r)^n$으로 나누면 된다.

③ 현재의 금액을 미래로 보낼 때는 "수익률"이라는 용어를 활용한다.

④ 미래의 금액을 현재가치로 환산할 때는 "할인율"이라는 용어를 쓴다.

⑤ 본질적으로 수익률과 할인율은 방향의 차이일 뿐 그 수치는 같다.

STEP 2 **기억하기**[암기의 영역]

① 미래가치계수(내가계수): [   ]의 내가계수, [   ]의 내가계수, 감채기금계수

② 현재가치계수(현가계수): [   ]의 현가계수, [   ]의 현가계수, 저당상수

③ 화폐의 시간가치계수를 계산할 때 이자는 [단리 vs 복리]로 적용

④ 필요한 시간가치계수는?

현재 ○원의 n년 후	1	매기 ○원의 n년 후	4
미래 ○원을 만들기 위한 적립금	2	매기 ○원의 현재가치	5
○원을 대출받은 후 상환액	3	n년 후 ○원의 현재가치	6

Answer

① 일시불, 연금   ② 일시불, 연금   ③ 복리

④ 1. 일시불의 내가계수 2. 감채기금계수 3. 저당상수 4. 연금의 내가계수 5. 연금의 현가계수
6. 일시불의 현가계수

STEP 3 **적용하기**[문제풀이의 영역]

① 5년 후 1억원의 현재가치를 산정할 때는 일시불의 현가계수를 활용한다.

[○, ×] 제28회

② 원리금균등상환방식으로 담보대출을 받은 가구가 매월 상환할 금액을 산정하는 경우, 일시불의 현재가치계수를 사용한다. [○, ×] 제32회

③ 원금에 대한 이자뿐만 아니라 이자에 대한 이자도 함께 계산하는 것은 단리방식이다.

[○, ×] 제29회

④ 현재 10억원인 아파트가 매년 2%씩 가격이 상승한다고 가정할 때, 5년 후 아파트 가격을 산정하는 경우 일시불의 미래가치계수를 사용하여 계산할 수 있다. [○, ×] 제32회

⑤ 은행으로부터 주택구입자금을 대출한 가구가 매월 상환할 금액을 산정하는 경우 감채기금계수를 활용한다. [○, ×] 제30회

| Answer |
① ○ ② × ③ × ④ ○ ⑤ ×

투자분석기법의 분류

STEP 1 **이해하기**[이해의 영역]

1 투자분석기법의 분류

투자분석이란 미래의 수입액과 현재의 투자액을 비교하여 투자의 채택 및 기각 여부를 판단하는 작업이다. 이때 투자분석기법은 화폐의 시간가치를 고려하는지의 여부에 따라 할인법과 비할인법으로 구분된다.

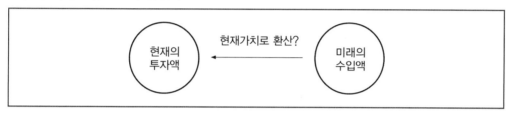

① 할인법이란 미래 수입액을 현재가치로 할인하여, 현재의 투자금액과 비교하는 방법이고,

② 비할인법이란 미래 수입액을 현재가치로 할인하지 않고, 투자금액과 비교하는 방법이다.

할인법(시간가치를 고려)	비할인법(시간가치를 고려하지 않음)
① 할인현금흐름분석법 　순현가법(NPV) 　수익성지수법(PI) 　내부수익률법(IRR) ② 현가회수기간법	① 어림셈법 ② 비율분석법(대부비율, 부채비율 등) ③ 부채감당률법 ④ 회수기간법(단순회수기간법) ⑤ 회계이익률법

STEP 2 기억하기[암기의 영역]

다음을 읽고 할인법, 비할인법을 고르시오.

순현가법	¹ [할인법, 비할인법]	수익성지수법	⁵ [할인법, 비할인법]
어림셈법	² [할인법, 비할인법]	내부수익률법	⁶ [할인법, 비할인법]
회계적 이익률법	³ [할인법, 비할인법]	할인현금흐름분석법	⁷ [할인법, 비할인법]
부채감당률	⁴ [할인법, 비할인법]	현가회수기간법	⁸ [할인법, 비할인법]

Answer

비할인법은 2, 3, 4번이고, 나머지는 할인법

STEP 3 적용하기[문제풀이의 영역]

대표유형   제33회

부동산 투자의 분석기법에 관한 설명으로 틀린 것은? (단, 다른 조건은 동일함)

① 수익률법과 승수법은 투자현금흐름의 시간가치를 반영하여 투자 타당성을 분석하는 방법이다.

② 투자자산의 현금흐름에 따라 복수의 내부수익률이 존재할 수 있다.

③ 세후지분투자수익률은 지분투자액에 대한 세후현금흐름의 비율이다.

④ 투자의 타당성은 총투자액 또는 지분투자액을 기준으로 분석할 수 있으며, 총소득승수는 총투자액을 기준으로 분석하는 지표다.

⑤ 총부채상환비율(DTI)이 높을수록 채무불이행 위험이 높아진다.

해설 ① 수익률법과 승수법은 투자현금흐름의 시간가치를 반영하지 않는다.

키워드

① 시간가치 반영
② 복수의 내부수익률 존재
③ 지분, 세후
④ 총/총
⑤ DTI 높을수록

정답 ①

Thema 31 할인현금흐름분석법

STEP 1
 이해하기[이해의 영역]

할인현금흐름분석법이란 장래 예상되는 수입액의 현재가치[유입의 현가]와 투자액의 현재가치[유출의 현가]를 서로 비교하여 투자 분석하는 기법을 의미한다.

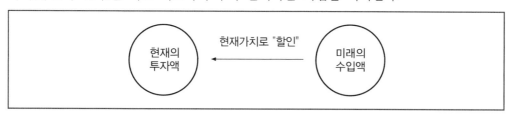

할인현금흐름분석법은 유입의 현가액과 유출의 현가액을 비교하는 방식에 따라 다음과 같이 구분된다.

유입의 현가 − 유출의 현가	−	**순현가법**	차감하여 수입금액 산정
유입의 현가 ÷ 유출의 현가	÷	**수익성지수법**	나눠서 배수를 산정
유입액과 유출액으로 수익률 산정	%	**내부수익률법**	직접 할인율(수익률)을 산정

1 순현가법(NPV법)

> 순현가 = 유입의 현가 − 유출의 현가

① 순현가법은 수입액을 현재가치로 할인하여 투자금액을 차감하는 방법으로, 투자안으로부터 기대되는 순수입금액을 산정하는 방법이다.
② 순현가를 산정할 때, 미래 수입액을 할인할 때는 요구수익률을 활용한다.
③ **투자채택기준**: 순현가가 0보다 크거나 같을 때 투자안이 채택된다.

> 순현가 ≧ 0

④ 순현가가 100이라는 의미는 투자안이 투자자의 요구수익률을 충족한 상태에서 100만 큼의 추가수입을 올린다는 의미이므로 순현가는 클수록 유리하다.

2 수익성지수법(PI법)

$$수익성지수 = 유입의 현가 ÷ 유출의 현가 = \frac{유입의 \ 현가}{유출의 \ 현가}$$

① 수익성지수는 유입액의 현재가치를 유출의 현재가치로 나누어 배수를 산정하는 방법 이다.
② 수익성지수는 유출의 현가에 대한 유입의 현가의 비율로, 수익성지수가 2라는 의미는 투자대비 수입액이 2배가 된다는 의미이다.
③ 수익성지수를 산정할 때 미래 수입액을 할인할 때는 요구수익률을 활용한다.
④ **투자채택기준**: 수익성지수가 1보다 크거나 같을 때 투자안이 채택된다.

$$수익성지수 \geqq 1$$

3 내부수익률법(IRR)

$$내부수익률 = 투자안의 수익률(할인율) 산정$$

① 내부수익률이란 유입액의 현재가치와 유출액의 현재가치를 같게 만들어주는 할인율을 의미한다.
② 내부수익률은 순현가를 0으로 만들고, 수익성지수를 1로 만드는 할인율을 의미한다.
③ 내부수익률은 내부수익률 자체로 할인하는 분석기법으로, 사전에 요구수익률이 필수 로 요구되지 않는다.
④ **투자채택기준**: 내부수익률이 요구수익률보다 크거나 같을 때 투자안이 채택된다.

$$내부수익률 \geqq 요구수익률$$

4 계산방법

현재 투자액이 80원이고 1년 후 예상되는 수입액이 120원이라고 할 때, 순현가와 수익성지수와 내부수익률을 도출하면? (단, 할인율은 20%이고 사업기간은 1년)

순현가	수익성지수	내부수익률
나누고 빼기!	나누고 나누기!	수익률 구하기!
$\dfrac{120원}{1.2} - 80원 = 20(원)$	$\dfrac{120원}{1.2} \div 80원 = 1.25(배)$	$\dfrac{40}{80} = 50(\%)$

STEP 2 **기억하기**[암기의 영역]

① 유입의 현가 – 유출의 현가 = [   ]
② 순현가의 할인율 = [   ]로 할인
③ 채택기준: 순현가가 [   ]보다 크거나 같아야 채택
④ 수익성지수 = 유[   ]의 현가를 유[   ]의 현가로 나눔
⑤ 채택기준: 수익성지수가 [   ]보다 크거나 같아야 채택
⑥ 유입의 현가와 유출의 현가를 같게 만들어주는 할인율(수익률) ⇨ [   ]
⑦ 내부수익률은 순현가를 [   ]으로 만들고 수익성지수를 [   ]로 만드는 할인율
⑧ 채택기준: 내부수익률이 [   ]보다 커야 투자안이 채택

| Answer |

① 순현가   ② 요구수익률   ③ 0   ④ 입, 출   ⑤ 1   ⑥ 내부수익률   ⑦ 0, 1   ⑧ 요구수익률

STEP 3 적용하기[문제풀이의 영역]

대표유형 제34회

부동산 투자분석에 관한 설명으로 틀린 것은?

① 내부수익률은 수익성지수를 0으로, 순현재가치를 1로 만드는 할인율이다.

② 회계적 이익률법은 현금흐름의 시간적 가치를 고려하지 않는다.

③ 내부수익률법에서는 내부수익률과 요구수익률을 비교하여 투자여부를 결정한다.

④ 순현재가치법, 내부수익률법은 할인현금수지분석법에 해당한다.

⑤ 담보인정비율(LTV)은 부동산 가치에 대한 융자액의 비율이다.

해설 ① 내부수익률은 수익성지수를 1로, 순현재가치를 0으로 만드는 할인율

키워드

① 수익성지수=1
   순현가=0
② 회계이익률 : 할인×
③ 내부, 요구 비교
④ 할인법
⑤ v에 대한 L

🔒정답 ①

① 내부수익률법, 순현가법, 수익성지수법은 할인현금흐름기법이다. [○, ×] 제28회, 제29회

② 할인현금흐름기법은 투자로부터 발생하는 현금흐름을 일정한 할인율로 할인하는 분석기법이다. [○, ×] 제29회

③ 순현재가치는 투자자의 요구수익률로 할인한 현금유입의 현가에서 유출의 현가를 **뺀** 값이다. [○, ×] 제30회, 제33회

④ 수익성지수는 투자로 인해 발생하는 현금유입의 현가를 현금유출의 현가로 나눈 비율이다. [○, ×] 제30회

⑤ 순현가법과 내부수익률법에서는 투자판단기준을 위한 할인율로써 요구수익률을 사용한다. [○, ×] 제28회

⑥ 내부수익률법은 순현가를 1로 만드는 할인율이다. [○, ×] 제32회

Answer

① ○ ② ○ ③ ○ ④ ○ ⑤ × ⑥ ×

Thema

32 비율분석법

STEP 1 **이해하기**[이해의 영역]

1 대부비율(LTV)

$$대부비율\ (Loan\ To\ Value) = \frac{잔금액(융자액)}{부동산\ 가치(총투자액)}$$

① 대부비율이란 부동산 가치에서 융자액이 차지하는 비율로, 총투자액의 몇 %가 융자인가를 나타내는 레버리지 비율이다.

② 대부비율이 과다하게 높을 경우 차입자는 채무불이행 위험이 커지게 되며, 대출자 입장에서는 원금회수가 곤란해질 수 있다.

2 부채비율

$$부채비율 = \frac{융자액}{지분투자액} = \frac{타인자본}{자기자본} = \frac{부채총계}{자본총계}$$

① 부채비율은 지분투자액에 대한 융자액의 비율로, 자기자본에 대한 타인자본의 비율이다.

② 부채비율은 총투자액과 융자액을 비교하는 대부비율과는 달리, 자본의 총합계 금액과 부채의 총합계 금액을 상대적으로 비교하는 비율이다.

부동산 가치가 10억이고 지분투자액이 5억, 융자액이 5억이라고 가정하자.

① 이때 대부비율은 $\frac{5억}{10억} = 50\%$가 되며, 부채비율은 $\frac{5억}{5억} = 100\%$가 된다.

② 즉 대부비율이 50%라면 부채비율은 100%가 된다.

3 부채감당률

$$부채감당률 = \frac{순영업소득}{부채서비스액}$$

① 부채감당률이란 순영업소득이 부채감당률의 몇 배인가를 측정하는 비율로, 영업을 통한 순영업소득이 부채서비스액을 얼마나 잘 감당할 수 있는가를 측정한다.

② 부채감당률은 상업용 대출시 차입자의 상환능력을 평가하는 지표로 활용된다.

부채감당률 > 1	지불능력이 충분하고, 순영업소득이 부채서비스액을 감당할 수 있음
부채감당률 < 1	지불능력이 부족하고, 순영업소득이 부채서비스액을 감당할 수 없음

대출자는 원활한 원금회수를 위해서 차입자의 부채감당률이 1보다 충분히 높길 원한다.

STEP 2 기억하기[암기의 영역]

① 총투자액에 대한 잔금액(융자액)의 비율을 [　　]비율이라고 한다.
② 지분투자액에 대한 융자액의 비율을 [　　]비율이라고 한다.
③ 부채비율은 [　　]자본에 대한 [　　]자본의 비율을 의미한다.
④ 부채비율은 [　　]총계에 대한 [　　]총계의 비율을 의미한다.
⑤ 부채감당률은 [　　　　]이 부채서비스액의 몇 배인가를 측정하는 비율이다.
⑥ 부채감당률이 1보다 크다는 것은 차입자의 상환능력이 [충분 vs 부족]하다는 의미이다.

Answer
① 대부　② 부채　③ 자기, 타인　④ 자본, 부채　⑤ 순영업소득　⑥ 충분

STEP ③ 적용하기[문제풀이의 영역]

대표유형   제34회

甲은 아래 조건으로 부동산에 10억원을 투자하였다. 이에 관한 투자분석의 산출값으로 **틀린** 것은? (단, 주어진 조건에 한함)

- 순영업소득(NOI) : 2억원/년
- 원리금상환액 : 2,000만원/년
- 유효총소득승수 : 4
- 지분투자액 : 8억원

① 유효총소득은 2억 5천만원   ② 부채비율은 25%
③ 지분환원율은 25%   ④ 순소득승수는 5
⑤ 종합환원율은 20%

<u>해설</u> 지분환원율(세전수익률) = 세전현금흐름 / 지분투자액
1억 8,000만원 / 8억원 = 0.225 = 22.5%

🔖 **정답 ③**

키워드

- 지분환원율(세전수익률)=세전현금흐름/지분투자액
- 세전현금흐름=순영업소득−부채서비스액 2억원(순)−2,000만(부)=1억 8,000만

1 과목

① 대부비율은 부동산 가치에 대한 융자액의 비율을 의미하며, 대부비율을 저당비율이라고도 한다. [○, ×] 제28회

② 부채비율은 부채총계를 자본총계로 나눈 비율이다. [○, ×] 제24회

③ 부채비율은 부채에 대한 지분의 비율로, 대부비율이 50%면 부채비율은 100%가 된다. [○, ×] 제28회

④ 부채감당률이 1보다 작으면 차입자의 원리금 지불능력이 충분하다. [○, ×] 제24회

⑤ 부채감당률이 1보다 작다는 것은 순영업소득이 부채서비스액을 감당하기에 부족하다는 것이다. [○, ×] 제28회

⑥ 대출기관이 채무불이행 위험을 낮추기 위해서는 해당 대출조건의 부채감당률을 높이는 것이 유리하다. [○, ×] 제28회

Answer
① ○   ② ○   ③ ×   ④ ×   ⑤ ○   ⑥ ○

부동산 금융의 구분

이해하기[이해의 영역]

1 소비금융과 개발금융

부동산 금융은 부동산을 대상으로 자금을 조달하는 전체적인 과정이다. 금융은 누가 자금을 조달하느냐에 따라 소비금융과 개발금융으로 구분할 수 있다.

구 분	소비금융	개발금융
의 미	① 수요자 금융 ② 주택을 담보로 자금을 조달(모기지론)	① 공급자 금융 ② 건축대부로 건설금융(PF)을 의미함
특 징	① 공급자 금융에 비해 금융기관 위험⇩ ② 만기가 길고, 금리가 낮은 편	① 수요자 금융에 비해 금융기관 위험⇧ ② 만기가 짧고, 금리가 높은 편

2 지분금융과 부채금융

조달하는 자금의 성격에 따라 금융은 지분금융과 부채금융으로 구분할 수 있다.

구 분	지분금융	부채금융
의 미	① 자기자본을 조달함 ② 지분권의 매각: 주식, 펀드 등	① 타인자본을 조달함 ② 저당의 설정 및 사채의 발행
종 류	① 부동산 신디케이트(syndicate) ② 사모·공모방식에 의한 자금조달 ③ 조인트 벤처(joint venture) ④ 부동산투자회사(REITs) ⑤ 부동산 펀드(fund)	① 주택담보대출 ② 주택상환사채 ③ ABS(자산유동화증권) ④ MBB(주택저당채권담보부채권) ⑤ 신탁증서금융 등

STEP **2** 기억하기[암기의 영역]

① 주택담보대출은 [소비 vs 개발] 금융이며, 프로젝트 파이낸싱은 [소비 vs 개발] 금융이다.

② 신디케이트, 조인트벤처, REITs는 [지분 vs 부채] 금융에 해당한다.

③ **지분금융의 암기**: 신 · 사 · 공 · 조 · 리 · 펀 = 신디, 사모, 공모, 조인, 리츠, 펀드

Answer

① 소비, 개발 ② 지분

STEP **3** 적용하기[문제풀이의 영역]

대표유형 제32회

부채금융(debt financing)에 해당하는 것을 모두 고른 것은?

> ㉠ 주택저당대출
> ㉡ 조인트 벤처(joint venture)
> ㉢ 신탁증서금융
> ㉣ 자산담보부기업어음(ABCP)
> ㉤ 부동산투자회사(REITs)

① ㉠, ㉡, ㉢　　　　　　② ㉠, ㉡, ㉣

③ ㉠, ㉢, ㉣　　　　　　④ ㉡, ㉢, ㉤

⑤ ㉢, ㉣, ㉤

<u>해설</u> 지분금융: ㉡, ㉤

키워드

지분금융
• 조인트벤처
• 부동산투자회사

🔖정답 ③

주택담보대출 규제(LTV, DTI)

STEP 1 **이해하기**[이해의 영역]

1 LTV와 DTI의 비교(+DSR)

구 분	LTV(담보인정비율)	DTI(총부채상환비율)
의 미	Loan To Value(융자액 : 부동산 가치)	Debt To Income(상환액 : 연소득)
	집값을 기준으로 최대융자액을 산정	소득을 기준으로 최대상환액을 산정
	$LTV = \dfrac{융자액(L)}{부동산\ 가치(V)}$	$DTI = \dfrac{상환액(D)}{연소득(I)}$
사 례	LTV 50%, 담보가치(집값)가 4억원	DTI가 50%, 차입자의 연소득이 1억원
	⇨ 4억 × 50% = 최대융자액 2억원	⇨ 1억 × 50% = 최대상환액 5,000만원
LTV와 DTI의 조건을 모두 충족해야만 대출 가능함		

① 담보인정비율(LTV)은 주택담보대출 취급시 담보가치에 대한 대출취급가능금액의 비율을 말한다.

② 총부채상환비율(DTI)은 차주의 소득을 중심으로 대출규모를 결정하는 기준이다.

③ 총부채원리금상환비율(DSR)은 차주의 총 금융부채 상환부담을 판단하기 위하여 산정하는 차주의 연간 소득 대비 연간 금융부채 원리금 상환액 비율을 말한다.

2 최대 융자액 구하기

STEP 3 **적용하기**[문제풀이의 영역]

대표유형   제31회

A는 연소득이 5,000만원이고 시장가치가 3억원인 주택을 소유하고 있다. 현재 A가 이 주택을 담보로 5,000만원을 대출받고 있을 때, 추가로 대출 가능한 최대금액은? (단, 주어진 조건에 한함)

- 연간 저당상수: 0.1
- 대출승인기준
  - 담보인정비율(LTV): 시장가치 기준 50%
  - 총부채상환비율(DTI): 40%
  ※ 두 가지 대출승인 기준을 모두 충족시켜야 함

풀이요령
① 시장가치×LTV
② 소득×DTI
③ ②÷저당상수
④ 두 가지 금액 중 낮은 금액을 선택

해설 1) LTV기준: 3억원×50% = 1억 5,000만원
2) DTI기준: 5,000만원×40% = 2,000만원÷0.1 = 2억원
3) 둘 중 낮은 금액을 기준으로 최대융자 가능하므로 정답은 1억 5,000만원이다.

정답 1억 5,000만원

주택담보대출금리(고정금리와 변동금리)

STEP 1 **이해하기**[이해의 영역]

1 고정금리저당

① 고정금리 주택담보대출은 차입자가 대출기간 동안 지불해야 하는 이자율이 동일한 형태로 시장금리의 변동에 관계없이 대출시 확정된 이자율이 만기까지 계속 적용되는 금리체계이다.

② 고정금리 저당은 약정이자율은 고정되지만 시장이자율이 지속적으로 변동하므로 다음과 같은 특징이 있다.

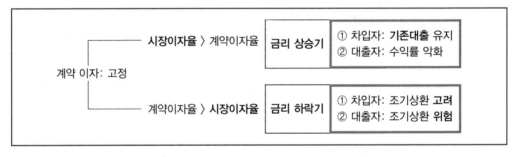

① 시장이자율이 약정이자율보다 낮아지면, 차입자는 기존대출의 조기상환을 고려할 것이고, 대출자는 조기상환위험에 직면할 것이다.

② 시장이자율이 약정이자율보다 높아지면, 차입자는 기존대출을 유지하려 하고, 대출자는 수익성 악화위험에 직면하게 될 것이다.

③ 고정금리 저당은 예상치 못한 인플레이션이 발생했을 때 대출자가 불리해지고, 차입자는 유리해지는 형태의 저당이다.

④ 고정금리 저당은 위험을 대출자가 부담하기 때문에 같은 조건의 변동금리에 비해 초기금리가 높은 편이다.

2 변동금리저당

① 변동금리란 차입이자율이 일정주기로 변동되는 금리형태를 의미한다. 여기서 변동이라 함은 단순히 대출금리가 변동한다는 의미가 아니라 금리가 변동함으로써 시장 위험이 차입자에게 전가됨을 의미한다.

② 변동금리는 기준금리가 변함에 따라 대출금리가 조정되는 형태로 다음과 같은 방식으로 산정한다.

변동금리의 대출금리 = 기준금리 + 가산금리

기준금리(지표금리)		가산금리(마진 : 대출자의 이윤)	
의미	변동의 기준이 되는 금리	의미	대출자의 마진
종류	COFIX(자금조달비용지수) 은행의 자금조달비용을 평균한 지수	특징	대출기관의 이윤이 되는 금리 차입자 신용도, 거래실적에 따라 변화

COFIX는 변동금리 대출에서 활용하는 기준금리로 다음과 같은 특징이 있다.

📋 COFIX의 의미

COFIX는 Cost of Funds Index의 약자로, 은행이 자금을 조달하는 과정에서 지불하는 다양한 비용을 평균한 수치(index)를 의미하며, 이는 곧 은행의 자금조달 "원가"의 개념이다.

① 변동금리 주택담보대출은 이자율 변동으로 인한 위험을 차주에게 전가하는 방식으로 금융기관의 이자율 변동위험을 줄일 수 있으므로, 대출자를 인플레이션 위험으로부터 보호하는 특징이 있다.

② 이자율의 조정주기가 짧을수록 위험은 대출자에서 차입자로 더 많이 전가된다.

STEP 2 기억하기[암기의 영역]

① 고정이자율 저당에서 시장이자율이 약정이자율보다 낮아지면 차입자는 [조기상환을 고려 vs 기출대출을 유지]할 것이다.

② 고정이자율 저당에서 시장이자율이 약정이자율보다 높아지면 대출자는 [수익률 악화 위험 vs 조기상환위험]에 직면할 것이다.

③ 예상치 못한 인플레이션이 발생했을 때 고정금리 대출자는 [유리, 불리]하다.

④ 변동금리는 [   ]금리에 [   ]금리를 더하여 산정된다.

⑤ 변동금리의 기준금리로 은행의 자금조달비용을 평균낸 지표는? [   ]

⑥ 변동금리는 시장위험을 차입자에게 전가할 수 [있다 vs 없다]

⑦ 변동금리는 [   ]를 인플레이션 위험으로부터 보호한다.

Answer

① 조기상환을 고려 ② 수익률 악화위험 ③ 불리 ④ 기준, 가산 ⑤ 자금조달비용지수(COFIX)
⑥ 있다 ⑦ 대출자

STEP 3 적용하기[문제풀이의 영역]

① 다른 대출조건이 동일한 경우, 통상적으로 고정금리 주택저당대출의 금리는 변동금리 주택저당대출의 금리보다 높다. [○, ×] 제25회

② 고정금리저당에서 시장이자율이 대출약정이자율보다 높아지면 차입자는 기존대출금을 조기상환하는 것이 유리하다. [○, ×] 제26회

③ 고정금리대출을 실행한 대출기관은 금리상승시 차입자의 조기상환으로 인한 위험이 커진다. [○, ×] 제27회

④ 변동금리 주택담보대출은 이자율 변동으로 인한 위험을 차입자에게 전가하는 방식으로 금융기관의 이자율 변동위험을 줄일 수 있는 장점이 있다. [○, ×] 제25회

⑤ 코픽스(Cost of Funds Index)는 은행자금조달비용을 반영한 대출의 기준금리이다. [○, ×] 제25회

Answer

① ○ ② × ③ × ④ ○ ⑤ ○

Thema 36 대출의 상환(분할상환방식)

STEP 1 이해하기[이해의 영역]

저당의 상환이란 차입자가 대출자에게 융자액에 대한 원금과 이자를 상환하는 것을 의미한다.

> 융자액 = 대출액 = 저당대부액 ‖ 상환액 = 원리금 = 부채서비스액 = 저당지불액

① 분할상환이란 만기에 걸쳐 매기마다 원리금액을 나누어서 갚는 상환방식을 의미한다.

② 대표적 분할상환방식으로는 원금균등분할상환, 원리금균등분할상환, 점증식분할상환방식이 있다.

③ 매기의 이자액을 산정할 때 이자액은 잔금에 금리를 곱하여 산정한다. 분할상환방식에서는 매기 원금을 납입하므로 잔금이 매기마다 감소하게 되고 이자액도 감소하게 된다.

1 원금균등분할상환

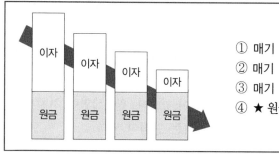

① 매기 납부하는 원금: 균등
② 매기 납부하는 이자: 감소[이자 = 잔금 × 금리]
③ 매기 납부하는 원리금액: 감소
④ ★ 원금균등분할상환 = 원리금 체감식

① 원금균등분할상환방식은 매기의 원금액은 일정하나 이자액은 감소한다.

② **단점**: 초기에 원금상환부담이 큰 편이다.

③ **장점**: 원금납입속도가 빠르므로 만기기준으로 누적 이자액은 작은 편이다.

2 원리금균등분할상환

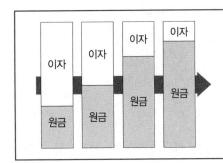

① 매기의 원리금 : 균등[융자액 × 저당상수]
② 매기 납부하는 이자지급액 : 감소
③ 매기 납부하는 원금액 : 증가
④ ★ 원리금균등분할상환 = 원금 체증식

① 원리금균등분할상환방식은 매기의 원리금이 일정한 상환방식으로, 매기의 원리금은 융자액에 저당상수를 곱하여 산정한다.

② 원리금균등분할상환방식은 매기의 이자액이 점차 감소하는만큼 원금상환액이 증가하는 방식으로, 대출초기에는 이자의 비중이 높은 편이나 상환이 진행될수록 원금의 비중이 점차적으로 증가하는 방식이다.

③ 대출조건이 같다면, 원리금균등상환은 원금균등상환에 비해 초기 상환부담이 낮은 편이다.

3 점증식분할상환방식

① 점증식분할상환방식은 차입자가 납부하는 매기의 원리금이 점차적으로 증가하는 방식이다.

② 점증식상환은 초기에는 납부액을 크게 낮추고 소득이 증가함에 따라 상환액도 체증되도록 설계된 상환방식이다.

③ 점증식상환은 초기 소득은 낮으나 장래 소득이 보장되는 젊은 근로자, 신혼부부 등이 많이 활용하는 방식이다.

④ 점증식상환은 초기 상환부담이 매우 작다는 장점이 있으나, 원금상환이 천천히 이루어지므로 만기 기준으로는 누적이자액이 가장 크다는 단점이 있다.

4 상환방식의 3자비교

📋 상환방식의 3자비교

1. **초기) 원금상환부담** : 원금균등상환 > 원리금균등상환 > 점증식상환
2. **만기기준) 누적 이자크기** : 점증식상환 > 원리금균등상환 > 원금균등상환

STEP ② 기억하기[암기의 영역]

① 원금균등상환 : 원리금이 [증가 vs 감소]하고 ‖ 원리금균등상환 : 원금이 [증가 vs 감소]

② 원금균등상환 : 초기상환부담이 [큰, 작은]편 , 만기기준 전체 누적이자가 [큰, 작은]편

③ 초기상환액을 낮추고 점점 상환액을 늘려가는 방식 : [   ]상환방식

④ 점증식상환은 초기 소득이 낮은 차입자에게 [유리함 vs 불리함]

⑤ 원금균등, 원리금균등, 점증식 중 초기 상환부담이 제일 큰 상환방식은? [   ]

⑥ 원금균등, 원리금균등, 점증식 중 만기기준 누적이자가 제일 큰 방식은? [   ]

| Answer |

① 감소, 증가 ② 큰, 작은 ③ 점증식 ④ 유리 ⑤ 원금균등상환 ⑥ 점증식상환

STEP ③ 적용하기[문제풀이의 영역]

| 대표유형 | 제29회

저당상환방법에 관한 설명 중 옳은 것을 모두 고른 것은? (단, 대출조건은 동일함)

> ㉠ 원금균등상환방식의 경우, 매기간에 상환하는 원리금상환액과 대출잔액이 점차적으로 감소한다.
> ㉡ 원리금균등상환방식의 경우, 매기간에 상환하는 원금상환액이 점차적으로 감소한다.
> ㉢ 점증(체증)상환방식의 경우, 미래 소득이 증가될 것으로 예상되는 차입자에게 적합하다.
> ㉣ 대출기간 만기까지 대출기관의 총 이자수입 크기는 '원금균등상환방식 > 점증(체증)상환방식 > 원리금균등상환방식' 순이다.

① ㉠, ㉡   ② ㉠, ㉢
③ ㉠, ㉣   ④ ㉡, ㉣
⑤ ㉢, ㉣

해설 ㉡ 원리금균등상환방식에서는 원금상환액이 증가
㉣ 총이자크기 : 점증식 > 원리금균등 > 원금균등

키워드

㉠ 원금균등상환
원리금, 잔액감소
㉡ 원리금균등상환
원금상환액 감소
㉢ 점증상환방식
소득이 증가,
차입자에 유리
㉣ 총 이자 크기 순서

🔖 정답 ②

프로젝트 파이낸싱

Thema 37

STEP 1 이해하기[이해의 영역]

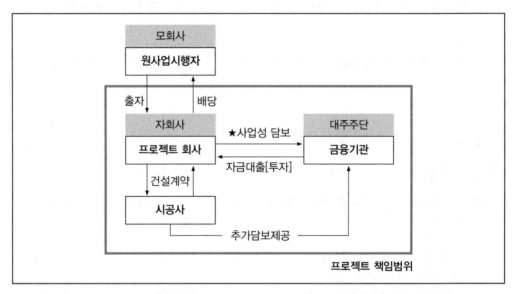

프로젝트 파이낸싱은 주로 대규모 자금이 소요되고, 공사기간이 장기인 개발사업에서 활용되는 금융방식이다.

① 원사업시행자 = 모(母)회사가 개발사업을 위해 출자를 통해 자(子)회사 설립 [아들출산!]

② 자회사를 프로젝트 회사라고 하며, 개발의 전 과정을 프로젝트 회사가 담당 [아들명의!]

③ 프로젝트 회사가 직접 시공사와의 계약, 건설자금의 조달 등의 역할을 담당 [아들 빚!]

④ 자금조달시 담보는 사업성(미래의 현금)담보이다. [미래가능성 담보]

⑤ 프로젝트에서 벌어들인 수익으로 프로젝트 회사가 직접 채무를 상환 [아들이 채무상환]

담보제공	프로젝트의 ★ 사업성, 미래 현금흐름 담보
부외금융	① 원사업시행자는 프로젝트 회사 명의로 자금조달이 가능 ② 원사업시행자는 자신의 장부를 쓰지 않고, ★ 장부외적 금융을 실현 　　[부외금융 : 재무상태표에 부채로 잡히지 않는 금융] ③ 부채의 상환의무는 프로젝트 회사에게 있음
비소구금융	해당 부채는 원사업시행자 명의의 채무가 아니므로, 금융기관은 원사업시행자에게 채권청구를 할 수 없음
에스크로	제3의 결제위탁계좌가 자금관리를 담당(시공사의 자체관리×)

STEP 2 기억하기[암기의 영역]

① PF의 담보 : [사업성 담보 vs 물적담보] ‖ [사업주 전체자산 vs 프로젝트 자체자산]
② PF는 원사업시행자가 프로젝트 회사 명의로 대출가능 ⇨ [　　　　　]
③ PF 부채상환의 의무는 [원사업시행자 vs 프로젝트 회사]가 담당
④ PF의 금융기관은 원사업시행자에 대한 채권청구가 제한적 ⇨ [　　　] or 제한적 소구
⑤ PF의 자금관리 ⇨ [　　　　　] = 위탁계좌에 맡김

Answer

① 사업성 담보, 프로젝트 자체자산 ② 부외금융 ③ 프로젝트 회사 ④ 비소구 ⑤ 에스크로

STEP 3 적용하기[문제풀이의 영역]

대표유형　　　　　　　　　　　　　　　　제29회

사업주(sponsor)가 특수목적회사인 프로젝트 회사를 설립하여 프로젝트 금융을 활용하는 경우에 관한 설명으로 옳은 것은? (단, 프로젝트 회사를 위한 별도의 보증이나 담보제공은 없음)
① 프로젝트 금융의 상환재원은 사업주의 모든 자산을 기반으로 한다.
② 사업주의 재무상태표에 해당 부채가 표시된다.
③ 해당 프로젝트가 부실화되더라도 대출기관의 채권회수에는 영향이 없다.
④ 일정한 요건을 갖춘 프로젝트 회사는 법인세 감면을 받을 수 있다.
⑤ 프로젝트 사업의 자금은 차주가 임의로 관리한다.

키워드
① 사업주의 모든 자산
② 재무상태표에 표시
③ 대출기관의 채권회수에 영향이 없다.
④ 법인세 감면
⑤ 차주가 관리

해설 ① 프로젝트 자체자산을 기반 ② 해당 부채가 표시되지 않는다 ③ 채권회수에는 영향이 있다. ⑤ 에스크로에 의해서 관리된다.

👍정답 ④

STEP 1 **이해하기**[이해의 영역]

부동산투자회사(REITs - Real Estate Investment Trusts)란, 부동산에 투자·운용하는 것을 목적으로 설립된 회사이다.

1 부동산투자회사의 개념

① 부동산투자회사는 "주식"이라는 수단을 통해 투자자로부터 자금을 조달하고,

② 조달한 자금을 부동산에 투자하여 부동산을 매입, 보유, 운용하여 수익을 발생시킨 후,

③ 해당 수익을 투자자의 지분에 맞게 "배당"하는 역할을 담당한다.

2 부동산투자회사의 특징

지분금융	부동산의 지분을 주식으로 발행하여 자금을 조달하는 지분금융방식
간접투자	부동산투자회사의 주식에 투자를 하는 방식
소액투자	투자자의 소액투자를 실현시켜주는 방식
주식투자	투자자는 배당이익, 매매차익을 누릴 수 있으며, 원금손실위험이 발생함

3 부동산투자회사법의 주요내용

정 의	자기관리리츠	자산운용인력 포함 ‖ 임직원 상근 ‖ 투자·운용 직접
	위탁관리리츠	자산의 투자·운용을 자산관리회사에 위탁하는 회사
	기업구조조정리츠	기업구조조정용 부동산에 투자 ‖ 자산관리회사에 위탁
	자산관리회사	위탁관리, 기업구조조정 리츠로부터 위탁받은 자산을 대신 관리해주는 회사
설 립		발기설립의 형태를 취하며, 현물출자에 의한 설립을 할 수 없음
설립 자본금		① 자기관리리츠 : 5억원 이상 ② 위탁관리리츠, 기업구조조정리츠 : 3억원 이상
최저 자본금		영업인가나 등록을 한 날부터 6개월이 지난 부동산투자회사의 최저자본금 ① 자기관리리츠 : 70억원 이상 ② 위탁관리리츠, 기업구조조정리츠 : 50억원 이상
위탁관리		위탁관리리츠는 본점 외의 지점을 설치할 수 없으며, 직원을 고용하거나 상근 임원을 둘 수 없음
자기관리 운용인력		자기관리 부동산투자회사는 그 자산을 투자·운용할 때에는 자산운용 전문인력을 상근으로 두어야 함 ① 감정평가사 또는 공인중개사로서 해당 분야에 5년 이상 종사한 사람 ② 부동산 관련 석사학위 이상의 소지자로서 부동산의 투자·운용과 관련된 업무에 3년 이상 종사한 사람

1 과목

STEP 2 **기억하기**[암기의 영역]

① 부동산투자회사는 [지분 vs 부채]금융 방식

② 부동산투자회사에는 소액투자가 [가능 vs 불가]함

③ REITs에 투자하면 원금손실이 발생할 수 [있다 vs 없다]

④ 자산운용인력이 포함되고, 임직원이 상근하고, 자산관리를 직접하는 리츠는? [   ]

⑤ 위탁관리리츠는 자산의 운용을 [   ]에게 위탁한다.

⑥ 자기관리리츠의 최저설립자본금은 [   ] 이상이고, 위탁관리 및 기업구조조정리츠의 설립자본금은 [   ] 이상이다.

⑦ 6개월이 지난 자기관리리츠의 최저설립자본금 : [   ]억원 이상

⑧ 위탁관리리츠는 본점 외의 지점을 설치할 수 [있다 vs 없다]

Answer

① 지분 ② 가능 ③ 있다 ④ 자기관리리츠 ⑤ 자산관리회사 ⑥ 5억, 3억 ⑦ 70 ⑧ 없다

STEP 3 **적용하기**[문제풀이의 영역]

| 대표유형 | 제29회 |

우리나라 부동산투자회사(REITs)에 관한 설명 중 틀린 것은?

① 자기관리 부동산투자회사의 설립자본금은 5억원 이상으로 한다.

② 위탁관리 부동산투자회사 및 기업구조조정 부동산투자회사의 설립자본금은 3억원 이상으로 한다.

③ 공인중개사로서 해당 분야에 5년 이상 종사한 사람은 자기관리 부동산투자회사의 자산운용 전문인력이 될 수 있다.

④ 위탁관리 부동산투자회사는 본점 외의 지점을 설치할 수 없다.

⑤ 부동산투자회사는 현물출자에 의한 설립이 가능하다.

해설 ⑤ 부동산투자회사는 현물출자에 의한 설립이 불가

키워드

① 설립자본금 : 5억

② 위탁관리
  기업구조조정 : 3억

③ 공인중개사,
  자산운용인력○

④ 위탁관리리츠
  본점 외 지점×

⑤ 현물출자 설립가능

정답 ⑤

Thema 39 저당유동화의 의의

STEP 1 이해하기[이해의 영역]

① 금융기관이 차입자에게 만기가 장기인 대출을 하면, 금융기관은 단기간에 해당 자금을 회수할 수 없다.

② 이때 금융기관이 현금을 마련하기 위해 본인이 소유한 저당채권의 현금화를 시도하는데, 이러한 과정을 저당의 유동화라고 한다.

③ 저당의 유동화란 저당채권(Mortgage)을 상품화(증권화)하여 현금화하는 일련의 과정을 의미하며, 저당이 유동화되면 은행은 저당채권을 현금으로 바꿀 수 있게 된다.

1 저당유동화증권(MBS)

① 주택담보대출을 하면 금융기관은 저당권과 원리금 수취권을 보유하는데, 이를 합쳐 저당채권(mortgage)이라고 한다.

② 저당이 유동화된다는 의미는 이 저당채권을 현금으로 전환하는 과정을 의미하는데, 그 흐름은 다음과 같다.

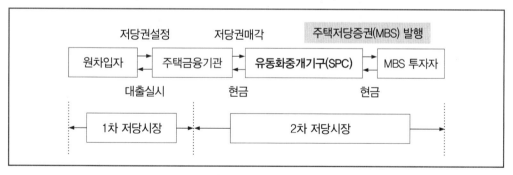

① 차입자와 금융기관 사이의 대출계약(저당권 설정)

② 금융기관이 설정된 저당권 중 일부를 유동화하기 위해 유동화중개기구(SPC)에 매각

③ 유동화중개기구(SPC)가 매입한 저당채권을 기반으로 MBS 발행(채권의 증권화)

④ 투자자가 MBS에 투자하면 해당 현금이 SPC를 통해 금융기관으로 전달(유동화 완료)

> 유동화 과정 : 저당채권(M)을 "증권"으로 포장하여 투자자에게 매각함으로써 현금화

2 저당유동화의 효과

① 저당채권유동화는 금융기관의 유동성을 증가시키고, 유동성 위험을 감소시킨다.

② 주택저당증권을 발행하여 주택저당 대출의 공급이 늘게 되면 주택수요가 증가할 수 있다.

③ 저당채권유동화는 투자자에게 자산포트폴리오 구성을 다양하게 한다.

STEP 3 적용하기[문제풀이의 영역]

대표유형   제30회

저당담보부증권(MBS) 도입에 따른 부동산 시장의 효과에 관한 설명으로 틀린 것은?

① 주택금융이 확대됨에 따라 대출기관의 자금이 풍부해져 궁극적으로 주택자금대출이 확대될 수 있다.

② 주택금융의 대출이자율 하락과 다양한 상품설계에 따라 주택 구입 시 융자받을 수 있는 금액이 증가될 수 있다.

③ 금융의 활성화로 건설이 촉진되어 주거안정에 기여할 수 있다.

④ 주택금융의 확대로 자가소유가구 비중이 감소한다.

⑤ 대출기관의 유동성이 증대되어 소비자의 담보대출 접근성이 개선될 수 있다.

해설 ④ 주택금융의 확대로 자가소유가구 비중이 확대된다.   👍정답 ④

키워드

① 대출기관 자금풍부, 주택자금대출 확대
② 융자금액 증가
③ 주거안정에 기여
④ 자가소유가구 감소
⑤ 유동성 증대

가치(value)와 가격(price)의 개념

1
과목

STEP 1 이해하기[이해의 영역]

감정평가란 부동산의 경제적 가치를 판정하여 그 결과를 가액화하는 과정이다. 즉 감정평가는 가격(price)을 평가하는 작업이 아닌 대상 부동산에 대한 가치(value)를 판정하는 작업인데, 가격과 가치의 차이점은 다음과 같다.

구 분	가격(Price)	가치(Value)
의 미	매도자와 매수자 간의 교환의 대가	장래 기대되는 편익의 현재가치
성 격	① 수·급 사이의 형성된 과거의 값 ② 특정시점에 1개만 존재함 ③ 객관적·구체적인 값	① 장래 기대이익의 현가화 ② 여러 개 존재할 수 있음 ③ 주관적·추상적인 값
관 계	단기적으로 가치와 가격은 괴리가 발생할 수 있으나 장기적으로는 일치함	

감정평가는 다양한 가치 중 시장가치를 평가하는 것을 목적으로 하며, 시장가치의 개념은 다음과 같다.

> **★ 시장가치란**
> 감정평가의 대상이 되는 부동산이 ① 통상적인 시장에서 ② 충분한 기간 동안 거래를 위하여 공개된 후, 그 대상물건의 내용에 ③ 정통한 당사자 사이에 ④ 신중하고 자발적인 거래가 있을 경우 성립될 가능성이 높은 가액이다.

STEP 2 **기억하기**[암기의 영역]

① 부동산에 대한 교환의 대가 : [가격 vs 가치]

② 장래이익의 현가화 : [가격 vs 가치]

③ 가격은 [과거, 현재]의 값이며, 가치는 [과거, 현재]의 값이다.

④ 가격은 [1개, 여러 개]가 존재하며, 가치는 [1개, 여러 개]가 존재한다.

⑤ 가격은 [객관, 주관]적이며 가치는 [객관, 주관]적이다.

| Answer |
① 가격 ② 가치 ③ 과거, 현재 ④ 1개, 여러 개 ⑤ 객관, 주관

STEP 3 **적용하기**[문제풀이의 영역]

| 대표유형 | 제25회

부동산의 가격과 가치에 관한 설명으로 틀린 것은?

① 가격은 특정 부동산에 대한 교환의 대가로 매수인이 지불한 금액이다.

② 가치는 효용에 중점을 두며, 장래 기대되는 편익은 금전적인 것뿐만 아니라 비금전적인 것을 포함할 수 있다.

③ 가격은 대상 부동산에 대한 현재의 값이지만, 가치는 장래 기대되는 편익을 예상한 미래의 값이다.

④ 가치란 주관적인 판단이 반영된 것으로 각 개인에 따라 차이가 발생할 수 있다.

⑤ 주어진 시점에서 대상 부동산의 가치는 다양하다.

해설 ③ 가격은 과거의 값이지만, 가치는 현재의 값이다.

| 키워드 |
① 가격 : 교환의 대가
② 가치 : 효용
  금전적, 비금전적
③ 가격 : 현재
  가치 : 미래의 값
④ 가치 : 주관적
⑤ 가치 : 다양

정답 ③

Thema 41 | 가치형성요인에 관한 분석 : 지역분석, 개별분석

STEP 1 이해하기[이해의 영역]

감정평가에 관한 규칙상 가치형성요인의 정의는 다음과 같다.

> 가치형성요인은 대상 물건의 경제적 가치에 영향을 미치는 일반요인, 지역요인, 개별요인 등을 말한다.

감정평가사가 대상 물건에 대한 가치형성요인을 분석할 때는 대표적으로 지역분석과 개별분석이 실시된다.

1 지역분석

부동산을 둘러싼 주변환경을 분석함으로써 지역 부동산의 표준적 이용을 판단하고, 가격수준을 판단하기 위해서 실시한다.

필요성	부동성 및 인접성 : 토지는 고정되어 있고 인접되어 있으므로, 대상 부동산의 감정평가를 위해서는 지역적 분석이 선행되어야 함
분석목적	① 표준적 이용 : 지역 부동산의 평균적 용도를 판단하기 위해 ② 가격수준 : 지역 부동산의 평균적 가격수준을 판단하기 위해 ⇨ 지역분석은 대상 부동산 판단을 위한 기준을 마련하는 분석
대상지역	감정평가에 관한 규칙상 인근지역, 유사지역, 동일수급권이 포함됨 ① 인근지역 : 대상 부동산이 속한 지역으로, 지역요인을 공유하는 지역 ② 유사지역 : 대상 부동산이 속하지 않은 지역으로, 인근지역과 유사한 지역 ③ 동일수급권 : 대상 부동산과 대체·경쟁 관계가 성립하고 가치형성에 서로 영향을 미치는 관계에 있는 다른 부동산이 존재하는 권역(圈域)

2 개별분석

지역분석의 결과를 기초로 대상 부동산의 최유효이용과 구체적 가격을 판단하기 위하여 실시한다.

3 지역분석과 개별분석의 비교

구 분	지역분석	개별분석
분석근거(특성)	부동성, 인접성	개별성
분석내용	선행분석(먼저)	후행분석(나중에)
분석범위	전체적, 거시적	부분적, 미시적
분석기준	표준적 이용판정	최유효이용 판정
가격관련	지역의 가격수준	구체적 가격산정

STEP 3 적용하기[문제풀이의 영역]

대표유형   제30회

지역분석과 개별분석에 관한 설명으로 틀린 것은?

① 해당 지역 내 부동산의 표준적 이용과 가격수준 파악을 위해 지역분석이 필요하다.

② 지역분석은 대상 부동산에 대한 미시적·국지적 분석인 데 비하여, 개별분석은 대상지역에 대한 거시적·광역적 분석이다.

③ 인근지역이란 대상 부동산이 속한 지역으로서 부동산의 이용이 동질적이고 가치형성요인 중 지역요인을 공유하는 지역을 말한다.

④ 동일수급권이란 대상 부동산과 대체·경쟁 관계가 성립하고 가치형성에 서로 영향을 미치는 관계에 있는 다른 부동산이 존재하는 권역을 말하며, 인근지역과 유사지역을 말한다.

⑤ 대상 부동산의 최유효이용을 판정하기 위해 개별분석이 필요하다.

해설 ② 개별분석은 미시적·국지적 분석인 데 비하여, 지역분석은 대상지역에 대한 거시적·광역적인 분석이다.

정답 ②

키워드

① 표준적 이용, 가격수준, 지역분석
② 지역분석 미시적·국지적
③ 인근지역 속한, 지역요인
④ 대체·경쟁관계, 서로 영향을 미치는 권역
⑤ 최유효이용, 개별분석

부동산 가격제원칙

STEP 1 이해하기[이해의 영역]

부동산 가격제원칙이란 부동산의 가격이 어떻게 형성되고 유지되는지 그 법칙성을 찾아내어 평가활동의 지침으로 삼으려는 행동 기준이다. 부동산 가격제원칙의 구성은 다음과 같다.

최유효이용	① 부동산의 가격이 최고조가 되기 위해서는 부동산이 최유효이용되어야 한다는 원칙 ② 최유효이용이란 물리적 채택가능성을 전제로 합리적·합법적·최고최선의 이용을 의미함
변동의 원칙	① 부동산의 가격도 사회적·경제적·행정적 요인의 변동에 따라 끊임없이 변동한다는 원칙 ② 감정평가에 있어 기준시점의 명확성, 시점수정의 필요성과 관련
예측의 원칙	① 부동산 가격은 과거, 현재보다는 장래 예측의 영향을 받음 ② 장래를 중시: 영속성 및 가치(value)의 개념에 부합
대체의 원칙	① 대체관계의 2개 이상의 재화는 가격이 서로 연관된다는 원칙 ② A부동산의 가격은 B와 연관됨: 비교방식의 감정평가의 근거
균형의 원칙	① 부동산의 가격이 최고조가 되기 위해서는 투입되는 생산요소 및 구성요소 간의 조화가 중시된다는 원칙 ② 부동산의 설계, 설비, 구조, 디자인의 중요성을 강조하는 원칙 ③ 균형의 원칙에 위배될 때: 부동산에 기능적 감가가 발생함
적합의 원칙	① 부동산의 가격이 최고조가 되기 위해서는 인근의 환경, 지역, 시장과의 조화가 중시된다는 원칙 ② 외부의 환경 및 주변 지역과의 적합성을 강조하는 원칙 ③ 적합의 원칙에 위배될 때: 부동산에 경제적 감가가 발생함

균형의 원칙이 부동산의 내부 구성요소 간의 조화를 중시하는 원칙이라면, 적합의 원칙은 부동산과 인근 환경과의 조화를 중시하는 원칙이다.

STEP 2 기억하기[암기의 영역]

① 물리적 채택가능성을 전제로 합리적이고 합법적인 최고최선이용 : [   ]
② 감정평가에서 시점이 중시되는 것은 [   ]의 원칙과 관련
③ 가치(value)의 정의와 관련된 원칙은 [   ]의 원칙
④ 투입되는 생산요소, 구성요소 간의 결합을 중시하는 원칙 : [   ]의 원칙
⑤ 환경과의 조화, 인근지역과의 조화를 중시하는 원칙 : [   ]의 원칙

Answer
① 최유효이용 ② 변동 ③ 예측 ④ 균형 ⑤ 적합

STEP 3 적용하기[문제풀이의 영역]

대표유형   제28회

키워드

다음 부동산 현상 및 부동산 활동을 설명하는 감정평가 이론상 부동산 가격원칙을 순서대로 나열한 것은?

ㅋ 복도
 천정높이
 냉·난방비
ㅣ 지역분석
 표준적 사용

> ㉠ 복도의 천정 높이를 과대개량한 전원주택이 냉·난방비 문제로 시장에서 선호도가 떨어진다.
> ㉡ 판매시설 입점부지 선택을 위해 후보지의 지역분석을 통해 표준적 사용을 확인한다.

① 균형의 원칙, 적합의 원칙
② 예측의 원칙, 수익배분의 원칙
③ 적합의 원칙, 예측의 원칙
④ 수익배분의 원칙, 균형의 원칙
⑤ 적합의 원칙, 변동의 원칙

해설 ㉠: 내부적 설계를 이야기한 균형의 원칙, ㉡: 외부의 지역분석을 이야기한 적합의 원칙에 대한 설명이다.

정답 ①

감정평가 3방식의 개관

STEP 1 이해하기[이해의 영역]

감정평가는 3가지 방식으로 구성되는데, 이는 가격이 가지는 3면성이라는 특성 때문이다. 가격의 3면성이란 비용성, 시장성, 수익성의 3가지 측면을 의미한다.

비용성	공급자 관점	부동산의 가격에는 공사비(공사원가)가 반영됨
시장성	시장 관점	부동산의 가격에는 시장의 수요와 공급 상황이 반영됨
수익성	수요자 관점	부동산의 가격에는 부동산의 장래 수익성이 반영됨

이에 감정평가는 각각 비용성, 시장성, 수익성 차원에서 이루어지는 3가지 방식으로 구성된다.

1 감정평가의 3방식

3면성	특 징	3방식	산 정	7방법	가격 및 임료
비용성	공급자	원가방식	가격	원가법	적산가액
			임료	적산법	적산임료
시장성	수요·공급	비교방식	가격	거래사례비교법	비준가액
				공시지가기준법	
			임료	임대사례비교법	비준임료
수익성	수요자	수익방식	가격	수익환원법	수익가액
			임료	수익분석법	수익임료

① 비용성 측면에서 이루어지는 감정평가방식을 원가방식이라고 한다.

② 원가방식은 가격을 구하는 원가법과 임대료를 산정하는 적산법으로 구성된다.

③ 원가법으로 산정한 가격을 적산가액, 적산법으로 산정한 임대료를 적산임료라고 한다.

④ 시장성 측면에서 이루어지는 감정평가방식을 비교방식이라고 한다.

⑤ 비교방식은 가격을 구하는 거래사례비교법, 공시지가기준법 및 임대료를 산정하는 임대사례비교법으로 구성된다.

⑥ 거래사례비교법 및 공시지가기준법으로 산정한 가격을 비준가액, 임대사례비교법으로 산정한 임대료를 비준임료라고 한다.

⑦ 수익성 측면에서 이루어지는 감정평가방식을 수익방식이라고 한다.

⑧ 수익방식은 가격을 구하는 수익환원법과 임대료를 산정하는 수익분석법으로 구성된다.

⑨ 3방식으로 산정한 적산가액, 비준가액, 수익가액을 시산가액이라고 하는데, 이 가액이 최종가액으로 확정되려면 시산가액의 조정의 과정을 거쳐야 한다.

STEP 3 적용하기[문제풀이의 영역]

대표유형   제21회

( ) 안에 들어갈 내용으로 옳은 것은?

| 가) 원가방식 : (㉠)의 원리, 가격 – 원가법, 임료 – 적산법 |
| 나) 비교방식 : 시장성의 원리, 가격 – (㉡), 임료 – 임대사례비교법 |
| 다) 수익방식 : 수익성의 원리, 가격 – 수익환원법, 임료 – (㉢) |

① ㉠ – 형평성, ㉡ – 건물잔여법, ㉢ – 노선가식평가법
② ㉠ – 환가성, ㉡ – 상환기금법, ㉢ – 배분법
③ ㉠ – 비용성, ㉡ – 거래사례비교법, ㉢ – 수익분석법
④ ㉠ – 효율성, ㉡ – 수익분석법, ㉢ – 현금흐름할인법
⑤ ㉠ – 공정성, ㉡ – 거래사례비교법, ㉢ – 배분법

해설 ③ (3방식의 이름은 합격증을 받는 그날까지 기도하는 마음으로 외웁시다!)

키워드

가) 원가방식
  비용성에 근거
나) 비교방식
  거래사례비교법
  공시지가기준법
다) 수익방식
  가격 : 수익환원법
  임료 : 수익분석법

정답 ③

대표유형

감정평가에 관한 규칙상 (   )에 들어갈 내용으로 옳은 것은?

가) 원가방식: 원가법 및 적산법 등 (㉠)의 원리에 기초한 감정평가방식

나) 비교방식: 거래사례비교법, 임대사례비교법 등 시장성의 원리에 기초한 감정평가방식 및 (㉡)

다) (㉢): 수익환원법 및 수익분석법 등 수익성의 원리에 기초한 감정평가방식

---

① ㉠: 비용성, ㉡: 공시지가비교법, ㉢: 수익방식
② ㉠: 비교성, ㉡: 공시지가비교법, ㉢: 환원방식
③ ㉠: 비용성, ㉡: 공시지가비교법, ㉢: 환원방식
④ ㉠: 비용성, ㉡: 공시지가기준법, ㉢: 수익방식
⑤ ㉠: 비교성, ㉡: 공시지가기준법, ㉢: 수익방식

키워드

가) 원가방식
   비용성에 근거
나) 비교방식
   거래사례비교법
   공시지가기준법
다) 수익방식
   수익성에 근거함

1과목

🔓 **정답** ④

박문각 공인중개사

🔍 과목별 학습 방법

민법은 비교적 객관적이고 공정하게 시험이 출제되고, 학문 자체도 체계가 확실히 정립되어 있어 기본적인 체계만 잘 잡으면 고득점을 노릴 수 있는 과목이라 할 수 있다. 그러나 민법은 어느 한 부분만을 택해서 공부할 수 있는 과목이 아니므로, 기초 입문강의부터 마지막 마무리 강의까지 단계적으로 꾸준히 공부해야만 한다.

또한, 민법은 전체 출제비중을 보았을 때 판례가 차지하는 비중이 절대적이므로, 민법 공부는 판례 공부라고 해도 결코 지나치지 않다.

그러나 무작정 모든 판례를 공부하려 하기 보다는 다소 어려운 판례나 지엽적인 부분은 과감히 넘기고, 보다 시험에 자주 출제되는 중요판례와 기출문제를 우선적으로 확실하게 정리한 후, 문제를 해결하는 요령을 기르는 것이 가장 중요하다. 그리고 무엇보다 기본을 철저히 암기하고 이해해야 하며, 이를 응용하는 과정을 연습하는 것 또한 필요할 것이다.

02

민법 ·
민사특별법

Thema 01 법률관계

모든 사람들은 사회적 인간으로서 다른 사람들과 수많은 관계를 맺고 살아가게 된다. 이러한 생활관계를 다음과 같이 나누어 볼 수 있다.

1 법률관계

사람들의 생활관계 중에서 법에 의하여 규율되는 관계를 법률관계라고 한다. 법률관계의 구체적인 내용은 결국 권리와 의무이다. 이러한 법률관계는 사람과 사람 사이의 관계(채권관계), 사람과 물건의 관계(물권)로 나타난다. 법률관계는 법에 의하여 구속되는 자와 법에 의하여 보호받는 자의 관계로 나타나는데, 전자의 지위를 의무, 후자의 지위를 권리라 한다. 특히 의무는 법적인 구속을 말하므로 의무자가 의무를 이행하지 않는 경우에는 강제로 이행시키거나 그 위반에 대하여 손해배상을 청구할 수 있다.

2 인간관계

인간관계란 생활관계 중에서 법적으로 구속받으려는 의사 없이 행하여지는 생활관계를 말한다. 예를 들어 친구 간에 여행을 같이 가기로 약속하는 것, 부모가 자녀에게 선물을 사주기로 약속하는 것, 친구를 저녁 식사에 초대하기로 하는 것 등은 모두 인간관계에 기한 약속으로서 이로부터 법률관계는 발생하지 않는다. 따라서 이 약속을 어긴다고 해서 손해배상을 청구한다든지 이를 강제집행 할 수는 없는 것으로 된다.

법률관계와 인간관계를 명확하게 구분하는 것이 어려운 경우도 있을 것이다. 이러한 경우에는 당사자의 의사를 해석하여 법의 보호를 줄 이익이 있는가를 고려하여 결정하여야 한다.

Thema 02 법률행위 의의

1 사적자치의 실현수단

현행의 사법제도는 개인 상호간의 법률관계는 원칙적으로 국가의 관여 없이 개인 스스로가 자기결정에 의하여 자기의 의사에 따라 법률관계를 형성할 수 있도록 하고 있다. 이를 사적자치의 원칙이라 한다. 그런데 개인의 의사를 요소로 하여 효과를 발생시키는 것이 바로 법률행위이므로 결국 법률행위는 사적자치를 실현하는 수단이 된다.

2 법률행위와 의사표시

당사자가 법률행위를 하면 그에 따라 법률효과가 발생하게 된다. 그렇다면 법률행위는 무엇에 의해서 효과를 만들어 내는 것인가? 그것이 바로 의사표시이다. 즉 당사자가 원하는 의사표시를 하게 되면 그 의사표시에 의해서 효과가 발생하게 된다. 이러한 점에서 의사표시가 아닌 법률이 규정한 대로 효과가 발생하는 준법률행위와 구별된다(준법률행위는 차후에 공부하게 된다).

(1) 법률행위는 의사표시를 필수요소로 하는 법률요건이다. 또한 의사표시는 법률행위라는 법률요건에 있어서 반드시 필요한 법률사실이다. 즉 의사표시 없는 법률행위란 존재할 수 없다.

(2) 법률행위는 의사표시를 본체 내지 구성부분으로 하고 있으나 법률행위와 의사표시는 반드시 동일한 것이 아니다. 예를 들어 매도인이 청약을 하였다면 이 청약은 의사표시에는 해당하나 이것만으로 법률효과가 생기지는 않는다. 매수인의 승낙의 의사표시가 있어야만 비로소 법률행위가 성립하는 것이다.

(3) 의사표시가 법률행위의 필수요소이지만 법률행위가 의사표시만으로 구성되는 것은 아니다. 법률행위가 의사표시 이외의 다른 요소, 즉 관청의 행위(허가나 신고) 또는 사실행위(인도) 등을 구성요소로 하는 경우도 있기 때문이다.

Thema 03 법률행위 종류

단독행위(單獨行爲) · 계약(契約) · 합동행위(合同行爲)

이는 법률행위의 요소인 의사표시의 수와 방향에 따른 분류로서 가장 기본적인 구분이다.

1 단독행위

(1) 의 의

단독행위는 행위자의 1개의 의사표시만으로 성립하는 법률행위이다.

(2) 종 류

단독행위는 상대방에게 의사표시의 도달이 필요한지의 여부에 따라 상대방 없는 단독행위와 상대방 있는 단독행위로 구분된다.

① **상대방 없는 단독행위**

유언(유증), 재단법인의 설립행위, 소유권포기 등은 의사표시를 수령할 특정한 상대방이 없는 단독행위로서 의사표시의 도달이 필요하지 않고 의사표시의 성립과 동시에 효력을 발생하게 된다.

② **상대방 있는 단독행위**

취소, 철회, 동의, 추인, 해제, 해지, 채무면제, 상계 등은 의사표시가 상대방에게 도달함으로써 상대방의 의사에 관계없이 일방적으로 그 효력을 발생하는 단독행위이다.

2 계 약

두 개의 의사표시(청약과 승낙)가 서로 합치됨으로써 성립하는 법률행위이다. 민법은 채권편에서 증여 · 매매 · 교환 · 임대차 · 소비대차 · 사용대차 · 고용 · 위임 · 도급 · 임치 · 현상광고 · 조합 · 종신정기금 · 화해 · 여행계약 등 15가지의 계약을 정하고 있는데 이를 전형계약(典型契約) 또는 유명계약(有名契約)이라고 한다. 다만 계약자유의 원칙상 민법상의 전형계약 이외에도 다른 계약을 창설할 수 있는데(예컨대 리스계약 등) 이를 비전형계약 또는 무명계약이라고 한다.

3 합동행위

서로 대립하지 않고 공동목적을 위하여 평행적·구심적으로 그 내용과 방향을 같이하는 2개 이상의 의사표시의 합치로써 성립하는 법률행위이다. 사단법인의 설립행위가 대표적인 합동행위에 해당한다.

Thema 04 법률행위의 성립요건과 유효요건

법률행위가 성립하기 위한 요건을 성립요건이라고 하며, 성립된 법률행위가 완전히 효력을 발생하기 위한 요건을 유효요건(효력발생요건)이라고 한다. 다만 명확히 구별할 점은 법률행위가 성립하였다고 모두 효력을 발생하는 것이 아니라 별도의 유효요건을 구비해야 효력이 발생한다는 것이다.

1 성립요건

법률행위가 성립하기 위하여 일반적으로 필요한 요건은 ① 당사자 ② 목적 ③ 의사표시 세 가지를 드는 것이 보통이다. 예를 들어 매매계약이 성립하기 위해서는 당사자가 존재해야 하며 법률효과의 목적이 있어야 하고 또한 이를 외부에 표시하여야 한다.

2 유효요건

성립요건을 갖춘 법률행위가 일반적으로 효력을 완전히 유효하게 발생하려면 다음과 같은 요건이 필요하게 된다.

(1) **당사자가 능력을 가지고 있을 것**

제한능력자(미성년자, 피한정후견인, 피성년후견인)가 한 법률행위는 취소할 수 있고, 취소하면 소급하여 처음부터 무효가 되며 의사무능력자의 법률행위는 무효로 다룬다.

(2) **법률행위의 목적이 확정성 · 가능성 · 적법성 · 사회적 타당성이 있을 것**

(3) **의사표시에 관하여 의사와 표시가 일치하고, 의사표시에 하자(瑕疵)가 없을 것**

즉 비정상적인 의사표시(비진의표시, 허위표시, 착오에 의한 의사표시, 사기·강박에 의한 의사표시)는 무효 또는 취소가 될 수 있다(의사표시 장에서 상설한다).

Thema 05 │ 법률행위의 목적

1 │ 목적의 확정성

법률행위의 목적은 확정할 수 있어야 하는 바, 법률행위 성립 당시에 이미 확정되어 있어야 하는 것은 아니고 늦어도 법률행위의 내용을 실현할 당시(이행기)까지 확정할 수 있으면 된다. 그러나 법률행위의 목적을 확정하는 것이 반드시 용이하지는 않으므로 내용의 확정성은 법률행위 해석의 문제와 직결된다. 해석을 통하여 확정할 수 없음이 결정된 법률행위는 무효이다.

2 │ 목적의 가능성

법률행위의 목적(내용)은 그 실현이 가능한 것이어야 한다. 목적의 실현이 불가능한 경우에 그 법률행위는 무효이다. 실현이 가능하냐의 여부는 사회통념에 의해 정해진다. 예컨대 죽은 사람을 다시 살린다는 계약과 같이 물리적으로 절대 불가능한 것은 물론이며, 비록 물리적으로는 가능하더라도 사회통념상 있을 수 없다고 보는 것도 불능이다.

3 │ 목적의 적법성

(1) **의 의**

법률행위의 내용은 적법하여야 한다. 따라서 사회질서에 관계있는 규정, 즉 강행규정(강행법규)에 반하는 내용의 법률행위는 무효라고 할 것이다. 이와는 달리 임의법규란, 사회질서에 관계없는 규정을 말하는데 임의법규는 당사자의 의사에 의하여 그 적용을 배제할 수 있는 규정이 된다. 예를 들어 임차인은 임대인에게 목적물에 투여한 비용을 청구할 수 있도록 규정하고 있으나(제626조), 이는 임의규정이므로 당사자가 특약으로 이를 배제할 수도 있게 된다.

⑵ 효력규정과 단속규정

강행법규 중 효력규정은 사법상(私法上)의 효력을 무효화시키는 규정을 말한다. 예를 들어 민법상의 모든 강행규정, 국토의 계획 및 이용에 관한 법률 제118조에 의한 토지거래허가 제 등이 있으며 단속규정이란 국가가 일정한 행위를 단속할 목적으로 그것을 금지하거나 제한하는 데 지나지 않는 규정으로 이에 위반할 경우 처벌은 받지만 법률행위 그 자체의 사법상(私法上)의 효과에는 영향을 미치지 않는다. 예를 들어 무허가음식점의 영업행위, 허가 없이 숙박업을 하는 행위, 부동산등기특별조치법상 금지하는 중간생략등기 등이 있다.

4 목적의 사회적 타당성

> 제103조【반사회질서의 법률행위】선량한 풍속 기타 사회질서에 위반한 사항을 내용으로 하는 법률행위는 무효로 한다.

⑴ 반사회적 법률행위

① 의 의

확정된 법률행위의 내용이 실현가능하고 개별적인 강행법규에 위반하지 않더라도 선량한 풍속 기타 사회질서에 위반되는 경우에는 무효이다.

② 사회질서위반인 법률행위의 모습

  ㉠ 인륜(윤리질서)에 반하는 행위

   ⓐ 첩계약은 처(妻)의 동의여부와 상관없이 무효이다. 다만 그러나 첩관계(妾關係)를 그만두는 것을 조건으로 금전을 지급하는 계약이나 자녀의 양육비에 대한 지급약정은 유효하다.

   ⓑ 자녀가 부모를 상대로 불법행위 손해배상을 청구하는 행위

  ㉡ 정의관념에 반하는 행위

   ⓐ 밀수입을 위한 소비대차 또는 출자행위

   ⓑ 경매나 입찰에 있어서 부정한 약속을 하는 담합행위

   ⓒ 제2매수인이 적극가담한 부동산의 이중매매

  ㉢ 개인의 자유를 심하게 제한하는 행위

   ⓐ 절대로 이혼 또는 혼인을 하지 않겠다는 약정

   ⓑ 직원을 채용하면서 근무기간 중 혼인하지 않겠다는 약정(독신약관)

ⓔ 생존의 기초를 처분하는 행위

     ⓐ 장래 취득하게 될 모든 재산을 양도하는 계약

     ⓑ 사찰에 있어서 꼭 필요한 재산인 임야를 증여한 행위(대판 1976.4.13, 75다2234)

ⓜ 사행성이 심한 행위

    도박으로 부담하게 된 채무가 무효임은 물론 도박채무의 변제를 위해 부동산을 양도하기로 하는 계약도 무효이다.

③ **사회질서위반인 법률행위의 효과**

  ㉠ 반사회적 법률행위의 효과는 무효이다.

    원칙적으로 무효인 법률행위는 이행 전이면 이행할 필요가 없고 이미 이행된 것은 부당이득반환(제741조)의 대상이 된다. 다만 법률행위가 제103조에 반하여 무효가 되면 부당이득반환의 특칙으로서 불법원인급여가 적용된다.

  ㉡ 불법원인급여

    사회질서위반행위로서 무효임에도 불구하고 이미 이행한 경우에는 이른바 '불법원인급여(不法原因給與)(제746조 본문)'로서 그 반환청구가 인정되지 아니한다. 예컨대 도박으로 인하여 100만원의 채무를 부담하게 되었을 때, 아직 이행하지 않았다면 이행할 필요가 없지만, 이미 이행하였다면 반환을 청구할 수 없게 된다. 다만 불법원인급여는 제103조와 표리관계(表裏關係)를 이루는 것으로서 제103조에 위반된 행위를 한 경우에만 적용되는 것이다.

    판례도 불법원인급여에서 '불법의 원인'이라 함은 재산을 급여한 원인이 선량한 풍속 기타 사회질서에 반하는 경우를 가리키는 것으로서, 강제집행을 면할 목적으로 부동산의 소유자 명의를 신탁하는 것이 불법원인급여에 해당한다고 볼 수 없다(대판 1994.4.15, 93다61307)고 판시한다.

(2) **불공정한 법률행위**

> **제104조 【불공정한 법률행위】** 당사자의 궁박, 경솔, 또는 무경험으로 인하여 현저하게 공정을 잃은 법률행위는 무효로 한다.

① **의 의**

  이 규정은 당사자의 궁박·경솔 또는 무경험을 이용하여 자기의 급부에 비하여 현저하게 균형을 잃은 반대급부를 하게 함으로써 부당한 재산적 이익을 얻는 행위를 무효로 하는 것이다. 통설과 판례는 제104조는 제103조와 독립적인 것이 아니고 반사회질서의 법률행위에서 하나의 예시에 지나지 않는다고 본다.

② 불공정행위 성립요건

㉠ 객관적 요건

급부와 반대급부 사이에 현저한 불균형이 있어야 한다. 불균형유무는 거래가치의 객관적 기준으로 정해지며 개별적 사안에 따라 사회질서 개념을 표준으로 하여 정하게 된다.

㉡ 주관적 요건

급여자의 궁박·경솔·무경험을 알고 이를 적극적으로 이용하려는 의사, 즉 악의가 필요하다.

ⓐ 궁박, 경솔, 무경험은 모두 구비되어야 하는 것이 아니고 그 중 하나만 갖추어져도 충분하다(대판 1993.10.12, 93다19924).

ⓑ '궁박'이라 함은 경제적 원인에 국한하는 것이 아니고, 정신적 또는 심리적 원인에 기인할 수도 있다. 따라서 '명예의 침해'와 같은 경우에도 궁박에 포함하는 것으로 본다.

ⓒ '무경험'이라 함은 일반적인 생활체험의 부족을 의미하는 것으로서 어느 특정영역에 있어서의 경험부족이 아니라 거래일반에 대한 경험부족을 뜻한다(대판 2002. 10.22, 2002다38927).

③ 적용범위

증여와 같은 기부행위 등은 아무런 대가관계 없이 당사자 일방이 상대방에게 일방적인 급부를 하는 법률행위이므로 불공정의 문제가 발생할 여지가 없다. 따라서 증여와 같은 무상행위와 경매에는 적용되지 아니한다. 다만 구속된 남편을 구하기 위한 궁박한 상태에서 외상대금채권을 포기하는 경우와 같은 단독행위에도 적용된다.

④ 효 과

제104조는 제103조의 예시적 규정이므로 그 성질은 제103조와 같다. 따라서 불공정행위에 해당하면 절대적 무효가 되어 제3자가 선의라 하더라도 권리를 취득할 수 없으며, 이를 추인하여 새로운 법률행위로 하는 것도 허용될 수 없다.

Thema 06 비정상적 의사표시

의사표시란 법률행위의 필수적인 구성요소이며 일정한 법률효과의 발생을 의욕하는 의사의 표시로서 원하는 대로의 법률효과가 발생하는 법률사실이다. 즉 정상적인 의사표시는 자신이 의욕하는 의사와 표시가 일치되어야 하며, 그 의사를 형성하는 데에 하자가 없어야 한다. 그러나 실제에서는 어떠한 이유로 의사와 표시가 일치하지 않는 의사표시를 하거나, 의사와 표시는 일치하지만 그 의사를 형성하는 과정에서 타인의 왜곡된 개입으로 인하여 비정상적인 의사표시를 하는 경우가 발생한다. 우리 민법은 이를 어떻게 다루고 있는지에 대해서 공부하게 된다.

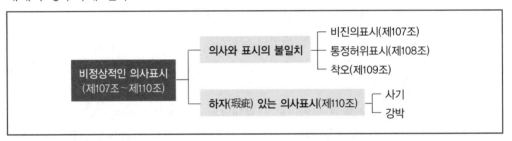

1 진의 아닌 의사표시(비진의표시)

> 제107조【진의 아닌 의사표시】① 의사표시는 표의자가 진의 아님을 알고한 것이라도 그 효력이 있다. 그러나 상대방이 표의자의 진의 아님을 알았거나 이를 알 수 있었을 경우에는 무효로 한다.
> ② 전항의 의사표시의 무효는 선의의 제3자에게 대항하지 못한다.

(1) 의 의

표의자가 자신의 내심의 의사(진의)와 표시가 일치하지 않는다는 사실을 스스로 알면서 하는 의사표시를 말한다. 예를 들어 회사를 사직할 의사는 전혀 없었으나 그만 두겠다고 하면 월급을 올려줄 것이라고 생각하고 사직서를 제출한 경우이다. 비진의표시에서 진의란 진심으로 마음속에서 원하는 사항을 말하는 것이 아니라 특정한 의사표시를 하고자 하는 생각을 의미한다.

(2) 요 건

① 의사표시가 있어야 한다.
② 의사와 표시가 불일치하여야 한다.
③ 표의자 스스로 의사와 표시의 불일치를 알고 있어야 한다.

(3) 효 과

① 원칙 – 유효

비진의표시는 표시된 대로 그 효과가 발생한다(제107조 제1항).

② 예외 – 무효

상대방이 표의자의 진의 아님을 알았거나 이를 알 수 있었을 경우에는 그 비진의표시는 무효로 한다(제107조 제1항 단서). 상대방의 악의 또는 과실 유무에 대한 입증책임은 무효를 주장하는 표의자에게 있다.

> **핵심용어 Check**
>
> 진의 아님을 상대방이 알았거나 알 수 있었을 때에는 무효이다.
> = 상대방이 악의 또는 과실인 때에는 무효이다.
> = 상대방이 선의 그리고 무과실인 때에는 유효하다.

③ 제3자에 대한 관계

비진의표시가 예외적으로 무효로 되는 경우에, 그 무효는 "선의의 제3자"에 대항하지 못한다(제107조 제2항). 거래의 안전을 위한 규정으로 등기에 공신력을 인정하지 않는 우리 민법체계에서는 사실상 등기에 공신력을 부여하는 기능을 하고 있다. 보호되는 제3자는 선의이면 족하고 무과실까지는 요구하지 않으며, 제3자의 선의는 추정되므로 제3자가 악의라는 사실의 주장·입증책임은 무효를 주장하는 자가 부담한다.

2 통정허위표시

> **제108조【통정한 허위의 의사표시】** ① 상대방과 통정한 허위의 의사표시는 무효로 한다.
> ② 전항의 의사표시의 무효는 선의의 제3자에게 대항하지 못한다.

(1) 의 의

통정허위표시란 상대방과 통정함으로써 하는 진의 아닌 허위의 의사표시를 말한다. 이러한 허위표시를 요소로 하는 법률행위를 가리켜 '가장(假裝)행위'라고 한다. 예를 들어 채권자의 강제집행을 면탈하기 위해 친구와 짜고 진정한 의사 없이 소유권만 이전해두는 경우이다.

(2) 요건

① 의사표시가 있을 것

② 의사와 표시의 불일치

③ 표의자가 불일치를 알고 할 것

④ 상대방과 통정(합의)할 것

⑤ 허위의 표시를 한 이유나 동기는 묻지 않는다. 남을 속이기 위한 목적이 요구되어지는 것도 아니다.

(3) 효과 - 당사자 사이의 효력

① 무효

당사자 사이에서는 언제나 무효이다(제108조 제1항). 아직 이행 전이라면 이행할 필요가 없다. 또한 허위표시 자체가 불법은 아니므로 불법원인급여(제746조)에 관한 규정은 적용되지 않는다. 따라서 이미 급부한 것은 반환을 청구할 수 있다.

② 채권자취소권의 대상여부

허위표시는 무효이지만 제406조의 요건에 해당하면 사해행위(詐害行爲)로서 채권자취소권의 대상이 될 수 있다(대판 1998.2.27, 97다50985). 채무자가 채권자를 해하게 됨을 알면서 그의 재산을 감소시키는 것을 사해행위라고 하며 이는 채권자취소권의 대상이 된다.

③ 제3자에 대한 효력

허위표시의 무효는 선의의 제3자에게 대항하지 못한다(제108조 제2항). 예를 들어 甲과 乙이 가장매매를 하여 甲의 부동산을 乙에게 소유권이전등기를 한 경우에 그러한 사정을 알지 못한 선의의 丙이 乙로부터 그 부동산을 매수하여 권리를 취득하였다면 甲은 허위표시의 무효를 근거로 丙에게 반환청구를 할 수 없게 된다(거래안전보호). 다만 허위표시 이전에 법률관계를 맺은 자나 포괄승계인은 제3자가 될 수 없다.

3 착오로 인한 의사표시

> **제109조【착오로 인한 의사표시】** ① 의사표시는 법률행위의 내용의 중요부분에 착오가 있는 때에는 취소할 수 있다. 그러나 그 착오가 표의자의 중대한 과실로 인한 때에는 취소하지 못한다.
> ② 전항의 의사표시의 취소는 선의의 제3자에게 대항하지 못한다.

(1) 의 의

일반적으로 착오란 표시행위와 내심적인 효과의사(진의)가 일치하지 않는 경우로서 그 불일치를 표의자 스스로 알지 못하는 것을 말한다. 이러한 착오는 표시와 진의의 불일치를 표의자가 알지 못한다는 점에서 비진의표시나 통정허위표시와 구별된다.

(2) 동기의 착오

법률행위의 동기에 착오가 있는 경우를 말한다. 예를 들어 지하철역이 들어설 것으로 오신하고 토지를 고가로 매수하였는데 실제로는 그렇지 않았다면, 이 매매계약을 취소할 수 있겠는가 하는 문제이다.

① 원 칙

의사표시의 내용에 해당하지 않는 동기의 착오를 이유로는 취소할 수 없다. 일반거래의 안전을 고려하여야 하고 동기의 착오로 인하여 발생한 위험 내지 불이익은 표의자가 감수하는 것이 타당하기 때문이다.

② 예 외

㉠ 동기를 표시하여 법률행위의 내용을 이루게 되었다면 취소할 수 있다. 당사자들 사이에 별도로 그 동기를 의사표시의 내용으로 삼기로 하는 합의까지 이루어질 필요는 없다(대판 1998.2.10, 97다44737).

㉡ 동기의 착오가 상대방에 의해 유발된 때에는 표시여부를 불문하고 취소할 수 있다.

(3) 취소를 위한 착오의 요건

착오를 이유로 취소하려면 ① 법률행위의 내용에 착오가 있어야 하고(동기의 착오가 아니어야 하고), ② 중요한 부분의 착오이어야 하며, ③ 표의자에게 중과실이 없어야 한다.

① 중요부분의 착오

중요한 부분의 착오가 되기 위해서는 주관적 요건으로 표의자가 그러한 착오가 없었더라면 그러한 의사표시를 하지 않았을 것이라고 생각될 정도로 중요한 것이어야 하고, 객관적 요건으로 보통의 일반인도 표의자의 입장에 있었다면 그러한 의사표시를 하지 않았을 것이라고 생각될 정도로 중요한 것이어야 한다. 두 가지를 모두 충족해야 한다.

② 중과실이 없을 것

㉠ 중대한 과실이란 표의자의 직업, 법률행위의 종류·목적에 비추어 주의의무를 현저히 결여한 것을 말한다. 자신을 과신한 나머지 전문가의 감정 없이 위품을 고려청자로 알고 매수한 경우에는 중과실이 없다고 판시한다(대판 1997.8.22, 96다26657). 그러나 공장을 경영하는 자가 공장이 협소하여 새로운 공장을 설립할 목적으로 토지를

매수함에 있어 토지상에 공장을 건축할 수 있는지 여부를 관할관청에 알아보지 아니한 과실은 착오에 있어서 "중대한 과실"에 해당한다고 판시한다(대판 1993.6.29, 92다38881).

ⓒ 중대한 과실여부에 대한 입증책임은 표의자로 하여금 그 의사표시를 취소케 하지 않으려는 상대방이 부담한다.

(4) 효 과

① 표의자는 기술한 착오에 의한 의사표시의 요건을 갖추면 법률행위를 취소할 수 있다. 취소하면 처음부터 무효가 되므로 미이행채무는 이행할 필요가 없고, 이미 이행된 것은 부당이득반환의 문제가 발생한다.

② 착오에 의한 의사표시의 취소는 선의의 제3자에게 대항하지 못한다(제109조 제2항).

4 하자 있는 의사표시

> **제110조【사기, 강박에 의한 의사표시】** ① 사기나 강박에 의한 의사표시는 취소할 수 있다.
> ② 상대방이 있는 의사표시에 관하여 제3자가 사기나 강박을 행한 경우에는 상대방이 그 사실을 알았거나 알 수 있는 경우에 한하여 그 의사표시를 취소할 수 있다.
> ③ 전 2항의 의사표시의 취소는 선의의 제3자에게 대항하지 못한다.

(1) 의 의

표의자가 자유로운 의사결정을 하지 못하고 그 의사결정에 상대방 또는 제3자의 사기나 강박이 영향을 미친 경우를 말한다.

(2) 사기에 의한 의사표시의 성립요건

① **사기자의 2단(중)의 고의**
사기자에게 고의가 있어야 한다. 이 고의에는 표의자를 기망하여 착오에 빠지게 하려는 고의와 그 착오에 기하여 표의자로 하여금 의사표시를 하게 하려는 고의와의 '2단계의 고의(故意)'가 있어야 한다.

② **기망행위가 있을 것**
기망행위가 있어야 한다. 적극적으로 허위의 사실을 날조하는 것뿐 아니라 고지의무 있는 자가 소극적으로 진실한 사실을 숨기는 것도 기망행위이다.

③ **위법성이 있을 것**

기망행위가 위법하여야 한다. 신의칙과 거래관념에 따라 구체적인 사안에 따라 위법성의 유무를 따져야 한다. 사회통념상 용인될 수 있을 정도의 행위는 위법성이 인정되지 않는다.

④ **(주관적) 인과관계가 존재할 것**

사기와 의사표시 사이에 인과관계가 있어야 한다. 즉 표의자가 기망에 의해 착오에 빠지고, 그 착오에 기하여 의사표시를 하였어야 한다. 여기서 주의할 점은 인과관계는 표의자의 주관적인 것에 지나지 않아도 무방하다는 것이다.

(3) 강박에 의한 의사표시의 성립요건

① **강박자의 고의**

강박자에게 고의가 있어야 한다. 즉 표의자로 하여금 공포심을 일으키려는 고의와 그 공포심에 기하여 의사표시를 하게 하려는 고의와의 '2단계의 고의'가 있어야 한다.

② **강박행위가 있을 것**

강박행위가 있어야 한다. 강박행위의 방법이나 해악의 종류에는 아무런 제한이 없으며, 강박의 정도는 표의자가 완전히 자유를 잃을 정도는 아니어야 한다. 표의자로 하여금 의사결정을 스스로 할 수 있는 여지를 완전히 박탈한 상태로 만들었다면 이는 무효에 해당한다(대판 2003.5.13, 2002다73708).

③ **위법성이 있을 것**

강박행위가 위법한 것이어야 한다. 정당한 권리의 행사로서의 고소·고발은 비록 표의자에게 공포심을 생기게 하더라도 강박이 되지는 않는다. 다만 정당한 권리의 행사라 하더라도 부정한 이익을 목적으로 하지 않아야 한다(대판 1997.3.25, 96다47951).

④ **(주관적) 인과관계가 존재할 것**

강박의 결과로 표의자가 공포심을 가지게 되고 그 공포심으로 인하여 의사표시를 하였어야 한다. 이때 강박과 의사표시와의 사이에 인과관계는 표의자를 기준으로 한 주관적 인과관계를 말한다.

(4) 하자 있는 의사표시의 효과

① **상대방의 사기·강박이 있는 경우**

상대방의 사기 또는 강박으로 인하여 의사표시를 한 표의자는 취소할 수 있다(제110조 제1항). 취소하기 전까지는 일단 유효한 것으로 다루게 되지만, 취소하면 소급하여 무효가 되고 이미 이행된 것에 대하여는 부당이득반환을 하게 된다.

② 제3자의 사기·강박이 있는 경우

　㉠ 상대방 없는 법률행위

　　제3자의 사기 또는 강박으로 상대방 없는 의사표시(유언, 재단법인 설립행위, 소유권의 포기)를 한 때에는 보호해야 하는 상대방이 없고 표의자만 고려하면 되므로 언제든지 그 의사표시를 취소할 수 있다.

　㉡ 상대방 있는 법률행위

　　제3자의 사기·강박으로 인한 법률행위를 하였을 때에는 표의자는 상대방이 그 사기나 강박으로 인한 법률행위임을 알았거나 알 수 있었을 경우에 한하여 취소할 수 있다(제110조 제2항).

　　예 乙이 甲에게 사기를 쳐서 丙과 매매계약을 하게 만들었다면 甲은 기망을 원인으로 언제든지 취소할 수 있는 것이 아니라, 丙이 그 기망사실에 대하여 알았거나 알 수 있었을 경우에 한하여 매매계약을 취소할 수 있다. ⇨ 만일 이 경우에도 언제든지 취소할 수 있다고 한다면 丙이 예상치 못한 피해를 입을 수 있기 때문이다.

(5) **제3자와의 관계**

　사기·강박에 의한 의사표시의 취소는 선의의 제3자에게 대항하지 못한다(제110조 제3항). 이 때에 보호되는 제3자는 취소 이전에 법률관계를 가졌던 자는 물론이고 취소 이후라도 그 사실을 모르고 법률관계를 가졌던 자도 포함한다(대판 1975.12.23, 75다533). 제3자는 선의로 추정되므로 악의를 주장하는 자가 입증하여야 하며 무과실까지 요구되지 않는다.

Thema 07 의사표시의 효력발생

> **제111조 【의사표시의 효력발생시기】** ① 상대방이 있는 의사표시는 상대방에게 도달한 때에 그 효력이 생긴다.
> ② 의사표시자가 그 통지를 발송한 후 사망하거나 제한능력자가 되어도 의사표시의 효력에 영향을 미치지 아니한다.

1 도달주의 원칙

(1) 甲이 乙에게 乙 소유의 아파트를 매수하겠다는 의사표시를 한다고 가정할 때, 그 과정을 생각해 본다면 먼저 ① 甲은 자신의 생각을 적어 의사를 완성하게 되고, ② 그 후 甲은 乙에게 자신의 의사를 발송하고, ③ 乙에게 도달된 후에 ④ 乙이 그 내용을 알게 되는 순서를 거치게 된다. 이 중 언제 甲의 의사표시가 乙에게 효력이 발생하는 가에 대해서 우리 민법은 도달주의 원칙을 취하고 있다.

(2) 도달이란 상대방의 지배권(支配圈) 내에 들어가 사회통념상 요지(了知)할 수 있는 상태에 있게 된 것을 말한다. 그 통지를 채무자가 현실적으로 수령하였거나 그 통지의 내용을 알았을 것까지는 필요하지 않다(대판 1983.8.23, 82다카439).

2 예외로서의 발신주의

다음의 사항은 도달주의에 대한 예외 규정으로 의사표시를 발송한 때에 효력이 발생하는 경우이다(구체적인 내용은 해당사항에서 본다).

핵심 용어 Check

◆ **격지자**(隔地者)**와 대화자**(對話者)
격지자와 대화자의 구별은 거리적·장소적 개념이 아니라 시간적 개념이다. 예컨대 외국에 있는 사람이라고 할지라도 전화로 의사표시를 할 경우 대화자이지 격지자가 아니다. 반대로 동일한 건물에 거주하고 있더라도 우편을 이용하여 의사표시를 할 경우 격지자가 된다.

◆ **최고**(催告)
최고란 일정한 행위를 하도록 요구하는 것으로서 준법률행위 중 의사의 통지에 해당한다. 의무자에게 의무이행을 촉구하는 경우와, 권리자에게 권리의 행사를 촉구하는 경우로 나눌 수 있다.

Thema 08 대리제도

1 대리의 의의

대리란 타인(대리인)이 본인을 위하여 법률행위(의사표시)를 하거나 또는 의사표시를 수령함으로써 그 법률효과가 직접 본인에 관하여 생기는 제도를 말한다. 대리는 법률행위에 있어서 행위자와 그 효과 귀속주체가 분리되는 예외적인 제도의 하나이다.

2 대리의 종류

(1) **임의대리**(任意代理)**와 법정대리**(法定代理)

본인의 신임을 받은 자가 본인의 수권행위에 의해 대리권을 갖게 되는 것이 임의대리이며, 법률의 규정에 의하여 일정한 범위의 대리권이 부여되는 것이 법정대리이다.

(2) **능동대리**(能動代理)**와 수동대리**(受動代理)

본인을 위하여 상대방에게 의사표시를 하는 대리를 능동대리라고 하며, 본인을 위하여 상대방의 의사표시를 수령하는 대리를 수동대리라고 한다.

(3) **유권대리**(有權代理)**와 무권대리**(無權代理)

대리인이 정당한 대리권을 가지고 있을 때에는 '유권대리', 그렇지 않을 때에는 '무권대리'라고 한다. 무권대리행위는 유동적 무효로서 후에 본인이 추인하면 소급하여 유효가 된다.

Thema 09 **대리권** − 대리인과 본인의 관계

1 대리권의 의의와 발생원인

(1) 의 의

대리권은 본인을 위하여 의사표시를 하거나 또는 수령하여 직접 본인에 대하여 법률효과를 발생케 하는 법률상의 자격 또는 지위를 말한다. 즉 권리가 아닌 권한으로 보는 것이 통설의 입장이다.

(2) 발생원인

법정대리권의 발생원인은 법률의 규정으로 정하며 임의대리권은 수권행위를 통하여 이루어진다.

2 대리권의 범위와 제한

(1) 대리권의 범위

① **법정대리권의 범위**

법정대리권의 범위에 대하여는 민법에 개개의 규정이 있으므로 그에 따라 대리권의 범위가 결정된다(제25조, 제913조, 제941조 등).

② **임의대리권의 범위**

㉠ 수권행위의 해석 : 임의대리권의 범위는 수권행위에 의하여 정하여진다. 따라서 임의대리권은 그것을 수여하는 본인의 행위, 즉 수권행위에 의하여 발생하는 것이므로 어느 행위가 대리권 범위 내의 행위인지 여부는 개별적인 수권행위의 내용이나 그 해석에 의하여 판단하여야 한다(대판1997.9.30, 97다23372).

📋 **대리권의 범위 문제**

> 1. 매매계약의 대리인은 의사표시의 수령권도 갖는다(대판 1994.2.8, 93다39379).
> 2. 매매계약을 체결할 대리권을 수여받은 대리인은 특별한 사정이 없는 한 중도금이나 잔금을 수령할 권한도 있다(대판 1994.2.8, 93다39379).
> 3. 매매계약 체결과 이행에 대한 포괄적 대리권자는 매매대금 지급기일을 연기해 줄 권한도 갖는다(대판 1992.4.14, 91다43107).

> 4. 대여금을 수령할 대리권에는 대여금 일부를 면제해 줄 권한은 포함되지 않는다(대판 1981.6.23, 80다3221).
> 5. 금전소비대차계약 및 담보설정의 대리권을 가진 경우에 담보설정 후 계약해제권은 대리권 범위에 포함되지 않는다(대판 1997.9.30, 97다23372).

ⓛ 권한을 정하지 않은 경우 : 임의대리권의 범위는 수권행위를 통하여 결정되나 수권행위에서 그 범위를 명백히 하지 않은 경우에는 다음 규정에 의한다.

> **제118조【대리권의 범위】** 권한을 정하지 아니한 대리인은 다음 각 호의 행위만을 할 수 있다.
> 1. 보존행위
> 2. 대리의 목적인 물건이나 권리의 성질을 변하지 아니하는 범위에서 그 이용 또는 개량하는 행위

ⓐ 보존행위 : 보존행위라 함은 재산의 현상을 유지하기 위하여 필요한 모든 행위이다(예 가옥의 수선·권리의 소멸시효 중단·미등기부동산의 등기 등). 대리인은 이러한 보존행위에 관해서는 무제한으로 언제나 대리권을 행사할 수 있다(제118조 제1호).

ⓑ 이용·개량행위 : 이용행위란 물건을 임대하거나, 금전을 이자부로 대여하는 것과 같이 재산의 수익을 꾀하는 행위로 말하며 개량행위라 함은 물건 또는 권리의 사용가치 또는 교환가치를 증가시키는 행위이다(무이자채권을 이자부로 변경하는 계약). 이러한 이용·개량행위는 객체의 성질을 변경하지 않는 범위 내에서만 대리권이 인정된다.

(2) 대리권의 제한

① 자기계약과 쌍방대리의 금지

본인 甲이 자신의 아파트를 매도해달라는 대리권은 乙에게 수여하였는데 대리인 자신이 그 아파트를 매수해버린다면(자기계약) 대리인 혼자서 매매계약을 체결하게 되고 그로 인하여 본인이 피해를 볼 수 있을 것이다. 또한 甲이 매도의 대리권을 수여하고 丙이 매수의 대리권을 수여하여 대리인 乙이 혼자서 계약을 체결하는 경우(쌍방대리)도 마찬가지이다. 따라서 민법은 본인 보호를 위하여 이를 금지하고 있다.

본인의 허락이 있는지 여부는 이익충돌의 위험을 회피하기 위한 취지에 비추어 쌍방대리행위에 관하여 유효성을 주장하는 자가 주장 증명책임을 부담하고 이때의 허락은 명시된 사전허락 이외에도 묵시적 허락 또는 사후추인의 방식으로도 가능하다.

> **제124조【자기계약, 쌍방대리】** 대리인은 본인의 허락이 없으면 본인을 위하여 자기와 법률행위를 하거나 동일한 법률행위에 관하여 당사자 쌍방을 대리하지 못한다. 그러나 채무의 이행은 할 수 있다.

　㉠ 원칙 : 허용되지 않는다. 이에 위반하면 무권대리행위가 된다.

　㉡ 예외 : 허용

　　ⓐ 본인의 허락이 있는 경우

　　ⓑ 채무의 이행은 할 수 있다. 다만 채무의 이행이라 할지라도 본인에게 새로운 이해관계가 발생되는 채무이행은 할 수 없다. 따라서 기한이 도래하지 않은 채무의 이행, 다툼이 있는 채무의 이행, 대물변제, 선택채무의 이행, 항변권이 부착된 채무이행, 경개 등은 인정되지 않는다.

② **공동대리**

> **제119조【각자대리】** 대리인이 수인인 때에는 각자가 본인을 대리한다. 그러나 법률 또는 수권행위에 다른 정한 바가 있는 때에는 그러하지 아니하다.

대리인이 수인 있는 경우에는 각자대리가 원칙이 된다(제119조 본문). 다만 법률의 규정이나 수권행위로 달리 정한 바가 있으면 공동대리가 된다.

　㉠ 능동대리 : 공동대리의 제한이 있는 경우 공동대리인들은 의사결정을 공동으로 하여야 한다. 이에 위반하여 공동대리인 중 1인이 단독으로 법률행위를 하는 경우에는 무권대리(권한을 넘은 표현대리)가 문제된다.

　㉡ 수동대리 : 공동대리의 제한이 있다하더라도 수동대리의 경우에는 공동대리인 각자가 할 수 있다.

3 | 대리권의 소멸

> **제127조【대리권의 소멸사유】** 대리권은 다음 각 호의 사유로 소멸한다.
> 1. 본인의 사망
> 2. 대리인의 사망, 성년후견의 개시 또는 파산
>
> **제128조【임의대리의 종료】** 법률행위에 의하여 수여된 대리권은 전조의 경우 외에 그 원인된 법률관계의 종료에 의하여 소멸한다. 법률관계의 종료 전에 본인이 수권행위를 철회한 경우에도 같다.

Thema 10 대리행위 - 대리인과 상대방의 관계

1 현명주의

> 제114조 【대리행위의 효력】 ① 대리인이 그 권한 내에서 본인을 위한 것임을 표시한 의사표시는 직접 본인에게 대하여 효력이 생긴다.
> ② 전항의 규정은 대리인에게 대한 제3자의 의사표시에 준용한다.

(1) 현명의 의의와 방식

① 현명의 의의

본인을 위한 것임을 표시하여야 한다는 것은 그 행위의 법률효과를 본인에게 귀속시키려고 하는 대리의사를 표시하여야 한다는 뜻이지 '본인의 이익을 위하여'라는 뜻은 아니다. 따라서 본인에게 손해가 발생하는 배임적 행위를 하였더라도 대리의 효과는 본인에게 귀속한다.

② 현명의 방식

일반적으로는 '甲의 대리인 乙'이라고 서면을 통한 현명을 한다. 그러나 현명의 방식에는 아무런 제한이 없으므로 구두로도 가능하다. 또한 본인의 이름이 표시되지 않았어도 주위의 사정을 통하여 본인이 누구인지 알 수 있으면 족하다고 한다(통설).

(2) 현명하지 않는 행위의 효력

> 제115조 【본인을 위한 것임을 표시하지 아니한 행위】 대리인이 본인을 위한 것임을 표시하지 아니한 때에는 그 의사표시는 자기를 위한 것으로 본다. 그러나 상대방이 대리인으로서 한 것임을 알았거나 알 수 있었을 때에는 전조 제1항의 규정을 준용한다.

① 원 칙

대리인이 본인을 위한 것임을 표시하지 않고서 한 의사표시는 그 대리인 자신을 위한 것으로 본다(제115조 본문). 대리인을 본인으로 믿은 상대방을 보호하기 위한 취지에서이다.

② 예 외

상대방이 대리인으로서 한 것임을 알았거나 알 수 있었을 때에는 그 의사표시는 대리행위로서 효과를 발생한다(제115조 단서).

2 대리행위의 하자와 대리인의 능력

(1) 대리행위의 하자

> **제116조【대리행위의 하자】** ① 의사표시의 효력이 의사의 흠결, 사기, 강박 또는 어느 사정을 알았
> 거나 과실로 알지 못한 것으로 인하여 영향을 받을 경우에 그 사실의 유무는 대리인을 표준하여
> 결정한다.
> ② 특정한 법률행위를 위임한 경우에 대리인이 본인의 지시에 좇아 그 행위를 한 때에는 본인은
> 자기가 안 사정 또는 과실로 인하여 알지 못한 사정에 관하여 대리인의 부지를 주장하지 못한다.

① **원 칙**

    ㉠ 대리에 있어서 대리행위의 주체는 대리인이므로 의사표시의 효력이 의사의 흠결(비진의표시·허위표시·착오), 사기·강박 또는 어느 사정을 알았거나 과실로 알지 못한 것으로 인하여 영향을 받을 경우에는 그 하자의 유무는 대리인을 표준으로 하여 결정한다. 예를 들어 대리행위에 있어서 본인이 사기·강박을 받았다 하더라도 대리인이 사기 또는 강박을 받지 아니한 이상 그 행위를 취소할 수 없다.

    ㉡ 대리행위의 하자에서 생기는 효과는 역시 본인에게 귀속한다.

② **예 외**

    특정한 법률행위를 위임한 경우에 대리인이 본인의 지시에 따라 그 행위를 한 때에는 본인은 자기가 안 사정 또는 과실로 인하여 알지 못한 사정에 관하여 대리인의 부지(不知)를 주장하지 못한다(제116조 제2항). 예를 들어 물건에 하자가 있다는 사실을 알고 있는 본인이 대리인에게 지시하여 그 물건을 매수하게 하였다면, 설령 대리인이 그 사실을 모르고 있었다 하더라도 본인은 담보책임을 물을 수 없게 된다.

(2) 대리인의 능력

① 대리인은 대리행위에 의하여 권리를 취득하거나 의무를 부담하는 것이 아니므로 행위능력자임을 요하지 아니한다(제117조). 그러나 대리인은 적어도 의사능력은 가지고 있어야 한다.

② 제한능력자인 대리인이 상대방과 한 대리행위도 완전한 대리행위이므로 본인이나 대리인은 제한능력을 이유로 취소할 수 없다.

Thema 11 　대리효과 － 본인과 상대방과의 관계

1　법률효과는 본인에게 귀속

(1) 대리인이 행한 의사표시의 효과는 모두 "직접" 본인에게 귀속한다(제114조). 즉, 일단 대리인에게 대리행위의 효과가 귀속하였다가 그것이 다시 본인에게 귀속하는 것이 아니라, 마치 본인 자신이 그 행위를 한 것과 같이, 바로 본인에 관하여 효과가 생긴다는 것이다.

(2) 본인에게 귀속되는 효과에는 대리행위로부터 발생하는 직접적인 효과는 물론이고 부수적인 효과(계약의 취소권, 하자담보청구권, 손해배상청구권 등)도 포함된다.

2　본인의 능력

대리인은 의사능력은 갖추어야 하나, 본인은 법률효과를 귀속받기 위한 권리능력만 있으면 된다.

Thema 12 　복대리

1　의의와 법적 성질

(1) 의 의

복대리인이란 대리인이 자신의 이름과 책임으로 선임한 본인의 대리인을 말한다.

(2) 법적 성질

① 복대리인은 대리인이 자기의 이름으로 선임한 자이다. 자신의 이름으로 선임하므로 대리인의 복대리인 선임행위는 대리행위가 아니다. 복대리인은 어디까지나 대리인이 그 자신의 이름과 책임으로 선임하는 자이다.

② 복대리인은 '본인의 대리인'이지 대리인의 대리인이 아니다.

2 대리인의 복임권과 책임

(1) 임의대리인의 복임권과 책임

① 임의대리인의 복임권

　㉠ 원칙 : 임의대리인은 원칙적으로 복대리인을 선임할 수 없다(제120조).

　㉡ 예외 : 본인의 승낙이 있거나 부득이한 사유가 있는 경우에 한하여 선임할 수 있다. 본인의 승낙과 부득이한 사유를 모두 갖추어야 하는 것은 아니고 둘 중에 하나로써 충분하다.

　　　판례

　　아파트분양업무의 경우에는 본인의 명시적인 승낙이 없이는 복대리인의 선임이 허용되지 않는다.

② 임의대리인의 책임

　㉠ 원칙 - 선임·감독상의 책임

　　임의대리인이 부적임한 자를 복대리인으로 선임하거나 또는 감독을 게을리 하여 본인에게 손해를 끼친 때에는 이를 배상할 책임이 있다. 즉 선임·감독에 관하여 과실책임(過失責任)이 있다.

　㉡ 본인 지명시 책임

　　대리인이 본인의 지명에 따라서 복대리인을 선임한 경우에는 그 책임이 경감된다. 이 때에는 본인이 지명한 자가 부적임 또는 불성실함을 알고 본인에 대한 통지나 그 해임을 태만히 한 때에 한하여 책임을 진다(제121조).

(2) 법정대리인의 복임권과 책임

법정대리인은 언제든지 복임권이 있다. 이와 같이 법정대리인은 언제든지 복임권을 가진 반면에 복대리인의 행위에 관하여는 선임·감독에 있어서의 과실(過失)의 유무를 묻지 않고서 전적으로 책임을 진다(무과실책임). 다만 부득이한 사유로 복대리인을 선임한 경우에는 책임이 경감되어 선임·감독상의 과실책임만 진다(제122조).

目 임의대리인과 법정대리인 정리

구 분	임의대리인	법정대리인
선임 여부	• 원칙 : 선임 × • 본인의 승낙 또는 부득이한 사유가 있는 경우 : 선임 可	언제든지 선임 可
책 임	선임·감독상의 과실책임	무과실책임
면책, 감경	• 본인 지명시 : 면책 • 복대리인의 부적임, 불성실함을 알고 본인에게 통지나 해임을 태만한 경우 : 책임 有	부득이한 사유로 선임한 경우 : 선임·감독상의 과실책임

Thema 13 무권대리

1 의 의

정상적인 대리행위로서 본인에게 그 효과가 귀속되기 위해서는 대리행위를 한 자에게 대리권이 있어야 한다. 그러나 대리권이 존재하지 않으면서도 대리인임을 표시하여 법률행위를 하는 경우가 발생하는데, 이를 무권대리라고 한다. 넓은 의미(광의)의 무권대리는 표현대리와 좁은 의미(협의)의 무권대리로 구성된다(통설).

2 표현대리(表見代理)

(1) 의 의

대리인에게 대리권이 없음에도 불구하고 마치 그것이 있는 것과 같은 외관이 있고, 또한 그러한 외관의 발생에 관하여 본인이 어느 정도의 원인을 주고 있는 경우에, 그 무권대리행위에 대하여 본인이 책임을 지게 함으로써 그러한 외관을 신뢰한 선의·무과실의 제3자를 보호하고, 거래의 안전을 보장하며, 나아가서는 대리제도의 신용을 유지하려는 것이 표현대리제도이다. 즉 무권대리에 해당하지만 그 자에게 대리권이 있는 것으로 오인할 만한 외관이 형성되어 있었고, 상대방이 그 외관으로 인해 그 자를 대리인으로 정당하게 신뢰하였다면 그 책임을 본인에게 지우는 제도이다.

(2) 대리권 수여의 표시에 의한 표현대리

> **제125조【대리권 수여의 표시에 의한 표현대리】** 제3자에 대하여 타인에게 대리권을 수여함을 표시한 자는 그 대리권의 범위 내에서 행한 그 타인과 그 제3자 간의 법률행위에 대하여 책임이 있다. 그러나 제3자가 대리권 없음을 알았거나 알 수 있었을 때에는 그러하지 아니하다.

① 의 의

제125조의 표현대리는 대리권을 수여하였다는 취지를 본인이 상대방에게 표시하였으나 실제로는 대리권을 주고 있지 않은 경우에 성립한다.

② 성립요건

  ㉠ 본인이 제3자에 대하여 어떤 자에게 대리권을 수여하였음을 통지하여야 한다. 여기서 제3자란 대리행위의 상대방이 될 자를 가리킨다. 제126조 및 제129조의 표현대리에서도 제3자라는 표현을 쓰지만 역시 대리행위의 상대방만을 의미하고 전득자는 포함하지 않는다. 대리권 수여의 통지의 방법에는 제한이 없다. 보통은 위임장에 의

하지만 서면에 의하지 않고 구두로 하여도 무방하며 묵시적으로도 할 수 있다(등기 서류의 교부, 명의대여, 인장의 교부 등).

ⓒ 대리권 수여의 통지를 받은 상대방과 대리행위를 하였어야 한다.

ⓒ 대리권 수여의 통지에서 수여한 것으로 표시된 대리권의 범위 내에서 대리행위를 하였어야 한다. 표시된 대리권의 범위를 넘는 대리행위를 한 때에는 제126조의 권한을 넘은 표현대리가 성립한다.

ⓔ 상대방은 선의임과 동시에 무과실이어야 한다.

③ **적용범위**

수권과 관련되므로 임의대리에만 적용되며 법정대리에는 그 적용이 없다. 제126조와 제129조 표현대리는 임의대리뿐만 아니라 법정대리에도 적용되는 것과 구별된다.

④ **효 과**

본인은 대리인의 행위에 대하여 책임이 있다(제125조 본문). 즉 본인은 무권대리행위라는 것을 이유로 그 효과가 자기에게 미치는 것을 거절하지 못한다.

(3) 권한을 넘은 표현대리

> 제126조【권한을 넘은 표현대리】대리인이 그 권한 외의 법률행위를 한 경우에 제3자가 그 권한이 있다고 믿을 만한 정당한 이유가 있는 때에는 본인은 그 행위에 대하여 책임이 있다.

① **의 의**

제126조의 표현대리는 일정한 범위의 대리권을 가진 대리인이 그 권한을 넘는 대리행위를 한 경우에 성립한다. 예를 들어 甲이 乙에게 건물의 관리의 권한을 주었는데 乙이 건물을 매도한 경우이다.

② **성립요건**

㉠ 기본대리권의 존재

기본대리권이 존재하여야 한다. 기본적인 어떠한 대리권도 없는 자에 대하여 권한을 넘는 표현대리는 성립할 여지가 없다(대판 1984.10.10, 84다카780).

㉡ 권한을 넘는 대리행위를 하였을 것

ⓐ 정당하게 부여받은 대리권의 내용되는 행위와 표현대리 행위는 반드시 같은 종류일 필요는 없고, 아무런 관계가 없는 경우라도 무방하다(대판 1969.7.22, 69다548).

ⓑ 대리행위를 하였어야 한다. 즉 현명이 없는 경우에는 제126조가 성립할 수 없고 단지 무권리자의 처분행위 문제가 생기게 된다.

ⓒ 정당한 이유가 있을 것

상대방이 표현대리인에게 권한이 있다고 믿었고 그 믿음에 정당한 이유가 있어야 한다. 정당한 이유의 판단시기는 대리행위시이며 그 이후의 사정은 고려하지 않는다 (대판 2001.3.9, 2000다67884).

③ **효과**: 본인은 대리인의 권한 밖의 행위에 대하여 책임을 진다.

④ **적용범위**: 임의대리와 법정대리에 모두 적용된다.

(4) 대리권 소멸 후의 표현대리

> **제129조【대리권 소멸 후의 표현대리】** 대리권의 소멸은 선의의 제3자에게 대항하지 못한다. 그러나 제3자가 과실로 인하여 그 사실을 알지 못한 때에는 그러하지 아니하다.

① **의의**: 제129조의 표현대리는 대리인이 이전에는 대리권을 가지고 있었으나 대리행위를 할 때에는 그 대리권이 소멸되어 있는 경우에 성립한다. 예컨대 자(子)가 성년이 된 후에도 부모가 자(子)의 재산에 관하여 매매를 했다면 제129조가 적용된다.

② **요 건**

ⓐ 대리인이 이전에는 대리권을 가지고 있었으나 대리행위를 할 때에는 그 대리권이 소멸하고 있어야 한다.

ⓑ 상대방은 선의·무과실이어야 한다.

③ **효과**: 본인은 상대방에 대하여 대리권의 소멸로써 대항하지 못한다. 즉 대리인의 대리행위에 대하여 책임을 진다. 본인이 그로 인하여 손해가 생긴 때에는 표현대리인에게 손해배상을 청구할 수 있음은 물론이다.

④ **적용범위**: 제129조의 표현대리는 임의대리와 법정대리에 모두 적용된다.

3 협의의 무권대리(계약의 무권대리)

무권대리 중에서 표현대리의 요건을 갖추지 못한 것은 모두 협의의 무권대리가 된다. 협의의 무권대리의 표현대리와의 구별실익은 협의의 무권대리는 본인이 책임을 질 필요가 없다는 점이다. 다만 본인이 원하면 상대방이 철회하기 전까지 추인함으로써 자신이 효과를 귀속받을 수 있다.

(1) 본인에 대한 효과

> **제130조【무권대리】** 대리권 없는 자가 타인의 대리인으로 한 계약은 본인이 이를 추인하지 아니하면 본인에 대하여 효력이 없다.
>
> **제131조【상대방의 최고권】** 대리권 없는 자가 타인의 대리인으로 계약을 한 경우에 상대방은 상당한 기간을 정하여 본인에게 그 추인여부의 확답을 최고할 수 있다. 본인이 그 기간 내에 확답을 발하지 아니한 때에는 추인을 거절한 것으로 본다.
>
> **제132조【추인, 거절의 상대방】** 추인 또는 거절의 의사표시는 상대방에 대하여 하지 아니하면 그 상대방에 대항하지 못한다. 그러나 상대방이 그 사실을 안 때에는 그러하지 아니하다.
>
> **제133조【추인의 효력】** 추인은 다른 의사표시가 없는 때에는 계약시에 소급하여 그 효력이 생긴다. 그러나 제3자의 권리를 해하지 못한다.

① **효 과**

원칙적으로 본인에 대하여 아무런 효력이 발생하지 않는다. 다만 본인이 원하면 추인하여 유효화할 수도 있고 원하지 않으면 거절하여 확정적 무효로 할 수 있도록 규정하고 있다.

② **본인의 추인권**

　㉠ 성질: 추인은 상대방·무권대리인 등의 동의나 승낙을 요하지 않는 단독행위로서 그 성질상 '형성권(形成權)'에 속한다.

　㉡ 추인의 상대방

　　ⓐ 추인은 무권대리인, 무권대리 행위의 직접의 상대방 및 그 무권대리 행위로 인한 권리 또는 법률관계의 승계인에 대하여도 할 수 있다(대판 1981.4.14, 80다2314).

　　ⓑ 무권대리인에게 한 추인은 상대방이 그 사실을 알지 못하는 경우에는 상대방에게 추인의 효력을 주장할 수 없다. 따라서 상대방은 추인 사실을 알기 전까지 이행할 필요가 없으며 먼저 철회권을 행사하여 법률관계를 소멸시킬 수도 있다.

　㉢ 일부에 대하여 추인을 하거나 내용을 변경하여 추인을 하였을 경우에는 상대방의 동의를 얻지 못하는 한 무효이다(대판 1982.1.26, 81다카549).

　㉣ 추인의 효과: 본인의 추인이 있으면 무권대리행위는 소급하여 계약시부터 유효가 된다. 이와 같이 추인에는 소급효가 있으나 제3자의 권리를 해하지 못하며, 당사자의 특약으로 소급효를 배제할 수 있다(제133조).

③ **본인의 추인 거절권**

본인은 추인을 거절할 수 있다. 추인 거절의 상대방과 방법은 추인의 경우와 같다(제132조). 본인의 추인을 거절하면 그 후에는 본인에 대하여 효력이 생길 수 없는 것으로 확정된다.

(2) 상대방에 대한 효과

① 상대방의 최고권(催告權)(선악불문)

상대방은 상당한 기간을 정하여 본인에게 추인 여부의 확답을 최고할 수 있다. 최고는 본인에 대하여 무권대리 행위를 추인할 것이냐 그렇지 않느냐의 확답을 재촉하는 행위로서 본인이 최고기간 내에 확답을 발하지 아니한 때에는(발신주의) 추인을 거절한 것으로 본다(제131조). 이러한 최고권은 선의의 상대방뿐 아니라 악의의 상대방에게도 인정된다.

② 상대방의 철회권(撤回權)(선의)

철회는 무권대리 행위의 상대방이 무권대리인과의 사이에 맺은 계약을 확정적으로 무효로 하는 행위이며, 철회가 있으면 그 후 본인은 추인할 수 없게 된다. 철회는 본인의 추인이 있기 전에 본인이나 그 무권대리인에게 하여야 한다. 이러한 철회권은 최고권과는 달리 대리인에게 대리권이 없음을 알지 못한 선의의 상대방에게만 인정된다(제134조).

③ 무권대리인의 상대방에 대한 책임

> **제135조【무권대리인의 상대방에 대한 책임】** ① 다른 자의 대리인으로서 계약을 맺은 자가 그 대리권을 증명하지 못하고 또 본인의 추인을 받지 못한 경우에는 그는 상대방의 선택에 따라 계약을 이행할 책임 또는 손해를 배상할 책임이 있다.
> ② 대리인으로서 계약을 맺은 자에게 대리권이 없다는 사실을 상대방이 알았거나 알 수 있었을 때 또는 대리인으로서 계약을 맺은 사람이 제한능력자일 때에는 제1항의 규정을 적용하지 아니한다.

ⓐ 책임발생의 요건

  ⓐ 대리인이 대리권을 증명할 수 없을 것(제135조 제1항) : 입증책임은 상대방이 이를 지지 않으며, 무권대리인이 책임을 면하려면 자기에게 대리권이 있었음을 입증하여야 한다.

  ⓑ 본인의 추인이 없어야 한다.

  ⓒ 상대방이 아직 철회권을 행사하고 있지 않을 것(제135조 제1항)

  ⓓ 상대방은 선의·무과실이어야 한다. 그 입증책임은 책임을 면하려는 대리인에게 있다.

  ⓔ 무권대리인이 행위능력자일 것(제135조 제2항) : 무권대리인이 제한능력자인 경우에는 위 책임을 물을 수 없다.

ⓛ 책임의 내용

무권대리인은 상대방의 선택에 따라서 이행 또는 손해배상의 책임을 져야 한다(제135조 제1항).

Thema 14 무효와 취소의 의의

법률행위의 무효란 법률행위가 성립요건을 갖추어 성립하기는 하였으나 성립한 당초부터 법률상 당연히 그 효력이 발생하지 않는 것을 말한다. 다만 유효·무효와 같은 효력을 논의하는 것은 법률행위가 성립된 이후의 문제가 된다. 만일 법률행위의 성립요건을 갖추지 못하였다면 유효·무효가 문제될 여지가 없다. 이와는 달리 취소란 유효한 법률행위를 행위시로 소급하여 소멸시키는 일방적 의사표시를 말한다. 즉 취소하기 전까지는 일단 유효한 법률행위로 취급되지만 취소가 되면 처음부터 무효인 것으로 다루게 된다.

구 분	무 효	취 소
차이점	특정인의 주장을 필요로 하지 않으며, 당연히 효력이 없다.	특정인(취소권자)의 주장(취소)이 있어야 비로소 효력이 없게 된다.
	처음부터 효력이 없는 것으로 다루게 된다.	취소를 하기 전에는 일응 효력이 있는 것으로서 다루어진다.
	시간이 경과할지라도 효력에 변동이 없다.	일정한 시간(제척기간)이 경과하면 취소권은 소멸하고 확정적으로 유효한 것이 된다.
적용례	• 의사무능력자의 법률행위 • 확정할 수 없는 법률행위 • 원시적불능인 법률행위 • 강행규정에 위반한 법률행위 • 반사회질서의 법률행위(제103조) • 불공정한 법률행위(제104조) • 비진의표시(표의자의 진의를 알았거나 알 수 있었을 때, 제107조 제1항 단서) • 통정허위표시(제108조 제1항) • 불법조건이 붙은 경우(제151조)	• 제한능력자의 법률행위 • 착오에 의한 의사표시(제109조) • 사기·강박에 의한 의사표시(제110조)

| Thema 15 | **법률행위의 무효** |

1 무효의 종류

(1) 절대적 무효와 상대적 무효

① **절대적 무효**(원칙)

법률행위의 당사자뿐만 아니라 제3자에 대한 관계에서도 무효를 주장할 수 있는 것으로, 의사무능력자의 법률행위, 원시적 불능인 법률행위, 강행법규에 위반한 법률행위, 반사회질서의 법률행위, 불공정한 법률행위 등이 이에 속한다. 절대적 무효에 해당하면 제3자는 선의라도 보호될 수 없다.

② **상대적 무효**(예외)

법률행위의 당사자 사이에서는 무효이지만 선의의 제3자에게는 대항할 수 없는 것으로서 비진의표시(상대방이 악의 또는 과실이 있는 때), 통정허위표시가 이에 속한다. 상대적 무효는 거래의 안전을 보호하기 위한 것이다.

(2) 전부무효와 일부무효

전부무효는 법률행위의 내용의 전부에 관하여 무효의 원인이 있는 경우이고, 일부무효는 그 원인이 법률행위의 내용의 일부에만 존재하는 경우이다. 민법은 일부무효의 경우 원칙은 전부무효로 하나 그 무효부분이 없더라도 법률행위를 하였을 것이라고 인정될 때에는 나머지 부분은 무효가 되지 않는다.

(3) 확정적 무효와 유동적 무효

① **확정적 무효**

법률행위의 효력이 발생되지 않는 것이 확정되어 있는 것을 말한다. 법률행위의 무효는 확정적 무효를 원칙으로 한다.

② **유동적 무효**

㉠ 의 의

법률행위가 행위시에 효력이 발생하지 않으나 제3자의 추인·관청의 인가를 받게 되면 법률행위시에 소급해서 유효로 되는 것을 유동적 무효라고 한다. 예를 들어 무권대리행위는 본인에 대하여 효력이 없지만 본인이 추인하면 소급하여 유효가 된다. 따라서 무권대리행위는 추인이 있기 전까지는 유동적 무효이다.

ⓒ 토지거래허가구역 내의 법률관계

허가구역 내의 토지에 대하여 허가를 받기 전에 체결한 매매계약은 허가받을 것을 전제로 한 계약일 경우에는 허가를 받을 때까지는 무효이지만, 일단 허가를 받으면 그 계약은 소급하여 유효한 계약이 되고, 이와 달리 불허가가 된 때에는 무효로 확정되는데, 이 경우 허가를 받을 때까지는 '유동적 무효' 상태에 있다고 본다(대판 1993. 6.22, 91다21435).

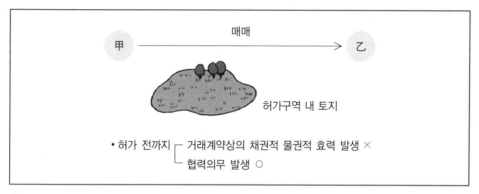

ⓐ 허가를 받거나 허가구역 지정기간이 만료되기 전까지는 토지와 관련한 거래계약상의 효력은 발생하지 않는다. 따라서 乙은 甲에게 대금을 지급할 의무가 없으며 甲 또한 乙에게 등기제공의무가 존재하지 않을 것이다. 결국 乙이 대금지급을 하지 않았다거나, 甲이 등기제공을 하지 않았다고 해서 채무불이행의 문제는 발생하지 않으므로 손해배상이나 계약의 해제는 허용될 수 없다.

ⓑ 당사자가 허가구역 내의 토지매매를 하였다면 토지계약상의 효력은 발생하지 않지만 허가신청에 협력할 의무는 새롭게 발생하게 된다. 따라서 협력의무를 이행하지 않고 있다면 소구(訴求)할 수 있으며 협력의무불이행을 이유로 손해배상을 청구할 수도 있고 미리 손해배상의 약정을 해 둘 수도 있다. 다만 협력의무불이행을 이유로 계약자체를 해제할 수는 없다.

ⓒ 유동적 무효임을 이유로 乙이 甲에게 이미 지급한 계약금을 부당이득으로 반환을 청구할 수 있을까? 답은 "청구할 수 없다"이다. 부당이득으로 반환을 청구하려면 계약이 확정적으로 무효가 되어야 하기 때문이다. 그렇다면 이 계약은 언제 확정적무효가 되는가? ㉮ 허가를 배제하거나 잠탈하는 내용의 계약이거나 ㉯ 토지거래허가신청을 하지 않기로 하는 의사표시를 명백히 한 경우 또는 ㉰ 불허가처분이 있는 때이다.

ⓓ 허가를 받은 경우에는 소급하여 계약이 유효가 되며, 또한 허가구역 지정기간이 만료되거나 허가구역 지정기간 중에 허가구역 안의 토지에 대하여 토지거래허가를 받지 않은 상태에서 토지거래계약을 체결한 후 허가구역 지정해제 등이 된 때에는 더 이상 관할 행정청으로부터 토지거래허가를 받을 필요가 없이 확정적으로 유효가 된다.

ⓔ 토지거래허가구역에서 그 약정된 기간 내에 토지거래허가를 받지 못할 경우 위 약정기간이 경과하였다는 사정만으로 곧바로 매매계약이 확정적으로 무효가 된다고 할 수 없다.

ⓕ 허가구역 지정이 해제되거나 허가구역 지정기간 만료 이후 재지정을 하지 아니한 경우라 하더라도 확정적으로 무효로 된 계약이 유효로 되는 것은 아니다.

ⓖ 거래허가가 없으면 건물만이라도 매매하였을 것이라고 볼 수 있는 특별한 사정이 인정되는 경우에 한하여 토지에 대한 매매거래허가가 있기 전에 건물만의 소유권이전등기를 명할 수 있다고 보아야 한다. 즉, 건물만의 이전등기는 허용되지 않는다.

2 일부무효

> **제137조【법률행위의 일부무효】** 법률행위의 일부분이 무효인 때에는 그 전부를 무효로 한다. 그러나 그 무효부분이 없더라도 법률행위를 하였을 것이라고 인정될 때에는 나머지 부분은 무효가 되지 아니한다.

(1) 의 의

법률행위의 일부분이 무효인 때에는 그 전부를 무효로 함이 원칙이나 무효인 부분이 없더라도 법률행위를 하였을 것이라고 인정될 때에는 나머지 부분은 무효가 되지 아니한다. 예를 들어 토지와 건물을 한 번에 매수하는 계약을 했는데 토지매매계약이 무효인 경우, 원칙은 토지매매뿐 아니라 건물매매계약까지도 무효가 되는 것이나 아래 요건과 같은 특별한 사정이 있는 경우에는 건물에 대한 계약만을 유효로 할 수 있다는 의미이다.

(2) 요 건

① 법률행위의 일체성과 분할가능성

토지와 건물을 함께 매매했거나 두 필지의 토지를 함께 매매한 것처럼 법률행위가 일체성이 있고 분할가능성이 있어야 한다. 따라서 두 필지의 토지에 대하여 따로 계약을 체결한 경우에는 일부무효는 적용되지 않는다.

② **가상적 의사의 존재**

법률행위의 일부분이 무효임을 알았더라면 당사자가 나머지 부분만이라도 법률행위를 했을 것이라는 가상적 의사가 있어야 한다. 이에 대한 입증책임은 나머지 부분의 유효를 주장하는 자에게 있다.

(3) 효 과

무효인 부분을 제외한 나머지는 유효하게 된다. 제137조는 임의규정으로서 당사자 특약으로 달리 정할 수 있다.

3 무효행위의 전환

> 제138조【무효행위의 전환】무효인 법률행위가 다른 법률행위의 요건을 구비하고 당사자가 그 무효를 알았더라면 다른 법률행위를 하는 것을 의욕하였으리라고 인정될 때에는 다른 법률행위로서 효력을 가진다.

(1) 의 의

무효인 법률행위가 다른 법률행위의 요건을 구비하고 당사자가 그 무효를 알았더라면 다른 법률행위를 하는 것을 의욕하였으리라고 인정될 때에는 다른 법률행위로서 효력을 가진다. 예를 들어 양자로 하려는 자(타인의 자)를 자기의 출생자로 한 신고는 혼인 중의 자에 대한 것이 아니므로 출생신고는 무효이지만 입양으로서의 효력이 인정될 수 있다.

(2) 요 건

① 성립한 법률행위가 무효이어야 한다.
② 무효인 법률행위가 다른 법률행위로서의 요건을 갖추고 있어야 한다. 이때에 다른 법률행위는 무효인 법률행위보다 작은 것이어서 무효인 법률행위에 내포될 수 있는 것이어야 한다.
③ 당사자가 무효임을 알았더라면 다른 법률행위를 하였을 것을 의욕하였으리라 인정되어야 한다.

4 무효행위의 추인

> **제139조【무효행위의 추인】** 무효인 법률행위는 추인하여도 그 효력이 생기지 아니한다. 그러나 당사자가 그 무효임을 알고 추인한 때에는 새로운 법률행위로 본다.

(1) 의 의

무효인 법률행위는 원칙적으로 추인하여도 그 효력이 생기지 아니한다. 그러나 당사자가 그 무효임을 알고 추인한 때에는 새로운 법률행위로 본다. 예를 들어 甲과 乙이 짜고 가장매매로 乙에게 소유권을 이전한 경우, 이는 통정허위표시로서 무효이고 이를 아무리 추인해도 무효일 뿐이다. 그러나 당사자가 무효임을 알고 허위가 아닌 진정으로 乙에게 소유권을 이전할 의사가 있는 경우에는 이를 추인하여 그때부터 진정한 매매계약이 체결된 것으로 할 수 있다는 의미이다.

(2) 요 건

① 무효행위가 추인 가능한 법률행위여야 한다. 따라서 강행법규위반의 행위나 반사회질서의 행위 또는 불공정한 행위로서 무효인 경우에는 추인에 의하여 유효가 될 수 없다. 또한 추인의 대상이 되기 위해서는 종전의 무효사유가 제거되었어야 하며, 여전히 무효 사유가 남아있다면 추인으로써 효력이 인정될 수 없다. 즉 위 사례에서 무효임을 알았더라도 여전히 의사와 표시가 불일치하는 가장매매라면 추인하여도 아무런 효력이 없다.

② 무효임을 알고 추인하여야 한다. 채무자가 무효인 채권양도에 대하여 승낙을 한 때에는 채무자의 사후승낙에 의하여 무효인 채권양도가 추인되어 유효하게 되며 이 경우 다른 약정이 없는 한 소급효가 인정되지 않고 양도의 효과는 승낙시부터 발생한다.

(3) 효 과

① 원칙 - 비소급효

무효인 법률행위를 추인하면 새로운 법률행위를 한 것으로 본다. 즉 소급효가 인정되지 않음이 원칙이다. 판례도 무효인 법률행위는 당사자가 무효임을 알고 추인할 경우 새로운 법률행위를 한 것으로 간주할 뿐이고 소급효가 없는 것이므로 무효인 가등기를 유효한 등기로 전용키로 한 약정은 그때부터 유효하고 이로써 위 가등기가 소급하여 유효한 등기로 전환될 수 없다(대판 1992.5.12, 91다26546)고 판시한다.

② 예 외

제3자의 권리를 해하지 않는 범위 내에서 당사자의 약정으로 소급효를 인정할 수는 있으며 무효인 신분행위에 대한 추인은 소급효가 인정된다.

Thema 16 법률행위의 취소

1 의 의

법률행위의 취소란 당사자의 의사표시가 제한능력 상태에서 이루어졌거나 또는 의사표시가 사기·강박 및 착오에 의하여 행하여졌다는 것을 이유로, 일단 유효하게 성립한 법률행위의 효력을 행위시에 소급(遡及)하여 소멸하게 하는 취소권자의 의사표시를 말한다. 따라서 취소할 수 있는 법률행위일지라도 취소권자의 취소의 의사표시가 있을 때에 비로소 그 법률효과가 소멸하고 그 때까지는 일단 유효한 것으로 다루어지게 되며, 추인이 있거나 또는 취소권이 소멸하면 유효한 것으로 확정된다.

2 취소권자

> 제140조 【법률행위의 취소권자】 취소할 수 있는 법률행위는 제한능력자, 착오로 인하거나 사기·강박에 의하여 의사표시를 한 자, 그의 대리인 또는 승계인만이 취소할 수 있다.

(1) 제한능력자

미성년자, 피한정후견인, 피성년후견인 등 제한능력자는 그가 한 법률행위를 법정대리인의 동의 없이 단독으로 취소할 수 있다. 이러한 제한능력자의 취소는 사기·강박, 착오 등에 의한 취소와는 달리 선의의 제3자에게도 대항할 수 있다. 즉 제한능력자의 취소는 절대적 효력이 있다.

(2) 착오, 사기·강박에 의하여 의사표시를 한 자

(3) 대리인

제한능력자와 착오, 사기·강박에 의한 의사표시를 한 자의 임의대리인과 법정대리인도 취소할 수 있다. 다만 임의대리에서는 대리인이 행한 법률행위에 취소사유가 있으면 그 취소권은 직접 본인에게 귀속한다. 따라서 임의대리인이 취소를 하려면 본인으로부터 그에 관한 수권이 필요하다.

(4) 승계인

제한능력자 또는 사기·강박, 착오에 의한 의사표시를 한 자로부터 그의 법적 지위, 즉 당사자의 지위를 승계한 자도 취소할 수 있다. 특정승계인과 포괄승계인을 모두 포함한다. 예를 들어 토지소유자 甲이 사기를 당하여 乙에게 지상권을 설정한 후에 甲이 사망하였다면 그의 상속인 丙은 포괄승계인으로서 지상권설정계약을 취소할 수 있다.

3 취소의 방법

(1) 단독행위

취소권은 형성권이므로 그 행사는 취소권자의 일방적인 의사표시에 의한다. 이러한 취소의 의사표시는 특별한 방식에 의함을 요하지 아니한다(불요식행위).

(2) 취소의 상대방

취소의 의사표시는 취소할 수 있는 법률행위의 상대방에 대하여 하여야 한다(제142조). 따라서 제3자에게 그 권리가 양도되어 있더라도 취소는 전득자가 아닌 본래의 상대방에 대하여 하여야 한다. 예를 들어 미성년자 甲이 乙에게 부동산을 매도하였고, 후에 乙은 이를 다시 丙에게 전매한 경우에 취소권의 행사는 丙이 아니라 상대방인 乙에게 하여야 한다.

4 취소의 효과

> 제141조【취소의 효과】취소한 법률행위는 처음부터 무효인 것으로 본다. 그러나 제한능력자는 그 행위로 인하여 받은 이익이 현존하는 한도에서 상환할 책임이 있다.

(1) 소급효

취소하면 그 법률행위는 소급하여 처음부터 무효인 것으로 본다(제141조). 이러한 취소의 효과는 무능력자의 취소에 있어서는 절대적이지만 사기·강박, 착오에 의한 취소의 효과는 상대적이다. 즉 선의의 제3자에게는 대항하지 못한다(제109조 제2항, 제110조 제3항).

(2) 부당이득반환의무

① 원 칙

일단 발생한 채무 등은 앞으로 전혀 이행할 필요가 없게 되고, 이미 이행된 때에는 반환의무가 생긴다. 선의의 수익자는 그 받은 이익이 현존하는 한도에서 반환의무를 부담하며, 악의의 수익자는 그 받은 이익에 이자를 붙여 반환하고, 손해가 있으면 이를 배상하여야 한다(제748조).

② 제한능력자에 대한 특칙

반환의무에 대하여 민법은 특히 제한능력자를 보호하기 위하여 '제한능력자는 그 행위로 인하여 받은 이익이 현존하는 한도에서 상환할 책임이 있다'는 특칙을 두고 있다(제141조 단서). 따라서 미성년자 甲이 자신 소유의 물건을 乙에게 매도하고 받은 대금 1억원 중 2천만원을 탕진하였다면, 계약이 취소된 경우 甲은 乙에게 8천만원만을 반환하면 된다.

5 취소할 수 있는 행위의 추인(임의추인)

(1) 의 의

취소사유가 있다고 하여 반드시 그 법률행위를 취소해야 하는 것은 아니다. 예를 들어 사기를 당하여 매매계약을 하였으나 어차피 매도할 물건이었고 실제로 별로 손해가 없다든지 혹은 다른 이유로 취소하지 않는 것도 자유의사이다. 이때에 취소권을 포기하는 의사표시를 '추인'이라고 한다. 즉 추인이라 함은 취소할 수 있는 법률행위를 취소하지 않겠다는 의사표시이며, 추인에 의하여 취소할 수 있는 행위는 확정적으로 유효하게 된다. 따라서 추인 후에는 다시 취소할 수 없게 된다.

(2) **요 건**

① **추인권자**: 제140조가 규정하고 있는 취소를 할 수 있는 자이다(제143조 제1항).

② **취소 원인의 소멸**: 추인은 '취소의 원인이 소멸한 후'에 하여야 한다. 따라서 제한능력자는 능력자가 된 뒤에 하여야 하고 착오, 사기·강박으로 의사표시를 한 자는 그러한 상태에서 벗어난 뒤에 추인하여야 한다. 그러나 법정대리인 또는 후견인은 언제든지 추인할 수 있다.

③ **취소권자의 인식**: 그 법률행위를 취소할 수 있는 것임을 알고 추인하여야 한다. 즉 취소권에 관한 인식이 있어야 한다.

(3) **추인의 효과**

추인이 있으면 그 후로는 취소할 수 없고 그 법률행위는 완전히 유효한 것으로 확정된다(제143조 제1항).

6 법정추인

(1) **의 의**

법정추인(法定追認)이란 취소할 수 있는 법률행위에 관하여 일정한 사유가 있는 때에는 취소권자의 의사를 불문하고 법률상 당연히 추인한 것으로 보는 것을 말한다(제145조). 따라서 취소권에 관한 인식을 필요로 하지 않는다.

(2) **요 건**

> **제145조【법정추인】** 취소할 수 있는 법률행위에 관하여 전조의 규정에 의하여 추인할 수 있는 후에 다음 각호의 사유가 있으면 추인한 것으로 본다. 그러나 이의를 보류한 때에는 그러하지 아니하다.
> 1. 전부나 일부의 이행
> 2. 이행의 청구
> 3. 경개
> 4. 담보의 제공
> 5. 취소할 수 있는 행위로 취득한 권리의 전부나 일부의 양도
> 6. 강제집행

① 다음 사실 가운데 하나가 있으면 법정추인이 된다.

㉠ 전부나 일부의 이행

취소권자가 상대방에게 이행한 경우이든, 상대방의 이행을 수령한 경우이든 모두 법정추인이 된다. 예를 들어 乙에게 사기를 당하여 자신 부동산에 대한 매매계약을 체결한 甲이 기망에서 벗어났음에도 불구하고 乙에게 목적물의 소유권을 이전해 주거나 또는 乙로부터 대금을 받은 경우에는 취소권의 포기로 보게 된다.

㉡ 이행의 청구

취소권자가 상대방에게 이행을 청구하는 경우에 한하여 법정추인이 된다. 주의할 점은 상대방이 취소권자에게 이행을 청구한 경우에는 법정추인이 되지 않는다는 점이다. 위의 예에서 기망을 당한 甲이 乙에게 대금을 지급해줄 것을 청구하였다면 취소권을 포기한 것으로 보지만 사기를 친 乙이 甲에게 부동산을 이전해 달라고 청구하였다고 甲이 취소권이 소멸될리는 없을 것이다.

㉢ 경개(更改)

경개란 채무의 중요한 내용을 변경함으로써 새로운 채무를 발생시키고 동시에 구채무(舊債務)를 소멸시키는 계약이다. 이러한 경개가 이루어지면 법정추인이 된다. 위의 예에서 甲과 乙이 매매대금 대신에 乙의 소유의 토지를 넘겨주기로 합의하였다면 甲은 취소권을 포기한 것으로 본다.

㉣ 담보의 제공

취소권자가 채무자로서 담보를 제공하는 경우뿐 아니라 채권자로서 담보의 제공을 받는 경우에도 법정추인이 된다. 예를 들어 甲이 자신의 이행을 보증하기 위하여 담보를 설정해 주거나 乙로부터 대금채권을 확보할 목적으로 보증인(인적담보)을 세우도록 하였다면 취소권을 행사하지 않겠다는 의미로 해석된다.

㉤ 권리의 양도

취소할 수 있는 행위로부터 취득한 권리의 전부나 일부를 취소권자가 양도하는 때에 한하여 법정추인이 된다. 주의할 점은 취소권자의 상대방이 한 권리의 양도는 포함하지 않는다. 위의 예에서 기망을 당한 甲이 취소하지 않고 매매대금채권을 자신의 친구 丙에게 양도하였다면 취소권을 포기한 것이 된다.

㉥ 강제집행

취소권자가 채권자로서 강제집행을 한 경우는 물론 채무자로서 강제집행을 받는 경우에도 법정추인이 된다.

② 이러한 법정추인사유는 취소의 원인이 종료한 후에 이루어져야 한다.

③ 취소권자가 이러한 행위를 함에 있어서 이의를 보류하지 않았어야 한다.

(3) 효 과

법정추인 역시 추인한 것으로 간주되므로 추인과 동일한 효과가 생긴다. 즉 확정적으로 유효가 되며 다시는 취소할 수 없게 된다.

7 취소권의 단기소멸

> 제146조 【취소권의 소멸】 취소권은 추인할 수 있는 날로부터 3년 내에 법률행위를 한 날로부터 10년 내에 행사하여야 한다.

취소권의 행사기간을 무제한 인정한다면 법률관계는 불안정한 상태로 지속될 수밖에 없으므로 민법은 가급적 법률관계를 신속히 확정하고, 상대방이 불안정한 지위에서 벗어날 수 있도록 하기 위하여 취소권의 단기소멸을 규정하고 있다. 즉 취소권은 추인할 수 있는 날로부터 3년 이내에, 법률행위를 한 날로부터 10년 이내에 행사하여야 한다(제146조).

Thema 17 법률행위의 부관

법률행위의 부관이란 법률행위의 효과의 발생 또는 소멸에 관하여 이를 제한하기 위하여 당해 법률행위의 내용으로서 부가되는 약관을 말한다. 개인은 법률행위를 함에 있어서 장래 발생이 불확실한 사실이나 확실한 사실을 고려하여 법률행위의 내용을 정할 수 있으므로 법률행위에 조건 또는 기한을 붙이는 것은 사적자치의 입장에서 원칙적으로 허용되는 것이다.

Thema 18 조 건

1 의 의

조건이란 법률행위의 효력의 발생 또는 소멸을 '장래의 불확실한 사실의 성취 여부'에 의존케 하는 법률행위의 부관(附款)을 말한다.

(1) 조건은 법률효력의 발생 또는 소멸에 관한 것이며, 법률행위의 성립에 관한 것이 아니다.

(2) 조건은 성부가 불확실한 장래의 사실에 의존하게 하는 것이어야 한다. 객관적으로 확실한 것은 기한이지 조건이 아니다. 예를 들어 "이번 시험에 합격하면 자동차를 사주겠다."고 하였다면 시험의 합격은 장래의 불확실한 사실이므로 조건에 해당한다. 그러나 "내년 5월 5일에 자동차를 사주겠다."고 하였다면 이는 확실한 사실이므로 기한에 해당한다. 또한 장래가 아닌 현재나 과거의 사실에 대해서는 조건이 성립할 수 없다.

2 정지조건과 해제조건

(1) 정지조건

법률행위의 효력의 발생을 장래의 불확실한 사실의 성취 여부에 의존케 하는 조건이다. 즉 효력이 없다가 조건이 성취되면 비로소 효력이 발생하는 조건을 말한다. 예를 들어 "내일 비가 오면 우산을 사주겠다."고 했을 때에, 조건이 성취되면(즉 내일 비가 오면) 법률행위의 효력이 발생하는 것이므로 이는 정지조건부 법률행위가 된다. 이 문장은 바꾸어 표현하면 "내일 비가 오는 것을 정지조건으로 우산을 증여한다."로 할 수 있다.

(2) 해제조건

법률행위의 효력의 소멸을 장래의 불확실한 사실의 성취 여부에 의존케 하는 조건이다. 즉 효력이 일단 발생하였으나 조건이 성취되면 효력이 소멸하는 조건을 말한다. 예를 들어 "부동산을 증여하되 만일 이번 시험에 불합격하면 그 부동산을 돌려받겠다."고 했을 때에, 일단은 증여의 효력이 발생하지만 조건이 성취되면(즉 시험에 불합격하면) 증여의 효력이 소멸되는 것이므로 해제조건부 법률행위가 된다. 이를 바꾸어 표현하면 "시험에 불합격하는 것을 해제조건으로 부동산을 증여한다."로 할 수 있다.

(3) 정지조건과 해제조건의 의미구별

① 만일 "A를 정지조건으로 B 한다."라는 표현이 있다면(A는 일정한 사실이고, B는 법률행위이다) 정지조건이란 말이 있다는 것은 아직 효력이 발생하지 않고 정지되어 있는 것이므로 B라는 행위가 아직 효력이 없으나 A라는 사실이 성취되면 그 때에 발생한다고 이해하면 된다.

② 만일 "A를 해제조건으로 B 한다."라는 표현이 있다면(A는 일정한 사실이고, B는 법률행위이다) 해제조건이 나와 있으니 일단 B의 효력은 있으나 A라는 사실이 발생하면 B의 효력이 상실된다는 것을 의미한다.

▐ 3 ▌ 가장조건

가장조건이란 외관상·형식상으로는 조건처럼 보이지만 실질적으로는 조건으로서의 의미를 갖지 못하는 것을 말한다. 이에는 법정조건, 불법조건, 기성조건, 불능조건 등이 있다.

(1) 법정조건

법률행위의 효력을 발생하기 위하여서 법률에 의하여 요구되는 여러 가지 요건 내지 사실을 법정조건이라 한다.

예 법인설립행위에 있어서의 주무관청의 허가·유언에 있어서의 유언자의 사망 등

(2) 불법조건

> 제151조 【불법조건, 기성조건】 ① 조건이 선량한 풍속 기타 사회질서에 위반한 것인 때에는 그 법률행위는 무효로 한다.

조건이 선량한 풍속 기타 사회질서에 위반하는 것일 때 이를 불법조건이라고 한다. 이러한 불법조건이 부착된 법률행위는 조건뿐 아니라 법률행위도 무효가 된다. 예를 들어 "甲을 폭행하면 100만원을 주겠다."고 하였다면 조건만 무효가 되는 것이 아니라 법률행위까지 전부 무효가 된다.

(3) 기성조건

> 제151조 【불법조건, 기성조건】 ② 조건이 법률행위의 당시 이미 성취한 것인 경우에는 그 조건이 정지조건이면 조건 없는 법률행위로 하고 해제조건이면 그 법률행위는 무효로 한다.

조건은 그 성부가 객관적으로 불확실한 장래의 사실을 내용으로 하여야 하는데, 조건이 법률행위 당시에 이미 성립하고 있는 경우를 기성조건이라 한다. 기성조건이 정지조건이면 조건 없는 법률행위가 되고, 해제조건이면 그 법률행위는 무효이다(제151조 제2항).

⑷ 불능조건

객관적으로 실현이 불가능한 사실을 그 내용으로 하는 조건이 불능조건이다. 불능조건이 정지조건으로 되어 있는 법률행위는 무효이고, 불능조건이 해제조건인 때에는 조건 없는 법률행위가 된다(제151조 제3항).

4 조건을 붙일 수 없는 법률행위

⑴ 단독행위

① 원 칙

단독행위에는 원칙적으로 조건을 붙일 수 없다. 단독행위는 행위자의 일방적 의사에 따라 효력이 발생하게 되는데 여기에 조건을 붙인다면 상대방의 지위가 현저하게 불안정하게 되기 때문이다.

② 예 외

단독행위에 조건을 붙이는 것을 금지하는 것은 상대방의 이익을 보호하기 위한 것이므로 상대방의 이익을 해하지 않는 경우(채무의 면제 또는 유증과 같이 상대방에게 이익만 주는 경우와 상대방의 동의가 있을 경우)에는 조건을 붙이는 것이 예외적으로 허용된다.

⑵ 신분행위

혼인·이혼 등 가족법상의 신분행위에는 조건을 붙이는 것이 공익상의 이유로 허용되지 않는다. 다만, 유언에는 조건을 붙일 수 있다(제1073조 제2항).

⑶ 어음·수표행위

어음·수표행위는 객관적 획일성이 요구되므로 이를 저해하는 조건을 붙이는 것은 허용되지 아니한다. 그러나 어음보증에 조건을 붙이는 것은 어음거래의 안정성을 저해하지 않기 때문에 허용된다(대판 1986.9.9, 84다카2310). 다만 어음·수표행위는 성질상 조건을 붙이는 것은 허용하지 않지만 기한을 붙이는 것은 허용된다.

5 조건부 법률행위의 효력

(1) 조건의 성부 확정 전의 효력

> **제148조 【조건부권리의 침해금지】** 조건 있는 법률행위의 당사자는 조건의 성부가 미정한 동안에 조건의 성취로 인하여 생길 상대방의 이익을 해하지 못한다.
>
> **제149조 【조건부권리의 처분 등】** 조건의 성취가 미정한 권리의무는 일반규정에 의하여 처분, 상속, 보존 또는 담보로 할 수 있다.

조건의 성부가 확정되기 이전에 있어서는 법률행위의 당사자 일방은 조건의 성취로 인하여 일정한 이익을 받을 기대를 갖는다. 이러한 권리를 "조건부 권리"라고 하며, "기대권" 또는 "희망권"의 일종이다. 이 기대권 내지 희망권을 민법은 일종의 권리로서 보호하는 규정을 두고 있다.

(2) 조건의 성부 확정 후의 효력

> **제147조 【조건성취의 효과】** ① 정지조건 있는 법률행위는 조건이 성취한 때로부터 그 효력이 생긴다.
> ② 해제조건 있는 법률행위는 조건이 성취한 때로부터 그 효력을 잃는다.
> ③ 당사자가 조건성취의 효력을 그 성취 전에 소급하게 할 의사를 표시한 때에는 그 의사에 의한다.

① 정지조건부 법률행위에 있어서는 조건이 성취되면 그 효력을 발생하고, 불성취로 확정되면 무효로 된다. 또 해제조건부 법률행위에 있어서는 조건이 성취되면 법률행위의 효력은 소멸하고 불성취로 확정되면 그 효력은 소멸하지 않는 것으로 확정된다(제147조 제1항·제2항).

② 조건성취의 효력은 원칙적으로 소급하지 않는다. 다만 당사자의 특약으로 소급효를 인정할 수 있으나 제3자의 권리를 해하지는 못한다.

Thema 19 기 한

1 의 의

법률행위의 당사자가 법률행위의 효력의 발생·소멸을 장래 실현되거나 또는 도래할 것이 확실한 사실에 의존케 하는 약관을 기한이라 한다. 기한이 되는 사실이 장래의 사실이라는 점에서 조건과 같으나, 그 발생이 확정되어 있다는 점에서 성부자체가 불확실한 조건과 다르다.

2 기한의 종류

(1) 시기와 종기

시기란 법률행위의 효력의 발생을 장래의 확정적 사실에 의존케 하는 기한을 말한다. 이에 대하여 종기는 법률행위의 효력의 소멸이 걸려 있는 기한이다. 예를 들어 "1월 1일부터 12월 31일까지 임대차한다."에서 1월 1일은 시기이고 12월 31일은 종기이다.

(2) 확정기한과 불확정기한

기한의 내용이 되는 사실은 장래에 발생하는 것이 확실한 사실이어야 하며, 그 시기가 확정되어 있는 기한을 '확정기한'이라고 하고, 확실한 사실이지만 그 발생시기가 확정되어 있지 않은 것을 '불확정기한'이라고 한다. 예를 들어 '내년 1월 1일부터'라고 하는 것은 확정기한이고 '甲이 사망했을 때'라고 하는 것은 불확정기한이다.

3 기한부 법률행위의 효력

(1) 기한도래 전의 효력

민법은 조건부 권리의 침해금지에 관한 제148조와 조건부 권리의 처분 등에 관한 제149조를 기한부 법률행위에 준용하고 있다(제154조). 따라서 기한부 권리도 침해하지 못하며, 기한부 권리도 처분, 상속, 보존 또는 담보로 할 수 있다.

(2) 기한도래 후의 효력

> 제152조【기한도래의 효과】① 시기 있는 법률행위는 기한이 도래한 때로부터 그 효력이 생긴다.
> ② 종기 있는 법률행위는 기한이 도래한 때로부터 그 효력을 잃는다.

① 법률행위에 시기를 붙인 경우에는 그 법률행위는 기한이 도래한 때로부터 효력이 발생한다. 반대로 종기를 붙인 법률행위는 기한이 도래한 때로부터 그 효력을 잃는다(제152조).

② 기한의 도래의 효과에는 소급효가 있을 수 없다. 이것은 절대적이며, 비록 당사자가 그러한 특약을 하였더라도 무효이다.

4 기한의 이익

> 제153조【기한의 이익과 그 포기】① 기한은 채무자의 이익을 위한 것으로 추정한다.
> ② 기한의 이익은 이를 포기할 수 있다. 그러나 상대방의 이익을 해하지 못한다.

(1) 의 의

기한의 이익이란 기한이 아직 도래하지 않음으로써 그동안 당사자가 받는 이익을 말한다. 예를 들어 올해 12월 31일을 변제기로 하여 돈을 빌렸다면 그 변제기가 도래하기 전까지는 채무를 변제하지 않아도 되는 이익이 생기며 이를 기한의 이익이라고 한다.

(2) 기한이익의 포기와 상실

① 기한이익의 포기

기한의 이익은 이를 포기할 수 있다. 그러나 상대방의 이익을 해하지 못한다(제153조 제2항). 즉 변제기가 남아 있다 하더라도 이를 포기하고 지금 변제할 수 있으나, 이로써 상대방에게 손해가 발생한다면 손해를 배상하여야 한다.

② 기한이익의 상실

채무자가 그의 경제적 신용을 잃었다고 할 수 있는 사유가 발생한 때에는 그의 기한의 이익을 상실케 하고, 곧 변제케 하는 것은 부득이하다. 즉, 일정한 경우에는 채무자는 기한의 이익을 상실하며, 채권자의 기한 전의 이행청구를 거절하지 못한다. 기한의 이익이 상실되는 사유로는 ㉠ 채무자가 담보를 손상하거나 감소 또는 멸실하게 한 때(제388조 제1호), ㉡ 채무자가 담보제공의 의무를 이행하지 아니한 때(제388조 제2호), ㉢ 채무자의 파산(채무자 회생 및 파산에 관한 법률 제425조) 등이다.

물권법

Thema 20 | 물권의 의의와 성질

1 물권의 의의

물권(物權)은 '특정의 물건을 직접 지배해서 이익을 얻는 배타적인 권리'이다. 채권은 특정인에게 일정한 급부를 청구하는 것이지만 물권은 물건 자체에 행사되는 직접적인 권리라는 점에서 차이가 있다.

2 물권의 성질

(1) 지배성

물권은 그 목적물을 직접 지배하는 권리이다. 직접 지배한다는 것은 타인의 행위 내지는 협력을 거치지 않고서 바로 물건으로부터 일정한 이익을 얻는다는 것을 의미한다. 누군가에게 무엇을 청구하고 상대방의 이행(급부)이 있어야 하는 채권과는 달리 스스로 직접 교환가치 또는 사용가치를 지배할 수 있는 성질이다.

(2) 절대권성(대세성)

권리는 '절대권'과 '상대권'으로 구별할 수 있는데 절대권은 특정의 상대방이라는 것이 없고 모든 사람에게 주장할 수 있는 권리이다. 이에 대하여 상대권은 특정인을 의무자로 하여 그에 대하여서만 주장할 수 있는 권리이다. 물권은 누구에게나 주장할 수 있는 절대권이며 채권은 원칙적으로 상대방(채무자)에게만 청구할 수 있는 상대권에 속한다.

(3) 배타성

물권은 물건에 대한 직접적인 지배를 그 내용으로 하므로, 하나의 물건에 대하여 어떤 자의 지배가 성립하면, 그 물적 이익(物的利益)에 관하여는 다른 사람의 지배를 인정할 수 없게 된다. 예를 들어 하나의 물건 전부에 甲이 전세권을 취득하면 또다시 동일 목적물 위에 乙이 전세권을 취득할 수 없다. 먼저 성립한 전세권자가 그 물권의 가치를 배타적·독점적으로 지배하기 때문이다.

⑷ 양도성

물권은 거래의 객체가 되므로 양도성을 본질로 한다. 물론 채권도 양도성을 가질 수 있지만 채권의 성질이나 당사자의 약정에 의하여 양도성이 제한될 수 있는 경우가 많다는 점에서 물권과 구분된다.

3 물권의 객체

물권의 객체는 물건이다. 따라서 유체물 및 전기 기타 관리할 수 있는 자연력이 물권의 객체가 된다. 다만, 예외적으로 권리를 물권의 객체로 하는 경우도 있다. 즉, 준점유, 재산권을 목적으로 하는 권리질권, 지상권과 전세권을 목적으로 하는 저당권 등은 권리를 대상으로 하는 물권이다.

> **제98조 【물건의 정의】** 본법에서 물건이라 함은 유체물 및 전기 기타 관리할 수 있는 자연력을 말한다.
> **제99조 【부동산, 동산】** ① 토지 및 그 정착물은 부동산이다.
> ② 부동산 이외의 물건은 동산이다.

핵심 다지기

1. 현존 · 특정의 물건
물건의 객체는 반드시 특정되고, 현존하여야 한다. 물권의 특징인 배타적, 독점적 지배를 하기 위해서는 물건이 현존해야 하며 또한 특정되어 있어야 한다. 구성부분이 증감 변동하는 집합물이라 하여도 특정성을 상실하지 않는다.

2. 독립한 물건
물권의 객체는 원칙적으로 독립한 물건이어야 한다. 따라서 물건의 일부라든가 구성부분 등은 원칙적으로 별도로 물권의 객체가 되지 못한다. 예를 들어 1필의 토지의 일부에만 다른 사람의 소유권이 성립할 수 없다. 물론 예외가 인정되는 경우가 있는데 그 대표적인 것이 용익물권에 해당한다. 용익물권(用益物權)은 건물 또는 토지의 일부에 대해서도 성립할 수 있다. 독립성의 여부에 대해서는 사회통념과 거래관념에 따라 결정된다.

| Thema 21 | 물권의 종류 |

1 물권법정주의

> 제185조【물권의 종류】 물권은 법률 또는 관습법에 의하는 외에는 임의로 창설하지 못한다.

(1) 의 의

제185조에 의하면 물권은 법률 또는 관습법에 의해서만 인정되며 당사자가 임의로 물권을 창설할 수 없는 것으로 정하는데, 이처럼 물권의 종류와 내용을 법률 또는 관습법으로 정하는 것에 한정하는 것을 '물권법정주의(物權法定主義)'라고 한다. 계약은 계약자유의 원칙상 민법상 15가지의 전형계약(典型契約) 외에도 법률이 정하지 아니한 계약도 체결할 수 있고, 그에 따라 법률이 정하지 아니한 채권·채무도 성립할 수 있다. 그러나 물권법에 있어서의 물권의 정형(定型)은 확정적이다. 물권법에 강행규정이 많은 것도 이 물권법정주의를 채용한 결과라고 할 수 있다.

(2) 근 거

채권계약은 당사자만의 문제이므로 사회질서에 반하지 않는 한 양자의 의사합치만으로 새로운 계약을 만들어내도 무방할 것이다. 그러나 물권은 채권과는 달리 대세적 효력이 있으므로 일반인들의 인식가능성, 거래의 안전 등을 고려하여야 하는데 만일 당사자 합의로 새로운 물권을 만들어낸다면 수많은 물권이 발생하여 이를 등기부에 일일이 공시할 수 없을 것이고, 설령 공시한다 하더라도 무엇을 의미하는지를 일반인들이 알 수 없게 될 것이다. 따라서 물권법정주의로서 물권의 종류와 내용을 미리 법률로 확정하는 까닭은 물권관계를 단순·명료하게 정형화(定型化)하여 공시의 원칙을 관철함으로써 거래의 안전과 원활을 꾀하려는 데에 있다.

2 물권의 종류

(1) 현행법에서 인정되고 있는 물권

① **민법이 인정하는 물권**: 민법은 점유권·소유권·지상권·지역권·전세권·유치권·질권·저당권 등 8가지의 물권을 규정하고 있다(해당사항에서 자세히 설명하게 된다).

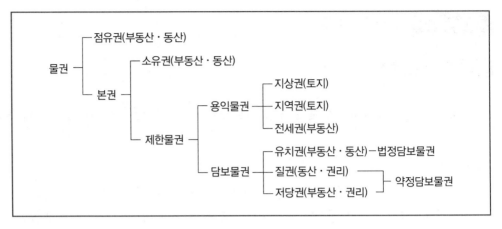

② 민법 이외의 법률이 인정하는 물권과 관습법에 의해 인정되는 물권도 존재한다.

Thema 22 물권의 효력

1 우선적 효력

(1) 채권에 우선하는 효력

일정한 물건에 관하여 물권과 채권이 함께 성립하는 경우에는 그 성립의 선후(先後)에 관계없이 물권이 채권에 우선함이 원칙이다. 물권은 목적물에 대한 직접적인 지배를 내용으로 하지만, 채권은 채무자에게 일정한 급부(給付)를 청구하는 권리이므로 물권이 채권에 우선함은 당연하다. 예를 들어 甲이 乙과 丙에게 각각 1억원씩 빌리고 丙에게 저당권이라는 담보물권을 설정하여 주었다면 그 부동산의 경매시에 丙은 당연히 乙보다 먼저 자신의 채권을 변제받게 된다. 물론 예외가 존재하는데 이는 후에 공부하게 된다.

(2) 다른 종류 또는 동종(同種)의 물권이 동일한 물건 위에 두 개 이상 성립하는 경우 그들 상호간에 있어서는 먼저 성립한 물권이 후에 성립한 물권에 우선한다. 예를 들어 같은 부동산 위에 설정된 1번 저당권은 2번 저당권에 우선하며, 저당권이 설정된 후에 설정된 지상권은 저당권의 실행으로 소멸하지만, 지상권이 설정된 후에 저당권이 설정된 경우에는 저당권이 실행되어도 지상권은 소멸하지 않는다. 다만 제한 물권은 선후(先後)에 관계없이 소유권에 언제나 우선한다(소유자가 자기물건 위에 스스로 타인의 제한물권을 설정하는 것을 합의하였기 때문이다).

2 물권적 청구권

(1) 의 의

물권은 절대권으로서 누구에게나 주장할 수 있는 반면에, 누구든지 물권을 침해할 수도 있다. 따라서 물권의 내용의 실현이 어떤 사정으로 인하여 방해당하고 있거나 또는 방해당할 염려가 있을 경우에 그 방해의 제거 또는 예방에 필요한 일정한 행위를 청구할 수 있는 권리가 필요하게 되는바, 이것이 '물권적 청구권'이다.

(2) 불법행위로 인한 손해배상청구권과 비교

① 불법행위로 인한 손해배상청구권에 있어서는 가해자의 고의·과실과 손해의 발생이 요구되나, 물권적 청구권에 있어서는 방해자의 고의·과실이나 손해의 발생을 요구하지 않는다. 예를 들어 甲의 토지 위에 乙이 무단으로 건물을 신축하여 丙에게 양도했을 때, 丙의 고의·과실이 없을지라도 甲은 丙에게 물권적 청구권으로 건물의 철거와 토지의 인도를 청구할 수 있다.

② 물권적 청구권에 있어서는 물권의 방해의 제거·예방에 필요한 행위를 청구할 수 있게 되나, 불법행위에 의한 손해배상청구권에 있어서는 금전적인 배상을 청구할 수 있을 뿐이다.

③ 물권에 대한 방해가 방해자의 고의·과실로 행해진 것이고 그로 인하여 손해가 발생하여 불법행위가 되는 때에는 물권적 청구권과 손해배상청구권이 병존하게 된다.

④ 물권적 청구권은 방해결과의 제거를 내용으로 하는 것이 되어서는 아니되며 현재 계속되고 있는 방해의 원인을 제거하는 것을 내용으로 한다.

(3) 물권적 청구권의 종류

① 근거되는 물권에 따른 분류

물권적 청구권은 점유권에 기초한 물권적 청구권과 본권에 기한 물권적 청구권으로 나뉘며 앞의 것을 점유보호청구권이라고 한다. 점유권은 소유권을 비롯한 본권과 무관하게 성립할 수 있으므로 양 청구권은 경합할 수 있다. 예를 들어 甲이 물건의 소유자로서 점유하다가 乙에게 물건을 빼앗겼다면 甲은 乙에게 점유권에 기한 반환청구권을 행사할 수도 있고, 소유권에 기한 반환을 청구할 수도 있다. 물론 양자를 모두 행사할 수도 있게 된다.

② 내용에 따른 분류

㉠ 물권적 반환청구권: 권원 없는 자가 목적물을 점유하여 물권의 완전한 실현을 방해하는 경우에 물권자가 그 인도를 청구할 수 있는 물권적 청구권이다.

ⓒ 물권적 방해제거 청구권 : 이는 점유침탈 이외의 방법으로 물권의 정상적인 실현이 방해되고 있는 경우에, 그 방해자에 대하여 방해제거를 청구하는 것을 내용으로 하는 권리이다(제214조). 예를 들어 甲 소유의 토지 위에 乙이 무단으로 건물을 축조했을 때 甲이 乙에게 건물의 철거를 청구하거나 불법등기의 말소를 청구하는 것을 말한다.

ⓒ 물권적 방해예방 청구권 : 이는 물권의 실현이 현재 방해당하고 있지는 않으나 장차 방해가 생길 염려가 있는 경우에, 그 방해의 예방 또는 손해배상의 담보를 청구하는 권리이다. 예를 들어 건축공사로 인하여 주택이 파손될 위험이 있는 이웃사람이 그 예방을 위한 조치나 손해배상의 담보를 청구하는 권리이다.

(4) 물권적 청구권의 성질

① 물권적 청구권은 물권에 의존하는 권리이므로 물권과 그 운명을 같이 한다. 즉 물권의 이전·소멸이 있으면 물권적 청구권도 그에 따라 함께 이전하고 소멸한다. 따라서 소유권에 기한 물권적 청구권을 소유권과 분리하여 이를 소유권 없는 전(前)소유자에게 유보하여 행사시킬 수는 없는 것이므로 소유권을 상실한 전소유자는 제3자인 불법점유자에 대하여 소유권에 기한 물권적 청구권에 의한 방해배제를 구할 수 없다(대판 1980.9.9, 80다7).

② 소유권에 기한 물권적 청구권은 독립하여 소멸시효에 걸리지 않는다.

Thema 23 ┃ 물권변동의 원인

1 ┃ 법률행위에 의한 경우

물권변동을 원하는 당사자의 의사표시에 의한 경우이다. 대표적으로 물건에 대한 매매, 교환계약을 체결하여 소유자가 변동하는 것을 말한다. 토지에 지상권 설정계약을 맺어 지상권이라는 물권을 취득하거나 소유권을 스스로 포기하는 것도 마찬가지의 경우이다.

2 ┃ 법률행위 이외(법률의 규정)에 의한 경우

당사자의 의사에 의하지 않고 물권변동이 생기는 모든 경우를 말하는 것으로 보통 법률의 규정에 의한 물권변동이라고 부른다. 예를 들어 건물을 신축하여 새로운 소유권을 취득하거나 상속에 의하여 물권을 취득하는 것을 말한다.

Thema 24 부동산물권의 변동

1 법률행위에 의한 부동산물권변동

> 제186조【부동산물권변동의 효력】부동산에 관한 법률행위로 인한 물권의 득실변경은 등기하여야 그 효력이 생긴다.
>
> 제187조【등기를 요하지 아니하는 부동산물권취득】상속, 공용징수, 판결, 경매 기타 법률의 규정에 의한 부동산에 관한 물권의 취득은 등기를 요하지 아니한다. 그러나 등기를 하지 아니하면 이를 처분하지 못한다.

(I) 의 의

법률행위에 의한 부동산물권의 변동에 관하여 제186조는 '부동산에 관한 법률행위로 인한 물권의 득실변경은 등기하여야 그 효력이 생긴다.'고 규정함으로써 성립요건주의(형식주의)를 명시하고 있다. 따라서 법률행위에 의한 부동산물권의 변동은 물권행위를 하고 등기를 갖추었을 때에 비로소 효력을 발생한다. 그러나 점유권과 유치권은 부동산에 관한 권리일지라도 이들의 변동에는 등기를 요하지 않는다. 점유권과 유치권은 모두 현재 물건을 점유하고 있다는 사실에 기하여 그것이 계속되는 동안에만 인정되는 권리이므로 그 성질상 등기에 의해 공시할 필요가 없기 때문이다.

(2) 부동산물권변동을 위한 등기의 요건

부동산물권변동을 완성시키는 등기는 물권행위의 내용과 합치하여야 하며(실질적·실체적 유효요건), 부동산등기법이 정하는 절차상의 요건을 갖춰서 적법하게 이루어져야 한다(형식적·절차적 유효요건).

① 등기의 형식적 유효요건

등기는 물권변동의 효력발생요건이고 효력존속요건이 아니다. 따라서 일단 유효하게 존재하였던 등기가 불법으로 말소된 경우에도 그 등기가 표상(表象)하던 물권은 소멸하지 않는다.

② 등기의 실질적 유효요건

등기가 유효하기 위해서는 물권행위와 합치하여야 한다. 그러나 간혹 물권행위와 등기가 합치되지 않는 경우가 나타난다.

㉠ 주체·객체의 불합치

예를 들어 甲이 매수하였는데 乙이 매수인으로 등기되어 있는 경우(주체의 불합치) 또는 A토지를 매수하였는데 B토지를 매수한 것으로 등기되어 있는 경우(객체의 불합치)이다. 이러한 경우에 그 등기는 무효이고 어떠한 물권변동도 일어나지 않는다.

㉡ 물권변동과정의 불합치

민법은 물권변동에 관하여 성립요건주의를 취하고 또한 등기법상 등기신청시에는 등기원인을 증명하는 서면을 제출하여 법률이 정하는 절차에 따라 등기부에 기재되므로, 등기부에는 당연히 물권변동의 과정과 원인이 그대로 공시되어야 하는 것이 원칙이다. 그런데 실제에 있어서는 조세부담 등의 이유로 이와 같은 원칙대로 등기가 이루어지지 않는 경우가 있는데 '중간생략등기', '실제와 다른 등기원인에 의한 등기'가 주로 논의된다.

ⓐ 중간생략등기

甲에서 乙에게, 乙에서 丙으로 토지가 순차로 전매된 경우, 중간자인 乙의 등기를 생략한 채 甲에서 바로 최종매수인 丙에게로 소유권이전등기를 하는 경우가 '중간생략등기'이다. 이러한 중간생략등기에 있어서는 두 가지 문제가 있다. 하나는 중간생략등기가 행하여진 경우에 그 등기의 효력이 문제되고, 다른 하나는 등기가 아직 경료되지 않았다면 최종매수인은 어떤 방식으로 등기를 청구하여 실행시킬 것인가의 문제이다.

---

1. 등기의 유효성

① 부동산등기특별조치법상 조세포탈과 부동산투기 등을 방지하기 위하여 등기하지 아니하고 제3자에게 전매하는 행위를 일정 목적범위 내에서 형사처벌하도록 되어 있으나 이로써 순차매도한 당사자 사이의 중간생략등기합의에 관한 사법상 효력까지 무효로 한다는 취지는 아니라고 하며(대판 1993.6.12, 92다39112), 따라서 당사자 사이에 적법한 원인행위가 성립되어 중간생략등기가 이루어진 이상, 중간생략등기에 관한 합의가 없었다는 사유만으로는 그 소유권이전등기를 무효라고 할 수는 없다고 한다(대판 1980.2.12, 79다2104).

② 다만 토지거래허가구역 내에서 중간생략등기가 경료된 경우에는 최초 매도인과 최종 매수인 사이에 매매계약이 체결되었다고 볼 수 없고, 설사 최종 매수인이 자신과 최초 매도인을 매매당사자로 하는 토지거래허가를 받아 자신 앞으로 소유권이전등기를 경료하였더라도 그러한 최종 매수인 명의의 소유권이전등기는 적법한 토지거래허가 없이 경료된 등기로서 무효라고 한다(대판 1997.3.14, 96다22464).

2. 등기의 청구

① 3자 합의가 있는 경우 – 직접청구 가능

부동산의 양도계약이 순차 이루어져 최종 양수인이 중간생략등기의 합의를 이유로 최초 양도인에게 직접 그 소유권이전등기청구권을 행사하기 위하여는 관계당사자 전원의 의사합치, 즉 중간생략등기에 대한 최초 양도인과 중간자의 동의가 있는 외에 최초 양도인과 최종 양수인 사이에도 그 중간등기생략의 합의가 있었음이 요구된다(대판 1991.4.23, 91다5761).

② 3자 합의가 없는 경우 – 대위 청구

중간생략등기의 합의가 없다면 부동산의 전전매수인은 매도인을 대위하여 그 전매도인인 등기명의자에게 매도인 앞으로의 소유권이전등기를 구할 수는 있을지언정 직접 자기 앞으로의 소유권이전등기를 구할 수는 없다고 한다(대판 1969.10.28, 69다1351).

ⓑ 실제와 다른 등기원인에 의한 등기

증여에 의한 소유권이전등기를 매매에 의한 것으로 등기한 것처럼 실제와 다른 등기원인에 의한 등기도 현재의 권리상태를 반영하는 이상 유효한 등기로 평가된다.

2 법률행위에 의하지 않은 물권변동

제187조【등기를 요하지 아니하는 부동산물권취득】상속, 공용징수, 판결, 경매 기타 법률의 규정에 의한 부동산에 관한 물권의 취득은 등기를 요하지 아니한다. 그러나 등기를 하지 아니하면 이를 처분하지 못한다.

(1) 의 의

① 당사자의 의사표시대로 효과가 발생하는 경우(즉 법률행위)와는 달리 이러한 경우에까지 등기를 요구하게 되면 등기를 하기 전까지 권리의 공백상태가 발생되므로 법적 공백상태의 방지 또는 법정책적 고려를 위하여 등기를 요구하지 않고 있다.

② 제187조에 의하여 등기 없이 취득한 물권을 다시 처분하려면, 이 경우에는 법률행위이므로 먼저 자기 앞으로 그 물권에 관한 등기를 한 후에 처분에 관한 등기를 하여야 한다(제187조 단서). 다만 유의할 점은 제187조는 의사주의를 규정한 것이 아니므로 등기를 하지 않아도 제3자에게 대항할 수 있으며, 처분시에 등기를 요구하고 있는 것이다.

⑵ 제187조의 적용범위

① 상 속

상속으로 부동산물권이 이전하는 시기는 피상속인의 사망시이다(제997조). 상속뿐 아니라 포괄유증, 법인의 합병 등 포괄승계에 의한 부동산물권의 취득인 경우에는 상속과 마찬가지로 등기를 요하지 아니한다.

② 공용징수

공용징수는 공익사업을 위하여 개인의 재산권을 법률에 의해 강제적으로 취득하는 것이다. 공용징수에 의한 부동산물권의 변동시기는 협의수용인 경우에는 협의에 의하여 정해진 시점이고 재결수용인 경우에는 보상금의 지급을 정지조건으로 하여 수용개시일에 물권변동이 발생한다(공익사업을 위한 토지 등의 취득 및 보상에 관한 법률 제45조). 따라서 보상금이 지급되면 소유권 및 기존의 제한물권은 수용개시일에 모두 소멸한다.

③ 판 결

이행판결, 확인판결, 형성판결 중에서 제187조에서의 등기를 요하지 않는 판결은 형성판결만을 말한다. 따라서 확인판결, 이행판결은 제187조에서 제외된다. 등기를 요하지 않는 형성판결에는 사해행위의 취소판결(제406조), 공유물 분할판결(제269조 제1항), 상속재산 분할판결(제1013조 제2항) 등이 있다.

④ 경 매

경매에 의한 소유권의 취득시기는 경락(매각)대금을 완납한 때이며 경락인(매수인)은 등기하지 않아도 목적부동산의 소유권을 취득한다.

⑤ 기타의 법률규정

신축건물의 소유권 취득, 멸실로 인한 물권의 소멸, 법정지상권의 취득(제305조·제366조), 관습법상 법정지상권의 취득, 법정저당권의 취득(제649조), 혼동(混同)에 의한 물권의 소멸(제191조), 법률행위의 무효·취소·해제에 의한 물권의 회복, 분배농지에 대한 상환완료로 소유권을 취득하는 경우 등은 등기를 요하지 않는다.

⑶ 제187조의 예외

점유취득시효 완성으로 인한 부동산물권의 취득은 법률규정에 의한 물권변동이지만 예외적으로 등기를 하여야 권리를 취득한다(제245조 제1항).

3 부동산물권의 공시방법

(1) 등기의 의의

부동산등기란 등기관이 법정절차에 따라 등기부(登記簿)에 부동산의 표시와 부동산에 관한 일정한 권리관계에 관한 정보를 기록하는 것을 말한다. 등기는 등기용지 중 표제부(表題部)에 하는 사실의 등기와 갑구(甲區) 또는 을구(乙區)에 하는 권리의 등기로 나누어진다. 표제부에는 토지 또는 건물의 표시에 관한 사항을 기재하고 갑구에는 소유권에 관한 사항을, 을구에는 소유권 외의 권리에 관한 사항을 기재한다. 예를 들어 토지의 소재나 면적, 지목 등을 보려면 표제부를 보면 되고 소유자를 확인하고 싶으면 갑구를, 이 토지에 저당권이나 전세권이 설정되어 있는지를 확인하려면 을구를 보면 될 것이다.

(2) 등기청구권

① 의 의

등기는 등기권리자와 등기의무자의 공동신청으로 하는 것이 원칙이다. 그러므로 등기의무자가 등기신청에 협력하지 않는다면 등기권리자는 등기를 할 수 없게 된다. 때문에 등기권리자에게는 등기의무자에 대하여 등기신청에 협력할 것을 요구하는 권리를 인정한다는 것이 필요하다. 이러한 권리를 등기청구권이라고 한다.

② 등기청구권의 성질

등기청구권은 개별적인 사정에 따라 채권적일 수도 있고 물권적일 수도 있다. 일반적으로 법률행위로 인한 경우(제186조)나 취득시효 완성을 원인으로 하는 등기청구권은 채권적 성질을 가지며, 법률규정에 의한 경우(제187조)에는 이미 물권이 취득되어 있는 상태에서의 등기청구권이므로 물권적 성질을 띠게 된다.

㉠ 법률행위로 인한 경우

법률행위로 인한 경우에는 형식주의를 취하고 있는 현행 민법하에서는 채권적 청구권의 성질을 지니게 된다. 따라서 10년의 소멸시효에 걸리는 것을 원칙으로 한다.

㉡ 실체관계와 일치하지 않는 경우

甲이 乙에게 부동산을 매도하고 등기까지 이전하였으나 그 계약이 무효였다면, 그 등기는 실체관계에 부합하지 않는 무효의 등기가 된다. 이를 말소하는 것은 물권적 청구권의 성질을 띠게 된다. 또한 채무자가 저당권자에게 채무를 변제한 후에 자신 부동산에 설정된 저당권등기를 말소해 줄 것을 요구하는 경우에도 마찬가지이다.

③ 등기청구권과 소멸시효

　㉠ 3자간의 합의가 있더라도 중간매수인의 등기청구권은 소멸하지 않는다.

　㉡ 부동산의 매수인이 부동산을 인도받아 사용 수익하고 있는 한 매수인의 등기청구권은 소멸시효에 걸리지 않는다.

　㉢ 매수인이 제3자에게 처분하고 그 부동산의 점유를 승계하여 준 경우에도 소멸시효가 진행하지 않는다.

(3) 등기의 효력

① **물권변동적 효력**: 물권행위와 합치하는 등기가 있으면 부동산에 관한 물권변동이 발생한다. 효력이 발생하는 시기는 실제로 등기부에 기재한 때이다.

② **순위확정적 효력**: 동일부동산에 관하여 등기된 두 개 이상의 권리 사이의 순위관계는 등기의 전후(前後)에 의해 정해진다. 등기의 전후는 동구(同區)에서는 순위번호에 의하고, 별구(別區)에서는 접수번호에 의한다.

③ **대항적 효력**: 부동산 제한물권(지상권·지역권·전세권·저당권)과 부동산임차권·환매권에 있어서 그 존속기간·지료·이자와 지급시기 등에 대해 등기한 때에는 당사자 이외의 제3자에 대해서도 효력이 있다.

④ **추정적 효력**

　㉠ 의의: 등기의 추정력이란 등기가 되어 있으면 설령 무효인 등기라 하더라도 그에 대응하는 실체적 권리관계가 존재하는 것으로 추정되는 것을 말한다.

　㉡ 추정력의 범위

　　ⓐ 소유권이전등기의 추정력

　　　소유권이전등기가 경료되어 있는 경우에는 그 등기명의인은 제3자에 대해서뿐만 아니라, 직전명의인에 대하여도 적법한 등기원인에 의하여 소유권을 취득한 것으로 추정된다. 즉 거래당사자 사이에서도 추정력이 인정된다. 따라서 현재의 등기명의인을 상대로 직전의 등기명의인이 말소등기를 청구하는 경우 직전의 등기명의인이 등기원인의 무효·취소·해제를 입증하여야 한다.

　　ⓑ 소유권보존등기의 추정력

　　　소유권보존등기는 등기명의인에게 소유권이 보존되어 있다는 사실만 추정되고 권리변동(이전)의 사실은 추정되지 않는다. 따라서 보존등기가 원시취득에 의한 것이 아니라는 것이 증명되면 추정력이 깨진다. 즉 건물을 신축한 자가 따로 있거나 토지를 사정(査定)받은 자가 따로 있다는 사실이 증명되면 보존등기의 추정력은 깨진다.

ⓒ 부수적 효과

부동산물권을 취득하려는 자는 등기의 내용을 알고 있는 것(악의)으로 추정되며 또한 등기추정력의 부수적 효과로서 등기내용을 신뢰하고 거래한 제3자는 무과실로 추정된다(대판 1982.5.11, 80다2881).

Thema 25 물권의 소멸

1 서 설

물권에 공통되는 소멸원인으로는 목적물의 멸실·소멸시효·포기·공용징수·혼동·몰수 등이 있다. 이 중에 포기는 법률행위로 인한 물권변동에 해당하고 나머지는 법률행위에 의하지 않은 물권변동에 해당한다.

2 혼 동

> **제191조【혼동으로 인한 물권의 소멸】** ① 동일한 물건에 대한 소유권과 다른 물권이 동일한 사람에게 귀속한 때에는 다른 물권은 소멸한다. 그러나 그 물권이 제삼자의 권리의 목적이 된 때에는 소멸하지 아니한다.
> ② 전항의 규정은 소유권 이외의 물권과 그를 목적으로 하는 다른 권리가 동일한 사람에게 귀속한 경우에 준용한다.
> ③ 점유권에 관하여는 전2항의 규정을 적용하지 아니한다.

(1) 의 의

서로 대립되는 2개의 법률상의 지위가 동일인에게 귀속하는 것을 말한다. 이 경우에 양립시킬 만한 가치가 없는 권리를 존속시키는 것은 무가치하므로 한 쪽에 흡수되어 소멸하게 된다. 예를 들어 전세권자가 그 부동산을 매수하여 소유권을 취득하게 되었다면 이제 전세권은 필요가 없게 되므로 전세권은 소멸하게 된다.

(2) 소유권과 제한물권의 혼동

① 원 칙

동일한 물건에 대한 소유권과 다른 물권이 동일한 사람에게 귀속한 때에는 다른 물권은 소멸한다. 예를 들어 지상권자인 乙이 토지소유자인 甲으로부터 그 토지를 매수하였다면 乙의 지상권은 혼동으로 소멸한다.

② 예 외

혼동으로 소멸할 물권이 제3자의 권리의 목적이 된 때에는 소멸하지 않는다(제191조 제1항 단서).

ㄱ 제3자를 보호하기 위하여

예를 들어 乙이 甲소유의 토지 위에 지상권을 가지고 있고 그 지상권이 丙의 저당권의 목적인 때에는 乙이 토지소유권을 취득하더라도, 乙의 지상권은 소멸하지 아니한다. 원칙대로 소멸하게 하면 乙의 지상권을 목적으로 저당권을 설정한 丙이 피해를 보기 때문이다.

ㄴ 본인을 보호하기 위하여

민법은 제3자를 보호하기 위한 규정을 두었으나 통설과 판례는 이를 확대하여 권리를 취득하는 본인을 위해서 일정한 경우에 소멸을 부정하고 있다. 예를 들어 乙이 甲소유의 토지 위에 1번 저당권을 가지고 있고, 제3자 丙이 같은 토지 위에 2번 저당권을 가지고 있는 경우에, 乙이 甲의 토지소유권을 취득하더라도 乙의 저당권은 소멸하지 않는다. 乙의 저당권이 소멸한다면 후순위인 제3자 丙이 유리한 지위를 차지하여 소유권을 취득한 본인(乙)의 이익을 해하기 때문이다.

(3) 혼동으로 소멸하지 않는 권리

① '점유권'은 소유권 기타 다른 물권과 양립이 가능하므로 점유권에 관하여는 성질상 혼동으로 인한 소멸이 적용되지 않는다.

② 광업권은 토지소유권과 별개의 독립된 권리이므로 소유권과 양립할 수 있으며 혼동으로 인한 소멸이 적용되지 않는다.

(4) 효 과

혼동에 의한 물권은 절대적 소멸이다. 그러나 혼동의 원인이 된 법률행위가 무효·취소·해제의 사유가 발생하면 소멸한 물권은 다시 부활한다.

Thema 26 점유제도

1 의 의

물건에 대한 사실상 지배를 함으로써 인정되는 권리를 말하며 정당한 권리(본권) 유무에 상관없이 사실상태만으로 인정되는 권리이다.

2 본권과 점유권

(1) 본 권

점유할 수 있는 권리, 법률상 점유하는 것을 정당하게 하는 권리(소유권, 지상권, 전세권, 임차권, 유치권 등)를 말한다.

(2) 점유권

물건에 대한 사실상 지배를 함으로써 인정되는 권리를 말한다. 이는 본권유무에 상관없이 물건을 사실상 지배하고 있는 것만으로 인정된다. 즉 도인(盜人)에게도 정당한 권리(본권)는 없지만 그 물건을 사실상 지배함으로써 점유권은 인정된다. 도둑은 점유권은 있지만 본권은 없고, 도난을 당한 자는 본권은 있지만 점유권은 없게 된다.

Thema 27 점유제도의 예외(점유의 관념화)

점유는 물건에 대한 사실상의 지배이나, 예외적으로 물건에 대하여 사실상의 지배를 가지고 있으면서도 점유가 인정되지 않는 경우(점유보조자)도 있고, 반대로 사실상 지배가 없는데도 점유가 인정되는 경우(간접점유, 상속인의 점유)도 있다. 이와 같이 점유의 개념이 사실상의 지배상태와 분리되는 모습을 점유의 관념화라고 한다.

1 점유보조자

제195조 【점유보조자】 가사상, 영업상 기타 유사한 관계에 의하여 타인의 지시를 받아 물건에 대한 사실상의 지배를 하는 때에는 그 타인만을 점유자로 한다.

(1) 의 의

어떤 자가 물건을 사실상 지배하고 있더라도 그 지배가 타인의 지시를 받아서 하는 경우라면 점유자가 되지 못하고 지시를 내리는 점유주(占有主)만이 법률상 점유자로 되는 경우가 있다. 이 때에 물건을 사실상 지배하고 있지만 점유자가 되지 못하는 자를 '점유보조자'라고 한다. 예를 들어 가사도우미, 상점의 점원, 공장의 근로자 등이 이에 해당한다.

(2) 점유보조자의 지위

점유보조자는 점유자가 아니므로 점유권의 효력이 인정되지 않는다. 따라서 점유보조자는 방해자에 대하여 점유보호청구권을 행사할 수 없으며 점유보호청구권의 상대방이 되지도 않는다.

판례

점유보조자는 점유가 없는 자이므로 점유보호청구권 등 권리를 행사할 수 없고 점유보조자가 불법적으로 물건을 지배하는 경우 권리자는 점유자를 상대로 물권적청구를 해야 하며 점유보조자는 청구의 상대방이 될 수 없다(대판 1976.9.28, 76다1588 · 대판 2001.4.27, 2001다13983).

2 간접점유

제194조【간접점유】지상권, 전세권, 질권, 사용대차, 임대차, 임치 기타의 관계로 타인으로 하여금 물건을 점유하게 한 자는 간접으로 점유권이 있다.

(1) 의 의

간접점유란 일정한 법률관계에 기하여 타인을 매개로 하여 물건을 점유하는 것을 말한다. 예를 들어 甲이 乙에게 물건을 매도하여 인도하였다면 甲은 점유를 상실했으며 乙만이 점유자가 된다. 그러나 甲이 乙에게 물건을 임대차 해주었다면 매도나 절취당한 것과는 상황이 달라지게 된다. 즉 임대차에 있어서는 현실적으로 물건을 지배하는 것은 임차인(직접점유자)이지만, 사회통념상 그 물건이 완전히 임대인의 지배로부터 벗어났다고 할 수 없고, 임대인의 이익도 보호할 필요가 있으므로 임대인에게 간접점유권을 인정하는 것이다.

(2) 간접점유자의 지위

① 간접점유자도 점유권을 가진다(제194조). 따라서 간접점유자도 점유보호청구권의 주체가 되며, 상대방이 될 수도 있다. 또한 점유를 요건으로 하는 시효취득도 할 수 있다.

② 직접점유자가 그 점유를 침탈당하거나 방해당하고 있는 경우에 간접점유자는 그 물건을 직접점유자에게 반환할 것을 청구할 수 있고, 직접점유자가 그 물건의 반환을 받을 수 없거나 이를 원하지 아니하는 때에는 자기에게 반환할 것을 청구할 수 있다(제207조).

3 상속인의 점유

점유권은 상속인에게 이전한다(제193조). 따라서 피상속인의 사망으로 상속이 개시되면, 피상속인이 점유하고 있었던 물건은 사실상 지배 없이도 당연히 상속인의 점유가 된다. 상속인이 상속의 개시를 알 것을 요구하지도 않는다. 다만 상속의 특성상 상속인의 점유는 피상속인의 점유와 내용상 동일하고 상속인은 피상속인의 점유의 성질과 하자를 그대로 승계한다.

Thema 28 점유의 종류

1 자주점유와 타주점유

(1) 의 의

'소유의 의사'를 가지고 하는 점유가 자주점유이고, '소유의 의사' 없이 하는 점유가 타주점유이다. 여기서 소유의 의사로 점유한다는 것은, 소유자와 동일하게 지배한다는 의사를 가지고 하는 점유를 의미하는 것이지 소유권을 가지고 있거나 또는 소유권이 있다고 믿고서 하는 점유를 의미하는 것은 아니다(대판 1994.11.9, 94다36438).

(2) 구별기준

점유자의 점유가 소유의 의사가 있는 자주점유인지 아니면 소유의 의사가 없는 타주점유인지의 여부는 점유자의 내심의 의사에 의하여 결정되는 것이 아니라 점유취득의 원인이 된 권원의 성질이나 점유와 관계가 있는 모든 사정에 의하여 외형적·객관적으로 결정되어야 한다(대판 1997.8.21, 95다28625). 예를 들어 목적물을 매수하여 점유하고 있다면 매수인은 당연히 소유의 의사가 있는 자주점유가 된다. 교환이나 증여를 통한 점유도 마찬가지일 것이다. 그런데 임대차계약에 따라 임차인이 목적물을 점유하고 있다면 어떠할까?

상식적으로 생각해보아도 소유의 의사가 없는 타주점유에 해당할 것이다. 따라서 점유권원이 매매, 교환, 증여인 경우에는 자주점유이고, 임대차·전세권설정계약, 분묘기지권, 명의신탁인 경우에는 타주점유가 된다.

핵심용어 Check

◆ 분묘기지권

타인의 토지에 분묘를 설치한 자는 일정한 요건 하에 그 분묘기지에 대하여 지상권에 유사한 관습법상의 물권을 취득한다. 이를 분묘기지권이라고 한다. 분묘기지권은 분묘의 기지 자체뿐만 아니라 그 분묘의 설치목적인 분묘의 수호 및 제사에 필요한 범위 내에서 분묘의 기지 주위의 공지를 포함한 지역에까지 미치는 것이나, 그 부분의 소유권을 취득하는 것이 아니고 이용권을 얻는 것이다.

(3) 자주점유의 추정

권원의 성질상 자주점유인지 타주점유인지 분명하지 않은 때에는 자주점유로 추정된다(제197조 제1항). 따라서 점유자는 스스로 자주점유임을 입증할 필요가 없으며 타주점유를 주장하는 자가 이를 입증하여야 한다.

(4) 자주점유의 타주점유로 전환

부동산을 타인에게 매도하여 그 인도의무를 지고 있는 매도인의 점유는 특별한 사정이 없는 한 그 점유는 타주점유로 변경된다(대판 2004.9.24, 2004다27273). 같은 이유로 경락에 의한 소유권이전등기가 있으면 종전 소유자는 경락인에게 경락부동산을 인도할 의무가 있으므로 종전소유자의 점유는 자주점유에서 타주점유로 전환되며(대판 1968.7.30, 68다523), 매매계약이 해제되었다면 매수인의 점유는 계약해제일로부터 타주점유가 되는 것이다(대판 1972.2.22, 71다2306).

(5) 타주점유의 자주점유로 전환

① 새로운 권원의 취득

상속에 의하여 점유권을 취득한 경우에는 상속인이 새로운 권원에 의하여 자기 고유의 점유를 시작하지 않는 한 피상속인의 점유를 떠나 자기만의 점유를 주장할 수 없고, 선대의 점유가 타주점유인 경우 선대로부터 상속에 의하여 점유를 승계한 자의 점유도 그 성질 내지 태양을 달리하는 것이 아니어서 특단의 사정이 없는 한 그 점유가 자주점유로 될 수 없고, 그 점유가 자주점유가 되기 위하여는 점유자가 소유자에 대하여 소유의 의사가 있는 것을 표시하거나 새로운 권원에 의하여 다시 소유의 의사로써 점유를 시작하여야 한다(대판 2004.9.24, 2004다27273). 상속은 새로운 권원이 될 수 없다.

② **소유의 의사의 표시**

타주점유가 자주점유로 전환되기 위하여는 새로운 권원에 의하여 다시 소유의 의사로 점유하거나 자기에게 점유시킨 자에게 소유의 의사가 있음을 표시하여야 한다.

2 선의점유와 악의점유

점유를 정당하게 하는 권리, 즉 본권(本權)이 없음에도 불구하고 본권이 있다고 오신해서 하는 점유가 선의의 점유이고, 본권이 없음을 알면서 또는 의심을 품으면서 하는 점유는 악의의 점유이다.

Thema 29 점유권의 효력

1 점유의 추정적 효력

(1) 점유의 태양

> **제197조【점유의 태양】** ① 점유자는 소유의 의사로 선의, 평온 및 공연하게 점유한 것으로 추정한다.
> ② 선의의 점유자라도 본권에 관한 소에 패소한 때에는 그 소가 제기된 때로부터 악의의 점유자로 본다.

점유자는 소유의 의사로 선의·평온·공연하게 점유한 것으로 추정한다(제197조 제1항). 그러나 무과실은 추정되지 않으므로 점유자 스스로 무과실을 입증하여야 한다. 또한 선의의 점유자라도 본권에 관한 소에서 패소한 때에는 점유개시 시점이나 패소판결 시점이 아니라 그 소가 제기된 때로부터 악의의 점유자로 본다(제197조 제2항).

(2) 점유계속의 추정

> **제198조【점유계속의 추정】** 전후양시에 점유한 사실이 있는 때에는 그 점유는 계속한 것으로 추정한다.

예를 들어 甲이 1995년 1월 1일부터 2015년 1월 1일까지 토지를 점유하여 취득시효를 주장하려면 점유는 중단 없이 계속되어야 한다. 이때에 20년간 점유가 계속되었음을 일일이 입증할 것이 아니라 전후양시만 입증하면 그 동안의 점유는 계속된 것으로 추정한다.

즉 1995년 1월 1일에 점유한 사실과 2015년 1월 1일에 점유한 사실이 있으면 20년의 점유는 계속된 것으로 추정한다.

(3) 권리의 적법추정

> 제200조 【권리의 적법의 추정】 점유자가 점유물에 대하여 행사하는 권리는 적법하게 보유한 것으로 추정한다.

점유자의 권리적법의 추정에 관한 제200조는 동산의 점유에 한하여 적용되고, 부동산에는 적용되지 않는다. 부동산은 점유가 아닌 등기에 추정력을 부여하기 때문이다. 따라서 부동산의 등기명의인과 점유자가 일치하지 않는 경우에는 점유가 아닌 등기에 권리추정력이 인정된다.

2 점유자와 회복자의 관계

乙이 甲으로부터 물건을 취득하여 점유하여 왔으나 실제 소유자는 甲이 아닌 丙이었던 경우, 丙은 乙에게 물건의 인도를 청구할 수 있다. 이러한 경우에 몇 가지의 문제가 발생하게 되는데 이러한 문제를 다루는 것이 바로 점유자(乙)와 회복자(丙)의 관계이다.

1. 乙은 점유기간 중 목적물을 사용하며 과실을 취득하였는데, 결과적으로 타인의 물건으로부터 권원 없이 과실을 취득한 모습이 된다. 그렇다면 乙은 丙에게 그간의 취득한 과실을 모두 반환해야 하는가? 언제나 모두 반환해야 한다면 乙도 억울할 수 있을 것이다. 따라서 일정한 경우에는 과실취득권을 인정하고자 한다.
2. 乙이 점유하던 도중에 乙의 잘못으로 물건이 멸실·훼손되었다면 소유자인 丙에게 어느 정도의 책임을 져야하는지의 문제가 발생한다(점유자의 회복자에 대한 책임 제202조). 언제나 모든 손해를 배상해야 한다면 자신 소유의 물건이라 믿고 있던 乙에게 가혹할 수 있으므로 이에 대한 책임의 범위가 문제된다.
3. 乙이 목적물을 점유하면서 노후된 부분에 수리비도 쓰고, 목적물의 가치를 높이기 위해 유익비도 지출하였는데 乙이 丙에게 물건을 돌려주어야 한다면 여기에 투여한 필요비와 개량비의 반환청구문제가 발생하게 된다(비용상환청구권 제203조). 비용을 반환받지 못한다면 丙이 오히려 부당하게 이득을 취하는 결과가 되기 때문이다.

(1) 선의점유자의 과실취득

> 제201조【점유자와 과실】① 선의의 점유자는 점유물의 과실을 취득한다.
> ② 악의의 점유자는 수취한 과실을 반환하여야 하며 소비하였거나 과실로 인하여 훼손 또는 수취하지 못한 경우에는 그 과실의 대가를 보상하여야 한다.
> ③ 전항의 규정은 폭력 또는 은비에 의한 점유자에 준용한다.

① 선의의 점유자는 점유물로부터 생긴 과실을 취득할 수 있다. 따라서 선의의 점유자는 비록 법률상 원인 없이 타인의 토지를 점유·사용하고 이로 말미암아 그에게 손해를 입혔다 하더라도 그 점유·사용으로 인한 이득을 그 타인에게 반환할 의무는 없다(대판 1987.9.22, 86다카1996). 선의의 점유자라 함은 과실수취권을 포함하는 권원이 있다고 오신한 점유자를 말하고, 다만 그와 같은 오신을 함에는 오신할만한 정당한 근거가 있어야 한다(대판 2000.3.10, 99다63350).

② 악의의 점유자는 수취한 과실을 반환하여야 할뿐만 아니라, 이미 소비하였거나 과실(過失)로 인하여 훼손 또는 수취하지 못한 과실(果實)의 대가를 보상하여야 한다. 폭력·은비에 의한 점유자는 악의의 점유자와 마찬가지로 다루어지므로 과실취득권이 부인된다(제201조 제2항·제3항).

핵심용어 Check

◆ **과실**
원물(元物)로부터 취득하는 경제적 이익을 말한다. 천연과실과 법정과실이 있다.
1. 천연과실 : 물건의 용법에 의하여 수취하는 산출물을 말한다. 예를 들어 과수의 열매, 동물의 새끼 등이다.
2. 법정과실 : 물건의 사용대가로 받는 금전, 기타의 물건이다. 예를 들어 임대차를 하고 받는 차임, 돈을 빌려주고 받는 이자 등이다.

(2) 점유자의 회복자에 대한 책임

> 제202조【점유자의 회복자에 대한 책임】점유물이 점유자의 책임 있는 사유로 인하여 멸실 또는 훼손한 때에는 악의의 점유자는 그 손해의 전부를 배상하여야 하며 선의의 점유자는 이익이 현존하는 한도에서 배상하여야 한다. 소유의 의사가 없는 점유자는 선의인 경우에도 손해의 전부를 배상하여야 한다.

① 선의점유자의 책임

　㉠ 자주점유자의 경우 : 점유물이 점유자의 책임 있는 사유로 인해 멸실·훼손된 경우에 선의의 점유자는 그 이익이 현존하는 한도에서 배상책임을 진다.

ⓛ 타주점유자의 경우 : 소유의 의사가 없는 점유자는 선의인 경우에도 손해 전부를 배상하여야 한다.

② **악의점유자의 책임** : 악의의 점유자는 자주·타주를 불문하고 회복자에 대하여 손해 전부를 배상할 의무를 부담한다.

핵심 다지기

- 선의점유자 ┬ 자주점유자 – 현존이익의 배상책임
          └ 타주점유자 – 손해전부의 배상책임
- 악의점유자 – 손해전부의 배상책임

선의의 자주점유자란 쉽게 생각하면 매매계약이 유효한 것으로 믿고 목적물을 점유한 자이다. 매매는 권원의 성질상 자주점유이고 또한 이를 믿었다면 선의의 점유자이다. 그렇다면 선의의 자주점유자는 목적물을 자기의 것이라고 생각하던 중에 멸실·훼손되었을텐데 차후에 자신 소유가 아님이 밝혀졌다하여 모든 손해를 배상하라는 것은 너무 가혹하다는 취지이다. 그러나 선의의 타주점유자는 자주점유자와 같이 규율할 수는 없을 것이다. 선의의 타주점유자의 단순한 예를 들면 실제는 그렇지 않으나 임대차 계약이 유효하다고 믿고 점유하는 자이다. 임대차는 권원의 성질상 타주점유에 해당하는데, 아무리 유효하다고 믿었다하더라도 임차인이라면 목적물의 멸실·훼손시에 타인의 물건임을 인식하고 있는 상태였으므로 당연히 모든 손해를 배상하여야 할 것이다.

(3) 점유자의 비용상환청구권

제203조 【점유자의 상환청구권】 ① 점유자가 점유물을 반환할 때에는 회복자에 대하여 점유물을 보존하기 위하여 지출한 금액 기타 필요비의 상환을 청구할 수 있다. 그러나 점유자가 과실을 취득한 경우에는 통상의 필요비는 청구하지 못한다.
② 점유자가 점유물을 개량하기 위하여 지출한 금액 기타 유익비에 관하여는 그 가액의 증가가 현존한 경우에 한하여 회복자의 선택에 좋아 그 지출금액이나 증가액의 상환을 청구할 수 있다.
③ 전항의 경우에 법원은 회복자의 청구에 의하여 상당한 상환기간을 허여할 수 있다.

점유자는 선의·악의에 상관없이 비용상환청구권을 갖는다.

① 필요비상환청구권

필요비는 물건의 보존과 관리에 필요한 비용이다. 보존비·수선유지비·공조공과(세금 등) 등과 같은 통상필요비와 특별필요비(예를 들어 태풍으로 파손된 가옥의 수선비)가 있다. 다만, 선의의 점유자에게는 과실취득권이 인정되므로 이것과의 형평상 점유자가 과실을 취득한 경우에는 통상의 필요비를 청구할 수 없다. 판례도 기계의 점유자가 그 기계장치를 계속 사용함에 따라 마모되거나 손상된 부품을 교체하거나 수리하는 데에 소요된 비용은 통상의 필요비에 해당하고, 그러한 통상의 필요비는 점유자가 과실을 취득하면 회복자로부터 그 상환을 구할 수 없다고 판시한다(대판 1996.7.12, 95다41161).

② 유익비상환청구권

점유자가 점유물을 개량하기 위하여 지출한 금액 기타 유익비(개량비)에 대하여는 그 가액의 증가가 현존한 경우에 한하여 점유물을 반환할 때에 회복자의 선택에 따라 그 지출금액이나 증가액의 상환을 청구할 수 있다. 따라서 금전을 투여했어도 가액의 증가가 없다면 유익비상환청구는 인정되지 않는다. 유익비에 대해서는 법원이 회복자의 청구에 의하여 상당한 상환기간을 허여할 수 있다(제203조 제2항·제3항).

3 점유보호청구권

점유보호청구권이란 점유를 침해당한 경우에 점유자가 침해자에 대하여 그 목적물의 반환, 침해의 배제 또는 손해배상의 담보를 청구하는 권리로서 물권적청구권의 일종으로 점유물반환청구권, 점유물방해제거청구권, 점유물방해예방청구권 세 가지가 있다.

(1) 점유물반환청구권

> **제204조 【점유의 회수】** ① 점유자가 점유의 침탈을 당한 때에는 그 물건의 반환 및 손해의 배상을 청구할 수 있다.
> ② 전항의 청구권은 침탈자의 특별승계인에 대하여는 행사하지 못한다. 그러나 승계인이 악의인 때에는 그러하지 아니하다.
> ③ 제1항의 청구권은 침탈을 당한 날로부터 1년 내에 행사하여야 한다.

① 청구권자

점유의 침탈을 당한 자가 점유물반환청구권의 청구권자이다. 주체는 점유자이며 점유를 하고 있었다면 본권이 있든 없든 상관없으며, 직접점유인지 간접점유인지 묻지 않는다. 주의할 점은 점유를 침탈당한 경우여야 한다. 침탈이란 자신의 의사에 반하여 점유를 상실한 것을 말한다(절취, 강취 등). 따라서 자신이 스스로 교부해주거나 잃어버린 물건(유실물)에 대해서는 점유물반환청구를 할 수 없다. 즉 사기의 의사표시에 의해 건물을 명도해 준 것이라면 건물의 점유를 침탈당한 것이 아니므로 피해자는 점유회수의 소권을 가진다고 할 수 없다(대판 1992.2.25, 91다17443).

② **상대방**

상대방은 점유의 침탈자 및 그의 포괄승계인이다. 다만 침탈자의 선의의 특별승계인에게는 행사할 수 없다(제204조 제2항). 따라서 선의의 특별승계인이 점유를 취득하였다면 후에 악의의 특별승계인에게 점유가 이전되었더라도 그를 상대로 점유물반환을 청구하지 못한다.

③ **행사 내용**

점유자가 점유의 침탈을 당한 때에는 그 물건의 반환 및 손해배상을 청구할 수 있다(제204조 제1항). 여기서 손해배상청구권은 물권적청구권의 내용은 아니며, 침탈자에게 고의·과실이 있고 손해가 발생한 경우에는 점유물반환청구권과 손해배상청구권을 병존적으로 행사할 수 있다.

④ **제척기간**

물건의 반환 및 손해배상은 침탈을 당한 날로부터 1년 이내에 행사하여야 한다(제204조 제3항). 1년이라는 제척기간은 재판 외에서 행사하는 것으로 족한 기간이 아니라 반드시 그 기간 내에 소를 제기하여야 하는 이른바 출소기간으로 해석하는 것이 판례의 입장이다(대판 2002.4.26, 2001다809).

(2) 점유물방해제거청구권

> **제205조【점유의 보유】** ① 점유자가 점유의 방해를 받은 때에는 그 방해의 제거 및 손해의 배상을 청구할 수 있다.
> ② 전항의 청구권은 방해가 종료한 날로부터 1년 내에 행사하여야 한다.
> ③ 공사로 인하여 점유의 방해를 받은 경우에는 공사착수 후 1년을 경과하거나 그 공사가 완성한 때에는 방해의 제거를 청구하지 못한다.

(3) 방해예방청구권

> **제206조【점유의 보전】** ① 점유자가 점유의 방해를 받을 염려가 있는 때에는 그 방해의 예방 또는 손해배상의 담보를 청구할 수 있다.
> ② 공사로 인하여 점유의 방해를 받을 염려가 있는 경우에는 전조 제3항의 규정을 준용한다.

| Thema 30 | 소유권 서론 |

1 소유권의 의의

> **제211조 【소유권의 내용】** 소유자는 법률의 범위 내에서 그 소유물을 사용, 수익, 처분할 권리가 있다.

소유권은 물건에 대한 포괄적인 지배권으로서, 소유자가 법률의 범위 내에서 물건에 대한 자유로운 사용·수익·처분을 내용으로 하는 권리이다. 그 객체는 물건에 한정하며, 법률의 범위 내에서 인정되는 것이지 무제한 허용하는 것은 아니다. 용익물권이 사용가치를 지배하고 담보물권이 교환가치를 지배하는 데 비하여 소유권은 전면적인 가치를 지배하게 된다.

2 토지소유권의 범위

(1) 토지의 소유권은 정당한 이익이 있는 범위 내에서 토지의 상하에 미친다(제212조). 따라서 토지의 지표면뿐만 아니라 정당한 이익이 있는 범위 내에서 지상의 공간이나 지하에도 소유권의 효력이 미친다.

(2) 토지소유권의 범위에 속하는지 여부가 문제되는 경우가 있다.

① **지표면상의 자연석**: 지표면상의 자연석은 토지소유권의 범위에 속한다. 다만 자연석을 조각하여 석불(石佛)로 만든 경우에는 그 석불은 임야와는 독립한 소유권의 대상이 된다고 한다(대판 1970.9.22, 70다1494).

② **광물**: 지중의 광물 중에 광업권의 객체인 것이 있다. 그러한 광물에 대한 권리는 국가가 이를 부여할 권리를 가지며, 이에 대하여는 토지소유권의 효력이 미치지 않는다(광업법 제2조, 제3조).

③ **지하수**: 지하수는 원칙적으로 토지소유권의 범위에 속한다.

④ **온천수**: 근본적으로 온천수는 그것이 용출하는 토지의 구성부분으로서 독립한 물권의 객체는 아니며 토지소유권의 범위에 속한다(대판 1970.5.26, 69다1239).

⑤ **동굴**: 지하에 형성되어 있는 동굴도 그 수직선 내에 속하는 부분은 토지소유권의 범위에 속한다.

Thema 31　소유권의 취득

1　소유권 취득의 원인

소유권의 취득원인으로서 가장 중요한 것은 물론 법률행위이다. 그러나 법률의 규정에 의해서도 소유권은 취득된다. 법률행위에 의한 부동산소유권의 취득에 관하여는 제186조의 '물권변동의 원칙'이 그대로 적용되며, 법률의 규정에 의한 부동산소유권의 취득인 상속·판결·경매·토지수용 등에 대하여는 제187조가 적용된다. 이와 같은 물권변동의 원칙에 의한 소유권의 취득과는 별도로 제245조 내지 제261조에서는 취득시효·선의취득·무주물 선점·습득·발견·부합·혼화·가공 등 소유권의 특수한 취득원인에 대하여 규정하고 있다. 이 가운데 취득시효와 부합(附合)은 부동산과 동산의 소유권의 취득과 관련되고, 나머지는 모두 동산소유권의 취득원인들이다.

2　취득시효

(1) 서 설

① 의 의

취득시효란 물건 또는 권리를 점유하는 사실상태가 일정한 기간 계속되는 경우에 그것이 진실한 권리관계와 일치하는가의 여부를 묻지 않고 권리취득의 효과가 생기는 것으로 하는 제도이다.

② 취득시효가 인정되는 권리

시효취득이 인정되는 권리	시효취득이 인정되지 않는 권리
1. 소유권, 지상권, 질권, 전세권(多)	1. 재산권이 아닌 권리(신분상의 권리: 부양청구권)
2. 계속되고 표현된 지역권	2. 점유를 수반하지 않는 권리(저당권)
3. 광업권, 어업권, 무체재산권	3. 1회적 행사로 소멸하는 형성권(취소권·해제권)
4. 분묘기지권	4. 법률규정에 의해 취득하는 권리(점유권·유치권)
	5. 불계속·비표현의 지역권

(2) 점유취득시효

> **제245조【점유로 인한 부동산소유권의 취득기간】** ① 20년간 소유의 의사로 평온, 공연하게 부동산을 점유하는 자는 등기함으로써 그 소유권을 취득한다.

① 의 의

甲이 乙에게 부동산을 매도하여 乙이 점유하여 왔으나, 실제 소유자가 甲이 아닌 丙으로 밝혀졌다면 등기의 공신력을 인정하지 않는 우리 법제하에서는 乙은 보호될 수 없다. 그렇게 되면 소유의 의사를 가지고 상당한 기간을 점유해온 乙의 사실상태의 평온은 깨지게 된다. 이러한 사실상태의 평온을 유지하기 위한 제도로 취득시효가 존재한다. 즉 乙이 이 부동산을 매수하여 20년간 소유의 의사로 평온, 공연하게 점유를 계속하여 왔다면 등기함으로써 소유권을 취득하고, 만일 등기된 상태라면 일정한 요건을 갖추고 10년간의 점유로써 소유권을 취득할 수 있다(등기부취득시효).

② 점유취득시효의 요건

ㄱ) 평온·공연한 자주점유

 ⓐ 소유의 의사로 평온·공연하게 점유하였어야 한다.

 ⓑ 자주점유라야 한다. 자주점유의 여부는 객관적으로 결정하나, 점유권원에 의해 자주점유인지 타주점유인지 판명되지 아니할 때는 자주점유로 추정되므로 취득시효를 주장하는 자가 스스로 자주점유임을 입증하지 않아도 된다.

ㄴ) 20년간 점유의 계속

평온·공연·점유의 계속도 추정된다. 따라서 취득시효를 주장하는 자는 20년간 점유한 사실만 입증하면 된다. 점유는 간접점유라도 상관없다(대판 1998.2.24, 97다49053). 예를 들어 토지를 임대해 주고 임차인을 통하여 간접점유를 한 경우에도 시효취득 할 수 있다.

ㄷ) 등 기

 ⓐ 등기청구권의 성질

 취득시효 완성을 원인으로 점유자가 소유자에 대하여 가지는 소유권이전등기청구권은 채권적 청구권으로서의 성질을 갖는다(대판 1995.12.5, 95다24241). 따라서 취득시효 완성자는 완성당시의 소유자를 상대로 하여 등기를 청구하여야 한다.

 ⓑ 취득시효 완성 전에 등기명의인이 변경된 경우

 취득시효기간 만료 전에 등기명의를 넘겨받은 시효완성당시의 소유자에 대하여 등기를 청구할 수 있다.

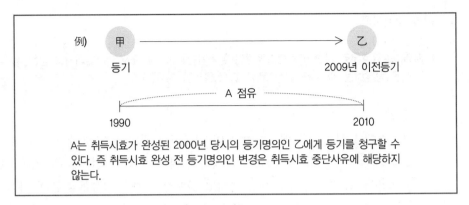

A는 취득시효가 완성된 2000년 당시의 등기명의인 乙에게 등기를 청구할 수 있다. 즉 취득시효 완성 전 등기명의인 변경은 취득시효 중단사유에 해당하지 않는다.

ⓒ 취득시효 완성 후에 등기명의인이 변경된 경우

취득시효완성 후에 소유자가 목적물을 제3자에게 처분한 경우에는 양수인을 상대로 취득시효를 원인으로 하여 소유권이전등기를 청구할 수 없다.

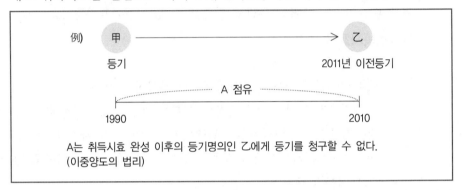

A는 취득시효 완성 이후의 등기명의인 乙에게 등기를 청구할 수 없다. (이중양도의 법리)

㉮ 다만 등기명의인이 변경된 2011년을 새로운 기산점으로 삼을 수 있다는 것이 판례의 입장이다(대판 1994.3.22, 93다46360).

㉯ 시효취득을 주장하는 권리자가 취득시효를 주장하면서 소유권이전등기 청구소송을 제기하여 그에 관한 입증까지 마친 후에 소유자가 부동산을 제3자에게 소유권이전등기를 넘겨줌으로써 취득시효의 완성을 원인으로 한 소유권이전등기의무가 이행불능에 빠졌다면 불법행위를 구성하며, 나아가 부동산을 취득한 제3자가 부동산소유자의 그러한 불법행위에 적극가담하였다면 이는 사회질서에 반하는 행위로써 무효가 된다(대판 1993.2.9, 92다47892).

㉰ 이러한 경우에도 甲과 A 사이에는 계약상의 채권·채무 관계가 없으므로 채무불이행책임은 문제되지 않으며, 다만 등기명의인이 그 부동산의 취득시효 완성사실을 알고 그 부동산을 제3자에게 처분하여 취득시효완성을 원인으로 한 소유권이전등기의무가 이행불능에 빠진 경우 그러한 등기명의인의 처분행위는 시효취득자에 대한 소유권이전등기의무를 면탈하기 위하여 한 것으로서 위법하고, 부동산을 처분한 등기명의인은 이로 인하여 시효취득자가 입은

손해를 배상할 책임이 있다(대판 1999.9.3, 99다20926). ⇨ 취득시효 완성사실
을 알면서 처분한 경우에는 불법행위 손해배상청구 가능

    ㉱ 甲이 乙에게 등기를 이전해준 경우 A가 乙에게 대항할 수 없다고 해서 A가
甲에 가지는 등기청구권이 소멸하는 것은 아니다. 따라서 어떤 사유로 소유권
이 甲에게 복귀되면 A는 甲에게 등기를 청구할 수 있다.

(3) 등기부취득시효

> **제245조【점유로 인한 부동산소유권의 취득기간】** ② 부동산의 소유자로 등기한 자가 10년간 소유
> 의 의사로 평온, 공연하게 선의이며 과실 없이 그 부동산을 점유한 때에는 소유권을 취득한다.

① 10년의 등기 및 점유

    ㉠ 등기부취득시효의 요건으로서의 소유자로 등기한 자라 함은 적법·유효한 등기를
마친 자일 필요는 없고 무효의 등기를 마친 자라도 상관없다(대판 1998.1.20, 96다
48527). 원래 적법·유효한 등기는 취득시효를 주장할 필요가 없으므로 당연한 판시
이다. 다만 무효인 이중보존등기나 이에 터잡은 이전등기를 가지고는 등기부취득시
효를 주장할 수 없다.

판례 🔖

민법 제245조 제2항은 부동산의 소유자로 등기한 자가 10년간 소유의 의사로 평온·공연하
게 선의이며 과실 없이 그 부동산을 점유한 때에는 소유권을 취득한다고 규정하고 있는바,
위 조항의 '등기'는 1부동산 1기록주의에 위배되지 아니한 등기를 말하므로, 어느 부동산에
관하여 등기명의인을 달리하여 소유권보존등기가 2중으로 경료된 경우 먼저 이루어진 소유
권보존등기가 원인무효가 아니어서 뒤에 된 소유권보존등기가 무효로 되는 때에는, 뒤에 된
소유권보존등기나 이에 터잡은 소유권이전등기를 근거로 하여서는 등기부취득시효의 완성
을 주장할 수 없다(대판 1996.10.17, 96다12511).

    ㉡ **등기의 승계문제**

등기와 점유 기간은 10년이어야 한다. 여기서 문제는 점유와 마찬가지로 등기의 승
계가 인정되는가 하는 점이다. 판례는 등기의 승계를 인정하고 있다. 따라서 등기부
취득시효에 의하여 소유권을 취득하는 자는 10년간 반드시 그의 명의로 등기되어
있어야 하는 것은 아니고 앞 사람의 등기까지 아울러 그 기간동안 부동산의 소유자
로 등기되어 있으면 된다고 할 것이다(대판 1989.12.26, 87다카2176).

② **평온 · 공연 · 선의 · 무과실의 자주점유**

점유자의 평온 · 공연 · 선의 · 자주점유는 추정되지만(제197조 제1항), 무과실은 추정되지 않으므로 시효취득을 주장하는 자가 무과실을 입증하여야 한다(대판 1983.10.11, 83다카531). 또한 선의 · 무과실은 등기에 관한 것이 아니고 점유취득에 관한 것을 의미한다(대판 1998.1.20, 96다48527).

(4) 취득시효의 효과

① **등기 전의 효과**

취득시효의 기간이 만료된 경우 등기를 이전하지 않았다면 아직 소유권을 취득한 것이 아니지만 점유할 정당한 권리가 생겼으므로 등기명의인은 완성자에게 소유물반환청구를 행사할 수 없고, 부당이득반환청구권도 행사할 수 없다.

② **등기 후의 효과**

㉠ 취득시효로 인한 권리의 취득은 원시취득이다(통설). 따라서 기존의 제한적 권리는 원칙적으로 모두 소멸하게 된다.

㉡ 취득시효로 인한 소유권 취득의 효력은 점유를 개시한 때로 소급한다(제247조 제1항). 따라서 취득시효기간 동안에 취득한 이익은 정당한 권원에 의한 것이므로 원소유자에 상환할 필요가 없다.

3 첨 부

(1) 의 의

부합, 혼화, 가공의 세 가지를 총칭하는 것으로 소유자가 각기 다른 두 개 이상의 물건이 결합하여 하나의 물건으로 된 때 원상으로 회복하는 것이 불가능하거나 또는 원상회복이 가능하나 사회경제적으로 불이익한 경우에 한해서 한 개의 물건으로서 한 사람에게 소유권을 귀속시키려는 제도이다.

(2) 민법의 규정

① 첨부에 의하여 생긴 물건을 분리하여 원상복구하는 것은 인정되지 않는다.

② 첨부의 결과 소유권을 상실하는 자는 보상을 청구할 수 있다. 권리를 취득한 자는 부당이득반환 문제가 발생한다.

(3) 부 합

> **제256조【부동산에의 부합】** 부동산의 소유자는 그 부동산에 부합한 물건의 소유권을 취득한다. 그러나 타인의 권원에 의하여 부속된 것은 그러하지 아니하다.

① 부동산에의 부합
  ㉠ 요 건
   ⓐ 부합물 : 부합의 주된 물건은 부동산이어야 한다. 그러면 부동산에 부합되는 물건이 동산에 한정되는지가 문제된다. 판례는 부동산도 포함된다고 본다(대판 1991.4.12, 90다11967). 예를 들어 화장실이나 작은 창고와 같은 건물이 주물인 부동산에 부합하는 경우와 같이 부동산도 부합하는 물건이 될 수 있다고 한다.
   ⓑ 부합의 정도 : 부합이라 함은 훼손하지 아니하면 분리할 수 없거나 분리에 과다한 비용을 요하는 경우는 물론 분리하게 되면 경제적 가치를 심히 감소시키는 경우도 포함된다고 한다.
  ㉡ 효 과
   ⓐ 원칙 : 부동산의 소유자가 그의 부동산에 부합한 물건의 소유권을 취득하는 것이므로 부합하는 물건의 가격이 부동산의 가격을 초과하는 경우라도 부동산 소유권에 부합한다.
   ⓑ 예외 : 부합한 물건이 타인의 권원에 의하여 부속된 것인 때에는, 그것은 부속시킨 자의 것으로 된다(제256조 단서). 여기서 권원이라 함은 타인의 부동산에 자기의 물건을 부속시켜 그 부동산을 이용할 수 있는 권리로서, 지상권·전세권·임차권 등을 의미한다. 유의할 점은 권원이 있다하더라도 부속시킨 물건이 독립성이 없다면 부동산에 부합될 뿐 제256조의 단서는 적용되지 않는다.
  ㉢ 관련문제
   ⓐ 건물의 부합
     ㉮ 토지와 건물은 별개의 부동산이므로 건물이 토지에 부합하는 일은 없다. 그런데 건물을 증·개축한 경우에 기존건물과의 부합여부가 문제된다. 원칙적으로 그 증·개축한 부분이 기존건물과 독립된 별개의 건물인 경우에는 부합이 성립되지 않는다. 다만 독립성의 여부는 구조상, 기능상의 독립성 외에 소유자의 의사 등을 종합하여 판단한다.
     ㉯ 부합된 물건은 저당권설정 전에 부합되었는지, 저당권설정 후에 부합되었는지를 불문하고 저당권의 효력이 미친다. 판례도 건물의 증축부분이 기존건물에 부합하여 기존건물과 분리하여서는 별개의 독립물로서의 효용을 갖지 못하는 이상 기존건물에 대한 근저당권은 민법 제358조에 의하여 부합된 증축

부분에도 효력이 미치는 것이므로 기존건물에 대한 경매절차에서 경매목적물로 평가되지 아니하였다고 할지라도 경락인은 부합된 증축부분의 소유권을 취득한다고 한다(대판 1992.12.8, 92다26772).

ⓑ 수목의 부합 : 일반 수목은 토지에 부합되는 것을 원칙으로 한다. 따라서 권한 없이 타인의 토지에 수목을 심은 경우에 그 수목은 토지에 부합한다. 다만 '입목에 관한 법률'에 의해 등기된 입목이나 명인방법에 의한 수목의 경우에는 부합이 성립하지 않는다.

ⓒ 농작물 : 농작물재배의 경우에는 파종시부터 수확까지 불과 수개월밖에 안 걸리고 경작자의 부단한 관리가 필요하며, 그 점유의 귀속이 비교적 명백하다는 것을 이유로 토지소유권에 부합되지 않고 경작자의 소유가 된다고 한다(대판 1970.11.30, 68다1995). 따라서 적법한 경작권 없이 타인의 토지를 경작하였더라도 성숙한 농작물의 소유권은 경작자에게 귀속한다(대판 1979.8.28, 79다784).

② 동산간의 부합

부합한 합성물의 소유권은 주된 동산의 소유자에게 속한다(제257조 전단). 그러나 주종을 구별할 수 없는 때에는 동산의 소유자는 부합 당시의 가액의 비율로 합성물을 공유한다(제257조 후단).

Thema 32 소유권에 기한 물권적 청구권

1 소유물반환청구권

> 제213조 【소유물반환청구권】 소유자는 그 소유에 속한 물건을 점유한 자에 대하여 반환을 청구할 수 있다. 그러나 점유자가 그 물건을 점유할 권리가 있는 때에는 반환을 거부할 수 있다.

(1) 청구권의 당사자

① 청구권의 주체

소유물반환청구권을 행사할 수 있는 주체는 소유자이다. 소유권을 이전한 자는 더 이상 소유물반환청구권의 주체가 될 수 없다. 예를 들어 甲의 토지가 乙에게 침해되고 있는 상태에서 甲이 자신의 토지를 丙에게 매도하였다면 甲은 더 이상 소유자가 아니므로 소유물반환청구권을 행사할 수 없다. 새로운 소유자인 丙만이 그 청구의 주체가 될 수 있을 뿐이다.

② **청구권의 상대방**

　㉠ 직접점유자 · 간접점유자

　　청구권의 상대방은 현재 목적물을 점유하고 있는 자이다. 따라서 점유침탈자라 하더라도 현재 그 물건에 대한 점유를 상실한 때에는 청구의 상대방이 되지 않는다. 다만 간접점유자에게도 반환을 청구할 수 있는지가 문제 되는데, 학설의 대립이 있으나 다수설과 판례는 간접점유자를 상대로 반환을 청구할 수 있다고 본다.

　㉡ 점유보조자

　　점유보조자는 독립된 점유를 가지고 있는 것처럼 보이는 경우라 할지라도 반환청구의 상대방이 되지 않고, 따라서 점유자에 대해서만 반환을 청구할 수 있다. 판례도 회사의 직원 등 점유보조자는 독립한 점유 주체가 아니므로 그에 대한 인도청구는 원칙적으로 허용되지 않는다고 한다(대판 2001.4.27, 2001다13983).

⑵ **점유할 권리의 부존재**

상대방인 점유자가 자기의 점유를 정당하게 하는 권리를 가지고 있지 않아야 한다. 따라서 미등기매수인으로서 점유하고 있는 자 · 취득시효완성 후 점유하고 있는 자 · 임차인 · 전세권자 · 지상권자 · 유치권자 · 동시이행의 항변권을 가지는 자 등은 점유할 권리가 있으므로 소유자는 이들에게 반환을 청구하지 못한다.

⑶ **귀책사유의 불요(不要)**

상대방이 점유를 취득함에 있어서 고의 · 과실이 있었음을 요구하는 것은 아니다. 따라서 타인의 행위에 의한 경우(도둑이 상대방의 집에 물건을 두고 간 경우)나 자연력에 의한 경우(빨래가 바람에 의해 상대방의 마당으로 떨어진 경우)에도 소유물반환청구권이 인정된다. 침해자의 고의 · 과실로 인하여 손해를 입은 경우에는 반환청구와 함께 손해배상을 청구할 수 있다.

2 소유물방해제거청구권 · 소유물방해예방청구권

제214조【소유물방해제거 · 방해예방청구권】 소유자는 소유권을 방해하는 자에 대하여 방해의 제거를 청구할 수 있고 소유권을 방해할 염려 있는 행위를 하는 자에 대하여 그 예방이나 손해배상의 담보를 청구할 수 있다.

민법 · 민사특별법 **207**

Thema 33 공동소유

1 서 설

2인 이상이 한 개의 소유권을 공동으로 소유하는 관계를 '공동소유'라고 한다. 공동소유에는 그 주체 사이의 법률관계 여하에 따라 공유·합유·총유의 세 가지 형태가 있다. 공동소유자 사이에 아무런 인적 결합관계 내지 단체적 통제가 없고, 다만 목적물을 함께 소유하고 있는 개인주의적 공동소유의 형태가 '공유(共有)'이다. 이에 대하여 단체주의적 공동소유인 '총유(總有)'에 있어서는 목적물의 관리·처분권능은 단체에 있으며 단체의 구성원들은 일정한 범위 내에서 사용·수익권능만 가질 뿐이다. 한편 조합의 재산에 대한 '합유(合有)'는 공유와 총유의 중간적 존재로서 구성원(조합원)은 공동목적에 의하여 단체적 통제를 받지만 각자가 지분을 가진다.

1. 공유(개인주의): 지분권 있음. 지분권은 독립된 권리로서 자유롭게 처분 가능
2. 합유(개인주의＋단체주의): 지분권 있음. 처분에 일정한 제한
3. 총유(단체주의): 지분권 없음

2 공 유

(1) 공유의 성질

물건이 지분에 의하여 수인의 소유로 된 때에 이를 공유라고 한다(제262조 제1항). 여기서 공유의 성질에 대해 학설의 대립이 있으나 통설은 각 공유자가 가지는 권리, 즉 '지분'은 하나의 소유권의 분량적 일부분이라는 견해가 통설이다(양적분할설). 따라서 하나의 물건 위에 각자 1개의 소유권을 가지는 것이 아니라 1개의 소유권을 지분비율로 분할하여 가지는 형태가 된다.

(2) 공유의 지분

① 지분의 비율

지분의 비율은 법률의 규정 또는 공유자의 의사표시에 의하여 정해진다. 그러나 그것이 불명한 경우에는 균등한 것으로 추정한다.

② 지분의 내용

지분은 그 성질상 공유물 전부에 미치게 된다.

ⓐ 지분의 처분 · 주장

지분은 하나의 소유권과 같은 성질로서 독립한 권리이기 때문에 그 지분을 자유롭게 처분(양도 · 담보제공 · 포기)할 수 있다. 또한 각 공유자는 단독으로 다른 공유자 및 제3자에게 자신의 지분을 주장할 수 있다.

ⓑ 공유물의 사용 · 수익

공유자는 공유물 전부를 지분의 비율로 사용 · 수익할 수 있다. 즉 각 공유자는 각자 공유물 전부를 사용 · 수익할 수 있는데, 다만 지분비율에 의해 제약을 받는다는 의미이다. 따라서 공유자 간에 특별한 합의가 없는 한 공유자 1인이 공유물 전부를 배타적 · 독점적으로 사용할 수 없는 것이 원칙이다.

③ **지분의 탄력성**

> 제267조 【지분포기 등의 경우의 귀속】 공유자가 그 지분을 포기하거나 상속인 없이 사망한 때에는 그 지분은 다른 공유자에게 각 지분의 비율로 귀속한다.

지분권자가 사망한 경우에 상속인이 있으면 당연히 상속이 되고, 만일에 상속인이 없거나 지분권을 포기하는 경우에는 다른 공유자에게 귀속한다. 귀속되는 모습은 균등하게 귀속되는 것이 아니라 각 지분의 비율로 귀속된다.

(3) 공유자 사이의 관계

① **공유물의 처분 · 변경**

> 제264조 【공유물의 처분, 변경】 공유자는 다른 공유자의 동의 없이 공유물을 처분하거나 변경하지 못한다.

공유지분은 각 공유자의 개별적이며 독립한 권리이므로 자유롭게 처분할 수 있지만 공유물은 각 공유자의 지분의 총합체이므로 전원의 동의가 있어야 처분할 수 있다.

② **공유물의 관리 · 보존**

> 제265조 【공유물의 관리, 보존】 공유물의 관리에 관한 사항은 공유자의 지분의 과반수로써 결정한다. 그러나 보존행위는 각자가 할 수 있다.

ⓐ 보존행위

보존행위란 공유물을 지키고 유지하기 위한 일체의 행위를 말한다. 따라서 공유자라면 지분이 얼마이든지간에 단독으로 보존행위를 할 수 있다. 보존행위는 공유물의 현상을 유지하는 것으로써 공유자 전원의 이익이 되기 때문이다. 따라서 부동산의 공유자의 1인은 당해 부동산에 관하여 제3자 명의로 원인무효의 소유권이전등기가 경료되어 있는 경우 공유물에 관한 보존행위로서 제3자에 대하여 그 등기 전부의 말소를 구할 수 있다(대판 1993.5.11, 92다52870). 다만 공유부동산에 대한 소유명의가 공유자 중의 한 사람 앞으로 되어 있다 하더라도 그 공유자의 지분에 관한 한 실체관계에 부합하는 것이므로 이 부분의 말소등기절차까지를 청구할 수는 없다(대판 1965.4.22, 65다268).

ㄴ 관리행위

공유물의 관리란 처분이나 변경에 이르지 않는 정도의 이용·개량행위를 말한다. 이에 관한 사항은 지분의 과반수로써 결정한다. 즉 공유자 1인이 지분의 과반수를 가지고 있다면 단독으로 관리사항을 결정할 수 있게 된다. 따라서 甲과 乙 중 甲이 3분의 2의 지분을 가지고 있다면 甲이 단독으로 목적물을 임대하는 것도 적법한 관리행위로서 허용된다.

(4) 공유물의 분할

> **제268조【공유물의 분할청구】** ① 공유자는 공유물의 분할을 청구할 수 있다. 그러나 5년 내의 기간으로 분할하지 아니할 것을 약정할 수 있다.
> ② 전항의 계약을 갱신한 때에는 그 기간은 갱신한 날로부터 5년을 넘지 못한다.

① 분할의 자유

원칙적으로 각 공유자는 언제든지 자유롭게 분할을 청구하여 공유관계를 종료시킬 수 있다. 이는 인적결합관계가 없는 공유의 본질상 당연한 것이며, 이러한 점에서 합유·총유와 구분된다. 다만 당사자는 분할금지특약을 할 수 있으며 이 특약은 5년 내의 기간에서만 유효하다. 분할금지특약은 갱신할 수 있으나 갱신한 날로부터 5년을 넘지 못한다(제268조). 공유물이 부동산일 때에는 분할금지특약은 등기하여야 제3자에게 대항할 수 있다.

② 분할의 방법

> **제269조【분할의 방법】** ① 분할의 방법에 관하여 협의가 성립되지 아니한 때에는 공유자는 법원에 그 분할을 청구할 수 있다.
> ② 현물로 분할할 수 없거나 분할로 인하여 현저히 그 가액이 감손될 염려가 있는 때에는 법원은 물건의 경매를 명할 수 있다.

ㄱ 협의에 의한 분할

공유자 중 1인이 분할을 청구하는 때에는 전원이 분할할 의무를 부담하며, 그 방법을 협의하여야 한다. 현물분할, 대금분할, 가격배상 등의 방법이 있으며 협의하에 자유로이 선택할 수 있다.

ⓛ 재판상 분할

ⓐ 재판상 분할은 당사자의 협의가 이루어지지 않았을 때에 이루어진다. 따라서 당사자의 협의가 있었다면 재판상 분할인 형성의 소를 제기하는 것이 아니라 협의에 관한 이행의 소를 제기하여야 한다. 이 소송은 필요적 공동소송이므로 모든 공유자를 피고로 하여 소를 제기하여야 한다.

ⓑ 재판에 의하여 공유물을 분할하는 경우에는 현물로 분할하는 것이 원칙이고, 현물로 분할할 수 없거나 현물로 분할하게 되면 그 가액이 현저히 감손될 염려가 있는 때에 비로소 물건의 경매를 명하여 대금분할을 할 수 있는 것이므로, 위와 같은 사유가 없음에도 경매를 명함은 위법하다(대판 1997.4.22, 95다32662).

ⓒ 공유물분할판결은 형성판결이므로 판결이 확정되면 등기 없이 물권변동의 효력이 생긴다(제187조).

③ **분할의 효과**

㉠ 분할의 결과로써 각 공유자는 단독소유자가 된다.

㉡ 공유물의 분할에는 소급효가 없다. 다만 상속재산의 분할에는 소급효가 있다.

㉢ 공유자는 다른 공유자가 분할로 인하여 취득한 물건에 대하여 그 지분의 비율로 매도인과 동일한 담보책임이 있다(제270조).

Thema 34 용익물권 서설

민법상 타인의 물건을 일정한 범위 내에서 사용·수익하는 것을 내용으로 하는 용익물권에는 지상권·지역권·전세권 3가지가 있다. 이러한 용익물권은 1물 1권주의의 예외로서 물건의 일부에도 설정될 수 있다. 즉 지상권, 지역권은 1필 토지 일부에 설정할 수 있으며 전세권은 1필 토지 또는 1동 건물 일부 위에 설정할 수 있다.

Thema 35 지상권

1 지상권의 의의와 성질

> **제279조 【지상권의 내용】** 지상권자는 타인의 토지에 건물 기타 공작물이나 수목을 소유하기 위하여 그 토지를 사용하는 권리가 있다.

(1) **타인의 토지를 사용하는 물권**

① 지상권을 설정하는 이유는 타인의 토지를 빌려 그 토지 위에 건물을 짓거나 혹은 나무를 심거나 또는 공작물 등을 설치하기 위해서이다. 즉 지상권은 일정한 목적을 위하여 '타인의 토지'를 사용하는 물권이다. 1필 토지의 일부라도 지상권 설정이 가능하다. 또한 지상권은 지표(地表)에 한하지 않고 지상이나 지하에도 그 효력이 미친다.

② 지상권은 토지에 대한 권리이므로 현재 토지 위에 지상물이 없더라도 지상권은 유효하게 성립하며 지상물이 멸실하더라도 지상권이 소멸하는 것은 아니며 그대로 존속한다.

(2) **토지와는 독립된 물권**

지상권은 토지 소유권에 부종하는 권리가 아니며 독립한 권리이다. 따라서 지상권만을 분리 이전하는 것도 가능하다. 같은 용익물권이지만 뒤에 나오는 지역권과 구별되는 점이다.

(3) **지료를 요소로 하지 않는 물권**

토지사용의 대가인 지료의 지급은 지상권의 요소가 아니다. 따라서 무상의 지상권 설정이 가능하며, 이러한 점에서 전세금을 필수요소로 하는 전세권과 구별된다. 지료를 가지고 대항하기 위해서는 지료를 등기하여야 한다.

(4) **직접 토지를 지배하는 권리**

지상권은 물권으로서 토지소유자에 대한 권리가 아니라 직접 그 객체인 토지를 지배하는 권리이다. 따라서 토지소유자의 변경은 지상권에 영향을 미치지 아니한다. 또한 지상권을 양도하거나 토지를 임대할 때에도 토지소유자의 동의를 필요로 하지 않는다.

2 **지상권의 존속기간**

(1) 설정행위로 존속기간을 약정하는 경우

> **제280조 【존속기간을 약정한 지상권】** ① 계약으로 지상권의 존속기간을 정하는 경우에는 그 기간은 다음 연한보다 단축하지 못한다.
> 1. 석조, 석회조, 연와조 또는 이와 유사한 견고한 건물이나 수목의 소유를 목적으로 하는 때에는 30년
> 2. 전호 이외의 건물의 소유를 목적으로 하는 때에는 15년
> 3. 건물 이외의 공작물의 소유를 목적으로 하는 때에는 5년
> ② 전항의 기간보다 단축한 기간을 정한 때에는 전항의 기간까지 연장한다.

① **최단기간**

지상권의 존속기간을 설정행위로써 정하는 경우에 민법은 지상권자를 보호하기 위하여 최단존속기간을 제한하고 있다. 따라서 설정계약에서 위의 최단기간보다 짧게 정한 경우에는 그 약정은 효력이 없으며 최단기간까지 연장되어진다.

② **최장기간**

민법에는 최단기간에 대한 제한만 두고 있을 뿐, 최장기간의 제한규정이 없으므로 지상권을 영구무한으로 설정할 수 있는가에 관하여 논의가 있는데, 판례는 존속기간이 영구인 지상권을 인정할 실제의 필요성도 있음을 이유로 이를 허용하고 있다(대판 2001.5.29, 99다66410).

(2) 설정행위로 존속기간을 정하지 않은 경우

> **제281조 【존속기간을 약정하지 아니한 지상권】** ① 계약으로 지상권의 존속기간을 정하지 아니한 때에는 그 기간은 전조의 최단존속기간으로 한다.
> ② 지상권설정당시에 공작물의 종류와 구조를 정하지 아니한 때에는 지상권은 전조 제2호의 건물의 소유를 목적으로 한 것으로 본다.

존속기간의 정함이 없으면 최단기간으로 하며 설정당시에 공작물의 종류와 구조를 정하지 않은 경우에는 15년으로 한다. 다만 수목의 소유를 목적으로 하는 경우에는 언제나 30년이 된다.

(3) 계약의 갱신

① 지상권자의 갱신청구권과 매수청구권

> **제283조【지상권자의 갱신청구권, 매수청구권】** ① 지상권이 소멸한 경우에 건물 기타 공작물이나 수목이 현존한 때에는 지상권자는 계약의 갱신을 청구할 수 있다.
> ② 지상권설정자가 계약의 갱신을 원하지 아니하는 때에는 지상권자는 상당한 가액으로 전항의 공작물이나 수목의 매수를 청구할 수 있다.

㉠ 갱신청구권 : 지상권이 소멸한 경우에 지상물이 현존하는 경우에는 계약의 갱신을 청구할 수 있다. 지상권이 소멸한 경우로서는 존속기간의 만료로 소멸하는 경우만을 지칭하는 것으로 해석한다. 따라서 지상권자의 지료지체 등으로 소멸한 경우에는 이를 행사할 수 없다. 이는 형성권이 아니므로 지상권설정자는 이를 거절할 수 있으며 갱신계약을 맺음으로써 비로소 갱신의 효과가 발생한다.

㉡ 매수청구권 : 지상권자가 갱신을 청구한 때 지상권설정자는 이를 거절할 수 있다. 그러나 이 경우 지상권자는 상당한 가액으로 지상물을 매수할 것을 청구할 수 있으며 지상권설정자는 이를 거절할 수 없다(제283조 제2항). 결국 지상권자의 갱신청구가 있을 때 지상권설정자는 이에 응하든지 그렇지 않으면 지상물을 매수하든지 둘 중 하나를 택하여야 된다. 매수청구권에 관한 규정은 강행규정이므로 당사자 사이의 건물철거특약은 특별한 사정이 없는 한 무효이다.

② 계약갱신과 존속기간

> **제284조【갱신과 존속기간】** 당사자가 계약을 갱신하는 경우에는 지상권의 존속기간은 갱신한 날로부터 제280조의 최단존속기간보다 단축하지 못한다. 그러나 당사자는 이보다 장기의 기간을 정할 수 있다.

3 지상권의 처분

(1) 지상권의 양도와 임대

> **제282조【지상권의 양도, 임대】** 지상권자는 타인에게 그 권리를 양도하거나 그 권리의 존속기간 내에서 그 토지를 임대할 수 있다.

지상권자는 지상권을 양도할 수 있고 또한 존속기간 내에서 그 토지를 임대할 수 있다(제282조). 지상권의 양도성은 절대적이며, 이는 강행규정으로 양도 또는 임대를 금지하는 특약은 무효이다. 또한 지상권을 저당권의 목적으로 할 수도 있다(제371조 제1항).

(2) 지료관계

지료의 지급은 지상권의 요소는 아니다. 그리고 지료지급의 약정이 있다고 하더라도 지료는 반드시 금전에 한정하지 않으며, 지료액·지급시기 등 지료에 관한 약정은 이를 등기하여야만 제3자에게 대항할 수 있다.

① 지료증감청구권

> **제286조 【지료증감청구권】** 지료가 토지에 관한 조세 기타 부담의 증감이나 지가의 변동으로 인하여 상당하지 아니하게 된 때에는 당사자는 그 증감을 청구할 수 있다.

지료증감청구권은 일종의 형성권이다. 따라서 토지소유자가 증액청구를 하거나 지상권자가 감액청구를 하면 즉시 지료는 증액 또는 감액되고, 지상권자는 그 증액 또는 감액된 지료를 지급할 의무를 지게 된다. 지료증감청구에 다툼이 있으면 법원이 결정하게 되며, 법원이 결정하는 지료의 증감은 결정시부터가 아니라 그 증감청구를 한 때에 소급하여 효력이 생긴다.

② 지료체납의 효과

> **제287조 【지상권소멸청구권】** 지상권자가 2년 이상의 지료를 지급하지 아니한 때에는 지상권설정자는 지상권의 소멸을 청구할 수 있다.

토지의 양수인이 지상권자의 지료 지급이 2년 이상 연체되었음을 이유로 지상권소멸청구를 하는 경우에는 자신에게 체납된 기간이 2년 이상이어야 하며, 종전 소유자에 대한 연체기간의 합산을 주장할 수 없다(대판 2001.3.13, 99다17142).

4 지상권의 소멸

(1) 지상권의 소멸 사유

지상권은 물권의 공통적 소멸사유인 토지의 멸실, 존속기간의 만료, 혼동, 토지수용 등으로 소멸하는 외에도, 지료체납으로 인한 지상권설정자의 소멸청구, 지상권의 포기, 약정소멸사유의 발생 등으로도 소멸한다.

(2) 지상권소멸의 효과

> 제285조【수거의무, 매수청구권】① 지상권이 소멸한 때에는 지상권자는 건물 기타 공작물이나 수목을 수거하여 토지를 원상에 회복하여야 한다.
> ② 전항의 경우에 지상권설정자가 상당한 가액을 제공하여 그 공작물이나 수목의 매수를 청구한 때에는 지상권자는 정당한 이유 없이 이를 거절하지 못한다.

① 지상물수거와 매수청구권

지상권이 소멸하면 지상권자는 건물 기타의 공작물이나 수목을 수거하여 토지를 원상에 회복하여야 한다. 이 경우에 토지소유자가 상당한 가액을 제공하여 공작물이나 수목의 매수를 청구하는 때에는 지상권자는 정당한 이유 없이 이를 거절하지 못한다(제285조).

② 유익비상환청구권

지상권자의 유익비상환청구권에 대한 명문의 규정은 없으나 해석상 이를 인정한다. 즉 지상권자가 유익비를 지출한 경우에는 지상권의 소멸시에 토지소유자의 선택에 따라 지상권자가 그 토지에 지출한 금액 또는 증가액의 상환을 청구할 수 있다. 다만 지상권자는 필요비의 상환을 청구할 수는 없다.

Thema 36 지역권

1 서 설

(1) 의 의

> 제291조【지역권의 내용】지역권자는 일정한 목적을 위하여 타인의 토지를 자기토지의 편익에 이용하는 권리가 있다.

지역권이란 어느 토지의 편익을 위하여 타인의 토지를 이용하는 용익물권의 일종이다. 예를 들어 甲 토지의 소유자가 乙 토지를 통행하거나, 甲 토지의 전망을 위하여 乙 토지상에 건축을 하지 못하게 약정함으로써 甲 토지의 이용가치를 높일 수 있다. 여기서 편익을 제공받는 甲의 토지를 요역지(要役地)라 하고, 편익을 제공하는 乙의 토지를 승역지(承役地)라고 한다.

(2) 지역권의 성질

지역권은 지상권이나 전세권과 같은 용익물권이기는 하지만 다음의 점에서 차이가 있다.

① 비한정적 · 비배타적 · 공용적 성격

지상권이나 전세권은 토지의 사용목적이 법률에 의하여 한정되어 있지만 지역권에서의 토지사용목적은 강행법규에 반하지 않는 한 제한이 없다. 또한 지역권은 배타적인 권리가 아니므로 지역권 행사에 방해가 되지 않는 한 승역지 소유자는 토지를 이용할 수 있다. 즉 공용적 성격을 가진다.

② 부종성

> **제292조 【부종성】** ① 지역권은 요역지소유권에 부종하여 이전하며 또는 요역지에 대한 소유권 이외의 권리의 목적이 된다. 그러나 다른 약정이 있는 때에는 그 약정에 의한다.
> ② 지역권은 요역지와 분리하여 양도하거나 다른 권리의 목적으로 하지 못한다.

ㄱ 수반성

  ⓐ 내용 : 지역권은 토지의 편익을 위하여 존재하는 종된 권리이므로 요역지를 떠나서 독립하여 존재할 수 없다. 따라서 지역권은 요역지의 소유권이 이전되면 당연히 함께 이전한다. 지역권이전 합의가 별도로 필요한 것이 아니고 법률규정에 의하여 당연히 이전하게 된다. 따라서 요역지 소유권이전등기가 있으면 별도의 등기 없이 지역권이전의 효력이 생긴다(제187조).

  ⓑ 배제 특약 : 지역권의 수반성은 당사자가 특약으로 배제할 수 있다(제292조 제1항 단서). 예를 들어 현재의 요역지 소유자에 한해서만 지역권을 인정하기로 약정하였다면 요역지의 소유권이 이전되어도 승계인은 지역권을 취득할 수 없게 된다. 이 경우에 요역지 없는 지역권은 존재가치가 없으므로 지역권은 당연히 소멸하게 된다.

ㄴ 부종성

지역권은 요역지에 종된 권리이기 때문에, 요역지와 분리하여 지역권만을 따로 양도하거나 다른 권리의 목적으로 하지 못한다.

(3) 대가와 존속기간

민법은 대가와 존속기간에 대해서는 아무런 규정도 두고 있지 않다. 존속기간에 대해서 소유권을 제한하는 정도가 낮다는 것을 이유로 판례는 영구무한의 지역권을 인정하고 있다(대판 1980.1.29, 79다1704). 또한 지료는 요소가 아니므로 무상의 지역권이 인정된다.

2 지역권의 취득

(1) 일반적 취득사유

① 지역권은 설정계약과 등기에 의하여 취득하는 것이 일반적이다. 그 밖에 유언·상속·양도 등에 의해서도 취득된다.

② 요역지는 1필의 토지이어야 하며 토지의 일부에 대해서는 설정할 수 없다. 다만 승역지는 1필의 토지의 일부라도 상관없다.

(2) 시효에 의한 취득

> 제294조 【지역권취득기간】 지역권은 계속되고 표현된 것에 한하여 제245조의 규정을 준용한다.

지역권은 계속되고 표현된 것에 한하여 취득시효의 대상이 된다. 따라서 불계속·비표현의 지역권은 시효취득을 할 수 없다. 취득시효의 기간이 만료된 경우에는 등기를 함으로써 지역권을 취득한다. 따라서 지역권의 시효취득 기간이 경과한 후 등기 전에 토지소유자가 토지를 매도하여 타인에게 이전된 경우 시효취득자는 토지 매수인에게 지역권을 주장할 수 없다(대판 1990.10.30, 90다카20395).

3 지역권의 소멸

(1) 소멸사유

지역권은 요역지 또는 승역지의 멸실, 존속기간의 만료, 지역권자의 포기, 소멸시효, 혼동, 약정소멸사유의 발생, 승역지의 시효취득, 승역지 소유자의 위기(委棄) 등으로 소멸한다.

(2) 승역지의 시효취득에 의한 소멸

승역지가 제3자에 의하여 시효취득되는 경우에는 그것은 원시취득이기 때문에 그 위에 존재한 지역권이 소멸되는 것이 원칙이다. 그러나 승역지를 시효취득하는 자가 지역권의 부담이 있는 상태로 승역지를 점유한 때에는 지역권의 제한을 받는 소유권을 취득하게 되므로 지역권은 소멸하지 않는다.

핵심용어 **Check**

◆ **위기(委棄)**
위기란 토지소유권을 지역권자에게 이전한다는 일방적 의사표시를 말한다. 예를 들어 甲이 乙의 토지 일부를 통행할 수 있는 통행지역권을 설정하였는데, 乙이 甲에게 지역권이 설정된 그 부분의 소유권을 일방적으로 이전하는 것을 말한다. 위기에 의하여 지역권은 혼동으로 소멸한다.

Thema 37	전세권

1 서 설

(1) 의 의

> **제303조 【전세권의 내용】** ① 전세권자는 전세금을 지급하고 타인의 부동산을 점유하여 그 부동산의 용도에 좇아 사용·수익하며, 그 부동산 전부에 대하여 후순위권리자 기타 채권자보다 전세금의 우선변제를 받을 권리가 있다.
> ② 농경지는 전세권의 목적으로 하지 못한다.

전세권은 전세금을 지급하고 타인의 부동산을 그의 용도에 따라 사용·수익하는 용익물권이며, 이와 동시에 전세권이 소멸하면 목적부동산으로부터 전세금의 우선변제를 받을 수 있는 담보적 효력까지 인정되는 물권이다. 즉 전세권은 용익물권이면서 담보물권으로서의 성질도 함께 가지고 있는 특수한 물권인 것이다.

(2) 법적성질

① 타물권

㉠ 목적물
전세권은 타인의 부동산을 목적으로 하는 제한물권이다. 즉 목적물은 타인의 부동산이다. 다만 농경지는 전세권의 목적으로 할 수 없다.

㉡ 부동산 일부에 설정 가능한 물권
전세권의 객체인 부동산은 1필의 토지 또는 1동의 건물 전부일 필요는 없으며 1필의 토지의 일부 또는 1동의 건물의 일부라도 상관없다. 다만 전세권의 목적이 부동산의 일부인 때에는 등기신청에 그 도면을 첨부하여야 한다.

② 용익물권
전세권은 목적부동산을 점유하여 그 부동산의 용도에 좇아 사용·수익하는 용익물권이다.

③ 담보물권

㉠ 전세권자는 그 부동산 전부에 관하여 후순위권리자 기타 채권자보다 전세금의 우선변제를 받을 권리가 있다. 즉 전세권은 담보물권의 성질을 가지기 때문에 경매를 청구할 수 있으며(제318조) 우선변제를 받을 권리가 인정된다.

㉡ 담보물권의 통유성(공통적인 성질)
ⓐ 부종성 : 전세권은 전세금채권가 운명을 함께 한다. 즉 전세금채권이 소멸하면 전세권도 소멸한다.

ⓑ 수반성: 전세금에 대한 권리가 양도되면 전세권도 승계된다.

ⓒ 불가분성: 전세금이 완전히 변제되기 전까지는 목적물 전부에 대하여 효력이 있다.

ⓓ 물상대위성: 전세권의 효력은 본래의 목적물뿐만 아니라 그 목적물의 가치변형물 위에도 미친다.

ⓒ 전세금반환청구권의 분리양도 가능여부

전세금반환채권은 전세권과 함께 양도하는 것이 원칙이나 예외적으로 전세금반환채권만을 양도하는 것도 인정될 수 있다는 것이 판례의 입장이다.

---

2 전세권의 취득과 존속기간

(1) 전세권의 취득

전세권 설정계약과 전세권 설정등기를 함으로써 전세권을 취득한다. 또한 전세권의 양도나 상속 등에 의해서도 취득될 수 있다.

① 전세금의 지급

전세금의 지급은 전세권의 요소이다. 다만 반드시 현실로 수수될 필요는 없으며 기존의 채권으로 갈음할 수 있다. 전세금은 등기하여야 하며 등기된 전세금은 제3자에게 대항할 수 있다.

② 목적물의 인도 - 요소가 아님

전세권이 용익물권적 성격과 담보물권적 성격을 겸비하고 있다는 점 및 목적물의 인도는 전세권의 성립요건이 아닌 점 등에 비추어 볼 때, 당사자가 주로 채권담보의 목적으로 전세권을 설정하였고, 그 설정과 동시에 목적물을 인도하지 아니한 경우라 하더라도, 장차 전세권자가 목적물을 사용·수익하는 것을 완전히 배제하는 것이 아니라면, 그 전세권의 효력을 부인할 수는 없다(대판 1995.2.10, 94다18508).

(2) 전세권의 존속기간

① 존속기간의 약정이 있는 경우

> 제312조 【전세권의 존속기간】 ① 전세권의 존속기간은 10년을 넘지 못한다. 당사자의 약정기간이 10년을 넘는 때에는 이를 10년으로 단축한다.
> ② 건물에 대한 전세권의 존속기간을 1년 미만으로 정한 때에는 이를 1년으로 한다.
> ③ 전세권의 설정은 이를 갱신할 수 있다. 그 기간은 갱신한 날로부터 10년을 넘지 못한다.

④ 건물의 전세권설정자가 전세권의 존속기간 만료 전 6월부터 1월까지 사이에 전세권자에 대하여 갱신거절의 통지 또는 조건을 변경하지 아니하면 갱신하지 아니한다는 뜻의 통지를 하지 아니한 경우에는 그 기간이 만료된 때에 전전세권과 동일한 조건으로 다시 전세권을 설정한 것으로 본다. 이 경우 전세권의 존속기간은 그 정함이 없는 것으로 본다.

⑦ 최장기간의 제한

전세권의 존속기간은 10년을 넘지 못하며, 당사자의 약정기간이 10년을 넘는 때에는 10년으로 단축된다.

ⓛ 최단기간의 제한 − 건물전세권에만 적용

건물에 대한 전세권의 존속기간을 1년 미만으로 정한 때에는 이를 1년으로 한다.

ⓒ 법정갱신 − 건물전세권에만 인정

건물의 전세권설정자가 전세권의 존속기간 만료 전 6월부터 1월까지 사이에 전세권자에 대하여 갱신거절의 통지 또는 조건을 변경하지 아니하면 갱신하지 아니한다는 뜻의 통지를 하지 아니한 경우에는 그 기간이 만료된 때에 전에 설정된 전세권과 동일한 조건으로 다시 전세권을 설정한 것으로 본다. 법정갱신의 경우에는 등기가 없더라도 효력이 발생하며, 등기 없이도 제3자에게 대항할 수 있다(제187조).

다만 법정갱신이 되면 기간은 정함이 없는 것으로 된다. 따라서 각 당사자는 언제든지 상대방에 대하여 전세권의 소멸을 통고할 수 있고 상대방이 이 통고를 받은 날로부터 6월이 경과하면 전세권은 소멸한다(제313조).

② 존속기간의 약정이 없는 경우

제313조【전세권의 소멸통고】전세권의 존속기간을 약정하지 아니한 때에는 각 당사자는 언제든지 상대방에 대하여 전세권의 소멸을 통고할 수 있고 상대방이 이 통고를 받은 날로부터 6월이 경과하면 전세권은 소멸한다.

▌3▐ 전세권의 효력

(1) 전세권의 효력이 미치는 범위(인적 범위)

전세권이 성립된 후 전세권은 전세권자와 목적물의 소유권을 취득한 신 소유자 사이에서 계속 동일한 내용으로 존속하게 된다고 보아야 할 것이고, 따라서 목적물의 신 소유자는 구 소유자와 전세권자 사이에 성립한 전세권의 내용에 따른 권리의무의 직접적인 당사자가 되어 전세권이 소멸하는 때에 전세권자에 대하여 전세권설정자의 지위에서 전세금반환의무를 부담하게 되고, 구 소유자는 전세권설정자의 지위를 상실하여 전세금반환의무를 면하게 된다고 보아야 한다(대판 2000.6.9, 99다15122). 예를 들어 소유자 甲이 乙에게 전세권을 설정한 후에 목적물을 丙에게 매도하여 소유권을 이전하였다면 전세권자 乙은 丙에게만 전세권의 효력을 주장할 수 있고 甲은 그 책임을 면하게 된다.

(2) 전세권자의 권리·의무

① 사용·수익권

전세권자는 부동산을 점유하며 그 부동산의 용도에 좇아 사용·수익할 권리를 가진다(제303조 제1항). 전세권자가 용도에 위반한 사용·수익을 하는 경우 전세권설정자는 전세권의 소멸을 청구할 수 있으며, 이 경우에 전세권설정자는 전세권자에 대하여 원상회복 또는 손해배상을 청구할 수 있다(제311조).

② 전세권자의 유지·수선의무

> 제309조【전세권자의 유지, 수선의무】전세권자는 목적물의 현상을 유지하고 그 통상의 관리에 속한 수선을 하여야 한다.

전세권설정자는 소극적인 인용의무만 부담할 뿐이고, 목적부동산을 사용수익에 적합한 상태에 둘 적극적인 의무는 부담하지 않는다. 따라서 전세권자가 통상적인 관리 및 유지를 위하여 필요비를 지출한 경우에도 그 비용의 상환을 청구할 수 없다. 다만 유익비의 상환은 청구할 수 있다(제310조 제1항).

③ 경매청구권과 우선변제권

전세권설정자가 전세금의 반환을 지체한 때에는 전세권자는 민사집행법이 정하는 바에 의하여 목적부동산의 경매를 청구할 수 있고(제318조), 부동산 전부에 대하여 후순위권리자 기타 채권자보다 전세금의 우선변제를 받을 권리가 있다(제303조 제1항).

(3) 전세권의 처분

① 처분의 자유와 제한

> 제306조【전세권의 양도, 임대 등】전세권자는 전세권을 타인에게 양도 또는 담보로 제공할 수 있고 그 존속기간 내에서 그 목적물을 타인에게 전전세 또는 임대할 수 있다. 그러나 설정행위로 이를 금지한 때에는 그러하지 아니하다.

전세권은 물권이므로 양도성을 갖는다. 따라서 전세권설정자의 동의 없이도 유효하게 전세권을 처분할 수 있다. 다만 당사자는 설정행위로써 처분금지특약을 할 수 있고, 이를 등기하면 제3자에게 대항할 수 있다. 지상권의 양도성이 절대적이라는 점과 비교된다.

② 전세권의 양도

> **제307조【전세권양도의 효력】** 전세권양수인은 전세권설정자에 대하여 전세권양도인과 동일한 권리의무가 있다.

전세권의 양도는 부동산물권변동의 일반원칙에 따른다. 즉 전세권의 양도 합의와 전세권이전등기에 의해 전세권은 양도된다. 또한 양수인은 전세권설정자에 대하여 양도인과 동일한 권리·의무를 가지게 되므로 전세권설정자는 양수인에 대해 전세금반환의무를 지게 된다.

③ **전전세**(轉傳貰)

ⓐ 의의: 전전세란 기존의 전세권은 그대로 존속하면서 그 전세권을 목적으로 하는 전세권을 다시 설정하는 것을 말한다.

ⓑ 요 건

ⓐ 전전세권의 당사자가 되는 것은 전세권자와 전전세권자이며, 전세권설정자는 당사자가 아니다. 전전세권도 하나의 전세권이므로 부동산물권변동의 일반원칙에 따라 물권적 합의와 등기를 해야 한다. 전전세권의 설정에 전세권설정자의 동의는 필요치 않다. 또한 전전세권자는 원전세권설정자에 대하여 직접 의무를 부담하지 않는다.

ⓑ 전전세권의 존속기간은 전세권의 존속기간 내이어야 하며 전전세금은 전세금의 한도를 넘지 못한다.

ⓒ 효 과

ⓐ 전전세권이 설정되더라도 전세권은 소멸하지 않는다.

ⓑ 전세권이 소멸하면 전전세권도 소멸한다.

ⓒ 책임의 가중: 전세권의 목적물을 전전세 또는 임대한 경우에는 전세권자는 전전세 또는 임대하지 아니하였으면 면할 수 있는 불가항력으로 인한 손해에 대하여 그 책임을 부담한다(제308조).

ⓓ 전전세권자의 경매권: 원전세권자가 전전세금의 반환을 지체한 때에는 전전세권자도 경매권을 행사할 수 있다. 그러나 전전세권자의 경매권은 전세권자의 경매권을 기초로 하므로 일정한 제한이 있다. 우선 전전세권의 존속기간이 원전세권보다 먼저 만료하더라도 원전세권의 존속기간이 만료하기 전에는 전전세권자는 경매권을 행사할 수 없다. 또한 원전세권설정자가 원전세권자에게 전세금의 반환을 지체한 경우에 한하여 전전세권자는 경매를 청구할 수 있다.

4 전세권의 소멸

(1) 소멸사유

① 물권에 공통되는 소멸사유

전세권은 물권에 공통되는 소멸원인인 목적부동산의 멸실, 존속기간의 만료, 혼동, 소멸시효, 전세권에 우선하는 저당권의 실행에 의한 경매, 토지수용 등으로 소멸한다.

② 전세권에 특유한 소멸사유

㉠ 전세권설정자의 소멸청구 : 전세권자가 전세권 설정계약 또는 그 목적물의 성질에 의하여 정하여진 용법으로 이를 사용, 수익하지 아니한 경우에는 전세권설정자는 전세권의 소멸을 청구할 수 있다(제311조).

㉡ 전세권의 소멸통고 : 전세권의 존속기간을 약정하지 아니한 때에는 각 당사자는 언제든지 상대방에 대하여 전세권의 소멸을 통고할 수 있고 상대방이 이 통고를 받은 날로부터 6월이 경과하면 전세권은 소멸한다(제313조).

㉢ 목적물의 멸실

ⓐ 불가항력으로 인한 멸실

---

1. 전부의 멸실
   목적물의 전부가 불가항력으로 멸실한 때에는 전세권은 소멸하고 전세권자는 전세금의 반환을 청구할 수 있다.
2. 일부의 멸실
   멸실된 부분의 전세권은 소멸하고 잔존부분에 전세권이 존속하며 멸실부분에 해당하는 만큼의 전세금은 감액된다. 다만 목적을 달성할 수 없는 경우에 전세권자는 전세권설정자에 대하여 전세권 전부의 소멸을 통고하고 전세금의 반환을 청구할 수 있다(제314조 제2항).

ⓑ 전세권자의 귀책사유로 인한 멸실

목적물의 전부 또는 일부가 전세권자의 귀책사유로 멸실한 때에는 전세권자는 손해를 배상할 책임을 진다. 전세권설정자는 전세권이 소멸된 후 전세금으로써 손해의 배상에 충당하고 잉여가 있으면 반환하여야 하며 부족이 있으면 다시 청구할 수 있다.

(2) 전세권 소멸의 효과

전세권이 소멸하면 전세권설정자는 전세금을 반환하여야 하고, 전세권자는 목적물의 인도와 말소에 필요한 등기서류 등을 교부하여야 한다.

① 동시이행관계

> **제317조【전세권의 소멸과 동시이행】** 전세권이 소멸한 때에는 전세권설정자는 전세권자로부터 그 목적물의 인도 및 전세권설정등기의 말소등기에 필요한 서류의 교부를 받는 동시에 전세금을 반환하여야 한다.

② 경매청구권 및 우선변제권

> **제318조【전세권자의 경매청구권】** 전세권설정자가 전세금의 반환을 지체한 때에는 전세권자는 민사집행법의 정한 바에 의하여 전세권의 목적물의 경매를 청구할 수 있다.

전세권은 담보물권의 성질이 있으므로 전세권설정자가 전세금의 반환을 지체한 때에는 전세권자는 민사집행법이 정하는 바에 의하여 목적부동산의 경매를 청구할 수 있고, 부동산 전부에 대하여 후순위권리자 기타 채권자보다 전세금의 우선변제를 받을 권리가 있다.

ㄱ 우선변제권

일반채권자에 대하여는 언제나 우선하는 것이 원칙이나 저당권과의 관계는 경우를 나누어 볼 필요가 있다.

ⓐ 선순위 전세권과 후순위 저당권의 관계

전세권자가 경매를 신청하면 모두 소멸하고 배당순위는 설정순위에 의해서 전세권이 우선한다. 그러나 후순위 저당권자가 경매를 신청한 경우에는 전세권은 소멸하지 않는 것을 원칙으로 한다. 다만 전세권자가 배당을 요구하면 소멸되고, 이 때에는 설정 순위에 따라 전세권자가 먼저 변제를 받는다.

ⓑ 후순위 전세권과 선순위 저당권의 관계

누가 경매를 신청하든 양자 모두 소멸하고, 배당은 설정선후에 따라 저당권자가 먼저 받는다.

ㄴ 일부전세권의 문제

건물 일부의 전세권자는 목적물 전부에 대하여 우선변제권은 인정되어도 전부에 대한 경매신청권은 인정할 수 없다.

(3) 원상회복 · 부속물수거권 · 부속물매수청구권

> **제316조【원상회복의무, 매수청구권】** ① 전세권이 그 존속기간의 만료로 인하여 소멸한 때에는 전세권자는 그 목적물을 원상에 회복하여야 하며 그 목적물에 부속시킨 물건은 수거할 수 있다. 그러나 전세권설정자가 그 부속물건의 매수를 청구한 때에는 전세권자는 정당한 이유 없이 거절하지 못한다.
> ② 전항의 경우에 그 부속물건이 전세권설정자의 동의를 얻어 부속시킨 것인 때에는 전세권자는 전세권설정자에 대하여 그 부속물건의 매수를 청구할 수 있다. 그 부속물건이 전세권설정자로부터 매수한 것인 때에도 같다.

① **전세권설정자의 매수청구권**

전세권의 목적부동산에 부속시킨 물건을 수거하면 일반적으로 그 가치가 감소하게 된다. 따라서 민법은 전세권이 소멸한 경우 전세권설정자가 그 부속물건의 매수를 청구한 때에는 전세권자는 정당한 이유 없이 거절하지 못하도록 하고 있다.

② **전세권자의 매수청구권**

전세권이 소멸한 경우 그 부속물건이 전세권설정자의 동의를 얻어 부속시킨 것인 때와 전세권설정자로부터 매수한 것인 때에는 전세권자는 전세권설정자에 대하여 그 부속물건의 매수를 청구할 수 있다. 이러한 매수청구권들은 형성권에 해당한다.

(4) 유익비상환청구권

전세권자는 목적물의 현상을 유지하고 그 통상의 관리에 속한 수선을 하여야 할 의무가 있으므로(제309조), 필요비의 상환을 청구할 수는 없다. 그러나 유익비에 관하여는 그 가액의 증가가 현존하는 경우에 한하여, 전세권설정자의 선택에 따라 그 지출액이나 증가액의 상환을 청구할 수 있다. 이 경우 법원은 설정자의 청구에 의하여 상당한 상환기간을 허여할 수 있다(제310조).

Thema 38 담보물권 서설

1 의 의

채무자가 변제기에 이행하지 않을 경우, 채권자는 채무자의 일반재산에 대하여 강제집행을 함으로써 변제를 받는 것이 원칙이다. 그런데 채무자의 재산은 증감변동하는 것이고 고정되어 있는 것이 아니므로 자신의 채권의 변제에 대한 불안감이 생길 수밖에 없게 된다. 그래서 그 채무에 대한 보증을 요구하여 연대보증을 서는 경우가 있으며(인적보증),

저당권 등처럼 사람이 아닌 물건자체로 채권을 담보하는 경우(물적보증)를 흔히 보게 된다. 우리가 이 테마에서 보고자하는 것은 채무자 또는 제3자 소유의 물건에 대해 교환가치 파악을 목적으로 설정하는 물적담보제도이다. 물적담보는 그 물건의 가치가 급격히 떨어지지 않는 이상 가장 확실한 채권담보제도이다.

2 담보물권의 통유성

(1) 부종성

담보물권이 피담보채권에 의존하는 성질을 말한다. 담보물권은 채권의 담보를 목적으로 하는 권리이므로 담보되어야 할 채권, 즉 피담보채권 없이 단독으로 존재할 수 없음이 원칙이다. 채권이 성립하지 않으면 담보물권도 성립하지 않고, 채권이 소멸하면 담보물권도 당연히 소멸하는 것이 원칙이다. 단순히 말하자면 받을 돈이 없으면 담보물권도 당연히 소멸한다는 의미이다.

(2) 수반성

피담보채권이 그 동일성을 유지하면서 이전하게 되면 담보물권도 역시 그에 따라 이전하는 성질을 말한다.

(3) 불가분성

담보물권을 가진 자는 피담보채권의 전부를 변제받을 때까지 목적물의 전부에 관하여 담보물권을 행사할 수 있다. 즉 채권의 일부가 변제되었다 하더라도 일부가 남아 있는 이상 목적물의 전부에 담보물권의 효력이 미친다.

(4) 물상대위성

담보물권의 목적물이 멸실·훼손·공용징수 되어 그 목적물에 갈음하는 금전 기타의 물건으로 변한 경우에, 담보물권이 목적물의 가치변형물 위에 존속하는 성질을 말한다. 예를 들어 저당권이 설정된 목적물이 화재로 소실되어 화재보험청구권이 발생한다면, 화재보험청구권을 지급 전에 압류하여 우선변제의 목적을 달성할 수 있다. 다만 담보물이 매각 또는 임차된 경우에는 담보물권이 그 목적물 위에 여전히 존속하므로 그 매각대금이나 차임에 대해서는 물상대위가 인정될 수 없다. 다만 담보물권 중 우선변제권이 없는 유치권에 대해서는 물상대위성이 인정되지 않는다.

Thema 39 | 유치권

1 유치권의 의의와 성질

(1) 의의

유치권은 타인의 물건 또는 유가증권을 점유하는 자가 그 물건이나 유가증권에 관하여 생긴 채권이 변제기에 있는 경우에, 변제를 받을 때까지 그 물건 또는 유가증권을 유치하여 채무이행을 간접적으로 강제하는 법정담보물권이다. 예를 들어, 甲이 乙에게 자신 소유의 건물의 인테리어 공사를 맡겨서 乙이 공사를 완료하였으나 甲이 공사비를 주지 않는다면 乙은 공사비를 모두 변제 받을 때까지 그 공사한 목적물을 유치하여 인도를 거절할 수 있는 권리이다.

(2) 법적성질

유치권은 일정한 요건을 갖추게 되는 때에는 법률상 당연히 성립하는 법정담보물권이다. 후술하는 저당권 또는 질권은 당사자가 계약(합의)으로써 성립하는 담보물권이지만(약정담보물권), 유치권은 당사자의 합의와 상관없이 법률이 규정하는 일정한 요건을 갖추면 당연히 인정되는 법정담보물권이라는 점에서 차이가 있다.

2 유치권의 성립요건

> 제320조【유치권의 내용】① 타인의 물건 또는 유가증권을 점유한 자는 그 물건이나 유가증권에 관하여 생긴 채권이 변제기에 있는 경우에는 변제를 받을 때까지 그 물건 또는 유가증권을 유치할 권리가 있다.
> ② 전항의 규정은 그 점유가 불법행위로 인한 경우에 적용하지 아니한다.

(1) 유치권의 목적물

① 유치권의 목적이 될 수 있는 것은 동산·부동산 또는 유가증권이다. 유치권의 성립에 있어서 부동산유치권이라 하더라도 등기를 요하지 않는다.

② 타인의 물건이어야 한다. 타인의 물건이라면 목적물은 채무자 소유뿐만 아니라 제3자의 소유에 속한 것이라도 상관없다. 따라서 자기 물건에 대한 유치권은 인정되지 않는다.

③ 수급인의 재료와 노력으로 건축되었다면 수급인 소유이므로 유치권이 성립하지 않는다.

④ 사회통념상 독립한 건물이라고 볼 수 없는 정착물은 토지의 부합물에 불과하여 유치권 행사할 수 없고 토지에 대하여 유치권 행사할 수 없다.

(2) 견련관계

① 채권과 목적물의 견련관계

채권이 유치권의 목적물에 관하여 생긴 것이어야 한다. 즉 채권과 목적물 사이에 견련성이 있어야 하며 견련성이 인정되지 않는 물건에 대한 유치권은 인정될 수 없다. 통설은 견련성이 인정되는 모습으로 다음 두 가지를 들고 있다.

㉠ 채권이 목적물 자체로부터 발생한 경우

예를 들어 목적물에 지출한 비용상환청구권, 목적물로부터 받은 손해배상청구권, 수급인이 목적물에 들인 공사금채권 등은 목적물 그 자체로부터 발생한 것으로서 견련성이 인정된다.

📑 유치권이 인정되지 않는 경우

> 1. 임차보증금반환청구권(대판 1960.9.29, 4292민상229)
> 2. 권리금 반환을 약정한 경우 권리금반환청구권(대판 1994.10.14, 93다62119)
> 3. 임대인의 의무위반으로 인한 손해배상채권(대판 1976.5.11, 75다1305)
> 4. 지상물매수, 부속물매수를 위한 대금채권의 경우에도 부정(대판 1977.12.13, 77다115)

㉡ 채권이 목적물의 반환청구권과 동일한 법률관계 또는 동일한 사실관계로부터 발생한 경우

매매계약이 취소된 경우에 부당이득에 의한 매매대금의 반환청구권과 목적물의 반환의무는 매매계약의 취소라는 동일한 법률관계에서 생긴 것이므로 서로 견련관계를 가지게 되며, 매수인은 목적물에 대해 유치권을 행사하게 된다. 또한 동일한 사실관계, 예를 들어 우연히 서로 신발이나 우산을 바꾸어 간 경우처럼 동일한 사실관계로부터 생긴 상호간의 반환청구권 사이에도 견련관계가 있는 것으로 본다.

② 채권과 목적물의 점유와 견련관계

판례는 채권과의 견련성이 요구되는 것은 목적물이며 목적물의 점유와의 견련성은 요구되지 않는다고 한다. 따라서 유치권이 인정되기 위한 채권은 점유 중에 발생한 채권에 한정하지 않으며, 채권이 먼저 발생하고 후에 점유를 취득한 경우에도 유치권은 성립한다.

(3) 채권 변제기의 도래

채권의 변제기가 도래하여야 한다(제320조 제1항). 만일 변제기가 도래하기 전에 유치권을 인정하면 변제기 전에 채무이행을 강제하는 결과가 되기 때문이다. 따라서 채무자가 변제기한을 허여 받은 경우에는 유치권이 성립하지 않는다. 예를 들어 유익비상환청구에 관하여 법원이 상환기간을 허여하면 유치권은 행사될 수 없다.

(4) 적법한 점유

① 유치권자는 반드시 물건 또는 유가증권을 점유하여야 한다. 직접점유이든 간접점유이든 상관없다. 유치권자가 어떠한 이유에서든지 점유를 상실하면 유치권은 소멸한다. 점유를 침탈당한 경우에도 유치권은 소멸하지만 1년 이내에 점유물반환청구를 행사하여 점유를 회복하면 그 점유는 계속된 것으로 되어 유치권은 처음부터 소멸하지 않았던 것으로 된다.

② 점유는 불법행위로 인하여 취득한 것이 아니어야 한다(제320조 제2항). 따라서 타인의 물건을 횡령하거나 절취하여 그 물건에 수선비를 지출하더라도 유치권은 인정되지 않는다. 또한 임대차 계약을 체결하지 않고 점유한 경우 뿐 아니라 계약이 있었다 하더라도 종료된 이후에 권원 없이 수선비용을 지출했다면 유치권은 인정되지 않는다.

(5) 유치권 배제특약의 부존재

유치권 발생을 배제하는 당사자 간의 특약은 유효하므로 당사자 사이에 유치권의 발생을 배제하는 특약을 하지 않았어야 한다. 따라서 건물의 임차인이 임대차관계 종료시에는 건물을 원상으로 복구하여 임대인에게 명도하기로 약정한 것은 건물에 지출한 각종 유익비 또는 필요비의 상환청구권을 미리 포기하기로 한 취지의 특약이라고 볼 수 있어 임차인은 유치권을 주장을 할 수 없다(대판 1975.4.22, 73다2010).

▐ 3 ▌ 유치권의 효력

(1) 유치권자의 권리 - 유치할 권리

① 인도거절권

유치권자는 변제를 받을 때까지 목적물을 유치할 권리가 있다. 유치한다는 것은 목적물의 점유를 계속함으로써 그 인도를 거절하는 것을 말하며, 유치권에 기하여 목적물의 인도를 거절하더라도 불법행위가 성립하는 것은 아니다.

② 제3자에 대한 유치권의 효력

㉠ 대세적 효력

유치권은 물권이므로 유치권자는 채무자뿐만 아니라 모든 사람에게 주장할 수 있다. 따라서 유치권자는 경매에 있어서 유치권을 가지고 경락인에게도 인도를 거절할 수 있다. 다만 경락인에게 채무의 변제를 청구할 수는 없다.

> **판례** 眉目
>
> **유치권자가 경락인에게 변제를 청구할 수 있는지 여부 - 부정**
>
> 경락인은 유치권자에게 그 유치권으로 담보하는 채권을 변제할 책임이 있다고 규정하고 있는바, 여기에서 '변제할 책임이 있다'는 의미는 부동산상의 부담을 승계한다는 취지로서 인적 채무까지 인수한다는 취지는 아니므로, 유치권자는 경락인에 대하여 그 피담보채권의 변제가 있을 때까지 유치목적물인 부동산의 인도를 거절할 수 있을 뿐이고 그 피담보채권의 변제를 청구할 수는 없다(대판 1996.8.23, 95다8713).

ⓒ 재판상 행사

목적물인도청구의 소에 대하여 유치권자가 유치권을 행사하지 않는다면 법원도 유치권의 존재를 이유로 인도청구를 배척하지 못한다. 그러나 유치권자가 자신의 유치권을 주장하였다면 법원은 어떠한 판결을 내려야 하는지 문제된다. 법원은 유치권 항변이 인용되는 경우에 원고패소판결을 할 것이 아니라 그 물건에 관하여 생긴 채권의 변제와 상환으로 그 물건의 인도를 명하여야 한다(대판 1969.11.25, 69다1592). 즉 상환급부판결(원고일부승소판결)을 해야 한다.

(2) 경매권과 간이변제충당권

> **제322조【경매, 간이변제충당】** ① 유치권자는 채권의 변제를 받기 위하여 유치물을 경매할 수 있다.
> ② 정당한 이유 있는 때에는 유치권자는 감정인의 평가에 의하여 유치물로 직접변제에 충당할 것을 법원에 청구할 수 있다. 이 경우에는 유치권자는 미리 채무자에게 통지하여야 한다.

① **경매권**

유치권자는 채권의 변제를 받기 위하여 유치물을 경매할 수 있다. 다만 유치권자에게는 우선변제권이 인정되지 않는다. 즉 경매 실행시에 경락(매각)대금으로부터 우선변제권을 행사하여 배당을 받을 수는 없다는 의미이다. 따라서 유치권자의 경매는 우선변제를 위한 경매가 아니라 환가를 위한 경매라고 한다. 그러나 유치권자는 자신의 채권을 변제받지 못하면 경락인에게도 인도를 거절할 권능이 있으므로 사실상의 우선변제권을 가진다고 볼 수 있다. 또한 유치권자는 채권 전부의 변제를 받을 때까지 유치물 전부에 대하여 그 권리를 행사할 수 있다(불가분성, 제321조).

② **간이변제충당권**

목적물의 가치가 적어서 경매에 부치기에 부적절한 경우 등에 있어서는 유치물로써 직접 변제에 충당할 수 있다. 다만 간이변제충당이 인정되기 위해서는 정당한 이유가 있어야 하며 감정인의 평가를 거쳐야 한다. 또한 자신이 임의로 충당하는 것이 아니라 법원에 청구하여야 하며, 채무자에게 미리 그 뜻을 통지해야 한다.

(3) 유치권자의 의무

> **제324조【유치권자의 선관의무】** ① 유치권자는 선량한 관리자의 주의로 유치물을 점유하여야 한다.
> ② 유치권자는 채무자의 승낙 없이 유치물의 사용, 대여 또는 담보제공을 하지 못한다. 그러나
> 유치물의 보존에 필요한 사용은 그러하지 아니하다.
> ③ 유치권자가 전2항의 규정에 위반한 때에는 채무자는 유치권의 소멸을 청구할 수 있다.

① 선관주의 의무

유치권자는 유치물을 점유할 때에 자기재산과 동일한 주의의무가 아닌 선량한 관리자의 주의로 하여야 한다.

② 사용 · 대여 · 담보제공 금지의무

유치권자는 채무자의 승낙 없이 사용 · 대여 · 담보제공을 할 수 없다. 다만 보존에 필요한 사용은 승낙 없이도 할 수 있다. 예를 들어 기계를 녹슬지 않도록 사용하는 것 등은 보존에 필요한 사용이라 할 것이다. 판례는 부동산의 임차인이 유치권을 행사하며 그 부동산을 계속 사용하는 것도 보존에 필요한 사용으로 보고 있다(대판 1977.1.25, 76다2096).

③ 의무위반의 효과

유치권자가 위의 의무를 위반한 경우에는 채무자는 유치권의 소멸을 청구할 수 있다. 이는 형성권의 행사로서 일방적으로 유치권소멸의 효과를 발생케 한다.

Thema 40 저당권

1 서 설

(1) 저당권의 의의

> **제356조【저당권의 내용】** 저당권자는 채무자 또는 제삼자가 점유를 이전하지 아니하고 채무의 담보로 제공한 부동산에 대하여 다른 채권자보다 자기채권의 우선변제를 받을 권리가 있다.

저당권은 채무자 또는 제3자(물상보증인)가 채무의 담보로 제공한 부동산 또는 부동산물권(지상권 · 전세권)을 채권자가 인도받지 않고서 그 목적물을 다만 관념상으로만 지배하여 채무의 변제가 없는 경우에 그 목적물로부터 우선변제를 받는 약정담보물권이다(제356조).

(2) **저당권의 법적성질**

① **우선변제적 효력** : 저당권은 목적물로부터 다른 채권자에 앞서서 우선변제를 받는 것을 그 본질로 하는 권리라는 점에서 질권과 같고 유치권과 다르다.

② **점유를 수반하지 않는 권리** : 저당권은 목적물의 점유를 저당권자에게 이전함이 없이 설정자가 그대로 이를 보유하는 담보물권이다. 이 점에서 점유를 수반하는 유치권, 질권과 구별된다.

③ 담보물권으로서의 공통성으로서 부종성, 수반성, 불가분성, 물상대위성을 갖는다.

2 저당권의 성립

(1) 저당권설정계약의 당사자

저당권설정계약의 당사자는 저당권자와 저당권설정자이다. 저당권설정자는 피담보채권의 채무자인 것이 보통이지만 제3자, 즉 물상보증인이라도 상관없다. 다만 저당권자는 원칙적으로 채권자에 한한다. 즉 채권자가 아닌 자가 저당권자가 되는 경우는 이를 인정할 수 없게 된다. 예를 들어 乙에게 1억원의 채권이 있는 사람은 甲인데, 저당권자는 채권과 상관없는 제3자인 丙이 될 수는 없다는 의미이다(예외는 있음).

(2) 저당권의 설정등기

물권변동의 일반원칙에 따라 저당권의 설정은 저당권 설정계약 외에 등기를 하여야 한다. 등기는 효력발생요건이지 효력존속요건이 아니므로 저당권등기가 불법말소 되어도 저당권은 존속한다(대판 1968.8.30, 68다1187). 따라서 말소회복을 요구할 수 있으나 저당권설정등기가 불법말소 된 후 경매가 실행된 경우에는 말소회복등기를 할 수는 없다.

(3) 저당권의 객체

저당권은 점유를 수반하지 않으므로 목적물은 반드시 등기 · 등록의 대상이 될 수 있는 것이어야 한다. 민법이 규정하는 것으로는 부동산(토지 · 건물)과 지상권 · 전세권이 있으며 민법 이외의 법률에서 규정하는 것은 등기된 선박 · 광업권 · 어업권 · 공장재단 · 광업재단 · 자동차 · 항공기 · 기계장비 · 등기된 입목 등이다.

(4) 저당권을 설정할 수 있는 채권(피담보채권)

저당권에 의하여 담보될 수 있는 채권, 즉 피담보채권은 대개가 금전채권이지만 반드시 금전채권에 한정되는 것은 아니다. 피담보채권이 금전을 목적으로 하지 아니한 채권인 때에는 피담보채권의 가액을 금전으로 산정하여 이를 등기하여야 한다.

3 저당권의 효력

(1) 저당권의 효력이 미치는 범위

① 피담보채권의 범위

> **제360조【피담보채권의 범위】** 저당권은 원본, 이자, 위약금, 채무불이행으로 인한 손해배상 및 저당권의 실행비용을 담보한다. 그러나 지연배상에 대하여는 원본의 이행기일을 경과한 후의 1년분에 한하여 저당권을 행사할 수 있다.

㉠ 원본: 등기된 원본채권은 담보된다. 금전채권이 아닌 경우에는 그 가액을 금전으로 평가하여 등기하여야 한다.

㉡ 이자: 등기된 이자는 무제한 담보된다.

㉢ 위약금: 등기된 위약금은 담보된다.

㉣ 지연배상: 채무불이행으로 인한 손해배상, 즉 지연배상은 등기하지 않아도 원본의 이행기일을 경과한 후의 1년분에 한하여 저당권에 의해 담보된다(제360조 단서). 지연배상금을 1년분으로 한정한 것은 후순위권리자 기타 제3자를 보호하기 위한 것이다. 즉 선순위저당권자의 지연배상금이 늘어날수록 후순위권리자 기타 제3자에게는 불리하기 때문이다. 따라서 채무자가 임의로 변제할 때는 1년분을 초과한 지연배상도 전부 변제해야 하며, 채무자가 저당권설정자이고 후순위권리자가 없을 때는 저당권 실행시에 1년분을 초과한 지연배상금도 모두 담보되어 우선변제를 받는다.

㉤ 실행비용: 저당권 실행에 소요되는 비용은 등기 없이도 당연히 저당권에 의해 담보된다.

② 목적물의 범위

> **제358조【저당권의 효력의 범위】** 저당권의 효력은 저당부동산에 부합된 물건과 종물에 미친다. 그러나 법률에 특별한 규정 또는 설정행위에 다른 약정이 있으면 그러하지 아니하다.
>
> **제359조【과실에 대한 효력】** 저당권의 효력은 저당부동산에 대한 압류가 있은 후에 저당권설정자가 그 부동산으로부터 수취한 과실 또는 수취할 수 있는 과실에 미친다. 그러나 저당권자가 그 부동산에 대한 소유권, 지상권 또는 전세권을 취득한 제3자에 대하여는 압류한 사실을 통지한 후가 아니면 이로써 대항하지 못한다.

㉠ 부합물·종물

저당권의 효력은 저당부동산에 부합된 물건과 종물에 미친다. 다만 법률에 특별한 규정(제256조 단서: 권원에 의해 설치된 독립성 있는 물건) 또는 다른 약정이 있으면 미치지 않는다. 부합물로는 토지에 대한 수목이나, 건물에 대한 증축건물·부속건물이 이에 해당한다. 그리고 저당권설정당시에 이미 부합된 것인지 아니면 설정 후에 부합된 것인지를 묻지 않는다.

ⓛ 과 실

저당부동산의 과실에는 원칙적으로 저당권의 효력이 미치지 않는다. 저당권은 목적물의 사용·수익권을 저당권설정자에게 유보해두기 때문이다. 그러나 저당부동산에 대한 압류가 있은 후에는 저당권설정자가 수취하는 과실 또는 수취할 수 있는 과실에 대하여 저당권의 효력이 미친다(제359조).

ⓒ 목적토지 위의 건물

토지를 저당권의 목적으로 하는 경우에는 독립한 부동산인 건물에는 당연히 저당권의 효력이 미치지 않는다. 그러나 저당권설정자가 저당권을 설정한 후 저당목적물인 토지상에 건물을 축조하게 되면 저당권의 실행으로 건물이 철거되어야 하며 저당목적물의 담보가치는 하락하게 되는데 이를 방지할 필요성이 있으므로 일괄경매를 규정한다.

> **제365조【저당지상의 건물에 대한 경매청구권】** 토지를 목적으로 저당권을 설정한 후 그 설정자가 그 토지에 건물을 축조한 때에는 저당권자는 토지와 함께 그 건물에 대하여도 경매를 청구할 수 있다. 그러나 그 건물의 경매대가에 대하여는 우선변제를 받을 권리가 없다.

ⓐ 요 건

㉮ 저당권 설정 후에 저당지상에 건물이 신축된 경우여야 한다. 따라서 저당권설정당시에 이미 건물이 존재하고 있다면 일괄경매는 인정될 수 없다.

㉯ 저당권설정자가 축조하여 소유하고 있어야 한다. 따라서 저당권설정자가 아닌 제3자가 건물을 소유하고 있다면 일괄경매를 할 수 없다. 판례는 용익권자가 축조한 건물이라도 저당권설정자가 이를 매수하였다면 일괄경매를 허용한다.

판례 目

저당지상의 건물에 대한 일괄경매청구권은 저당권설정자가 건물을 축조한 경우뿐만 아니라 저당권설정자로부터 저당토지에 대한 용익권을 설정받은 자가 그 토지에 건물을 축조한 경우라도 그 후 저당권설정자가 그 건물의 소유권을 취득한 경우에는 저당권자는 토지와 함께 그 건물에 대하여 경매를 청구할 수 있다(대판 2003.4.11, 2003다3850).

ⓑ 효 과

㉮ 일괄경매를 할지라도 저당권자는 건물의 매각대금으로부터는 우선변제를 받지 못한다. 저당권자가 일괄경매를 할 수 있다하더라도 그 저당권은 토지에 대한 저당권이기 때문이다.

㉯ 대지만의 매각대금으로 경매비용과 피담보채권을 변제하는 데 충분하다 하더라도 건물도 이와 일괄하여 경매하였다 하여 위법하다고 할 수 없으며, 일괄경

매는 그 건물에 대하여도 경매를 청구할 수 있는 권능만을 인정하였을 뿐 그 의무를 정한 것이 아니므로 토지만에 대하여 경매를 신청하여 그 경락으로 소유권을 취득하고 건물의 철거를 구하는 것이 위법하다 할 수 없다(대판 1977. 4.26, 77다77).

(2) 저당권의 침해에 대한 구제

① 저당권의 침해

저당권은 목적물에 대한 교환가치를 파악하여 그 채권의 담보를 목적으로 하는 것이므로 교환가치를 감소시키는 것은 저당권에 대한 침해가 된다. 예를 들어 저당산림의 부당한 벌채, 종물의 부당한 분리, 저당건물에 대한 붕괴행위 등은 저당권의 침해가 된다.

② 구제방법

㉠ 물권적 청구권: 침해행위의 제거·예방청구

저당권의 침해가 있는 경우 방해제거나 예방을 청구할 수 있다. 예를 들어 저당산림의 수목을 부당하게 벌채하는 경우에는 그 벌채행위의 중지를 청구할 수 있다. 이 물권적 청구권은 저당권의 불가분성에 따라 그 침해가 있는 한 비록 손해가 발생하지 않았다하더라도 행사할 수 있다. 다만 주의할 점은 저당권은 목적물을 점유하는 것을 내용으로 하지 않기 때문에 반환청구권은 인정되지 않는다.

㉡ 손해배상청구권

고의 또는 과실에 의한 저당권의 침해로 목적물의 가액에서 피담보채권의 변제가 부족하게 되었을 때, 즉 손해가 발생한 때에는 손해배상을 청구할 수 있다. 손해가 발생하였다면 저당권 실행 전에도 손해배상을 청구할 수 있다.

㉢ 담보물(저당물)보충청구권

> **제362조 【저당물의 보충】** 저당권설정자의 책임 있는 사유로 인하여 저당물의 가액이 현저히 감소된 때에는 저당권자는 저당권설정자에 대하여 그 원상회복 또는 상당한 담보제공을 청구할 수 있다.

담보물보충청구권을 행사한 경우에는 채권자는 채무자에 대하여 손해배상청구권이나 기한이익의 상실로 인한 즉시변제청구권을 행사할 수 없다.

㉣ 즉시변제청구권

채무자가 담보를 손상·감소·멸실하게 한 때에는 기한의 이익을 잃는다(제388조). 따라서 저당권자는 곧 변제를 청구하거나 저당권을 실행할 수 있다.

4 저당권의 처분과 소멸

(1) 저당권의 처분

> **제361조【저당권의 처분제한】** 저당권은 그 담보한 채권과 분리하여 타인에게 양도하거나 다른 채권의 담보로 하지 못한다.

민법은 저당권의 처분에 관하여 부종성을 강조하는 입장을 보이고 있다. 따라서 저당권은 그 담보한 채권과 분리하여 타인에게 양도하거나 다른 채권의 목적으로 하지 못한다. 채권과 분리하여 저당권만을 양도하는 것은 무효가 된다.

(2) 저당권의 소멸

> **제369조【부종성】** 저당권으로 담보한 채권이 시효의 완성 기타 사유로 인하여 소멸한 때에는 저당권도 소멸한다.

피담보채권이 소멸하면 저당권은 당연히 소멸하며 등기가 말소되어야 소멸하는 것이 아니다. 피담보채권과 분리하여 저당권만이 단독으로 소멸시효에 걸리는 경우는 없으며, 다만 피담보채권이 소멸시효로써 소멸하면 저당권은 부종성으로 인하여 소멸하게 된다.

Thema 41 | 계약의 종류

1 전형계약(典型契約)·비전형계약(非典型契約)

민법 제3편 제2장에 규정되어 있는 15가지의 계약을 전형계약 또는 유명계약(有名契約)이라고 하고, 민법전에서는 정하고 있지 않지만 계약자유의 원칙에 따라 당사자의 합의에 의해 이루어지는 계약을 비전형계약 또는 무명계약(無名契約)이라고 한다.

2 쌍무계약·편무계약

(1) 쌍무계약

쌍무계약이라 함은 당사자의 쌍방이 서로 대가적 의미를 가지는 채무를 부담하는 계약을 말하며, 매매·교환·임대차·고용·도급·조합·화해는 이에 속하고, 소비대차·위임·임치도 유상인 때에는 쌍무계약이 된다.

(2) 편무계약

편무계약이라 함은 당사자의 일방만이 채무를 부담하거나, 또는 쌍방이 채무를 부담하더라도 그 채무가 서로 대가적 의미를 갖지 않는 계약을 말한다. 증여·사용대차·현상광고가 이에 속하고, 소비대차·위임·임치도 무상이면 편무계약이 된다.

(3) 구별의 실익

쌍무계약에 있어서는 동시이행의 항변(제536조), 위험부담(제537조 이하)의 문제가 생기지만 편무계약에서는 원칙적으로 이러한 문제가 생기지 않는다.

3 유상계약 · 무상계약

(I) 의 의

계약의 전과정을 통하여 계약당사자가 서로 대가적 의의를 가진 재산상 출연 내지 출재(出財)를 하느냐에 따른 구별이다.

① **유상계약**

계약당사자가 서로 대가적 의미 있는 재산상의 출연을 하는 계약이다. 매매 · 임대차 등 모든 쌍무계약과 현상광고는 유상계약이다.

② 무상계약은 당사자 일방만이 급부를 하거나 또는 당사자 쌍방이 급부를 하더라도 그 급부 사이에 대가적 의미가 없는 계약이다(증여 · 사용대차).

(2) 구별의 실익

민법상 유상계약에 관하여는 매매에 관한 규정(계약금, 담보책임 등)이 준용된다(제567조 참조).

☞ 쌍무계약은 모두 유상계약이나, 유상계약이 모두 쌍무계약인 것은 아니다.

4 낙성계약 · 요물계약

(I) 낙성계약

낙성계약은 당사자의 합의만으로 성립하는 계약이며, 민법상 전형계약은 현상광고를 제외하고는 모두 이에 속한다.

(2) 요물계약

요물계약은 당사자의 합의 이외에 물건의 인도 기타의 급부를 하여야만 성립하는 계약으로, 민법상 전형계약 중에서 현상광고만이 요물계약이다. 비전형계약 중에는 계약금계약, 대물변제 등이 요물계약에 해당한다.

5 계속적 계약 · 일시적 계약

계약의 효과로서 발생하는 채권관계가 계속적으로 실현되는 것을 계속적 계약이라고 하며 목적물의 인도나 대금의 지급 등이 있으며 계약의 목적이 실현되는 계약을 일시적 계약이라고 한다. 임대차 · 고용 등은 계속적 계약이며, 통상의 매매 · 증여 등은 일시적 계약이다.

Thema 42 계약의 성립

1 청약과 승낙에 의한 성립

계약이 성립하려면 당사자의 서로 대립하는 의사표시인 청약과 승낙의 합치, 즉 '합의'가
있어야만 한다. 예를 들어 부동산의 매매계약을 생각해보자. 매매가 이루어지려면 '당신의
A부동산을 얼마에 사겠다.'든지 또는 '나의 A 부동산을 얼마에 팔겠다.'라는 의사표시를
할 것이다. 이에 대하여 상대방은 원한다면 이에 응하는 의사표시를 하게 되고 계약은 성
립되어 진다. 이때에 전자의 의사표시를 "청약"이라 하고, 후자를 "승낙"이라고 부른다.

(1) 청 약

① 의 의

청약은 승낙과 결합하여 일정한 계약을 성립시킬 것을 목적으로 하는 일방적 · 확정적
의사표시로서 법률사실이다. 청약은 그에 대한 승낙에 의하여 곧바로 계약의 성립에 필
요한 의사합치에 이를 수 있을 정도로 내용적으로 확정되어 있거나 해석에 의하여 확정
될 수 있어야 한다(대판 2003.5.13, 2000다45273).

② 청약의 성질과 요건

㉠ 청약은 하나의 의사표시이다. 그러나 청약만으로 계약이 성립하지는 않으므로 청약
  이 법률행위에 해당하는 것은 아니다.

㉡ 청약은 상대방 있는 의사표시이지만, 그 상대방은 특정인이 아니더라도 상관없다.
  불특정다수인에 대한 것도 유효하다(자동판매기의 설치, 신문광고에 의한 청약, 버
  스의 정류소에서의 정차).

㉢ 청약과 청약의 유인
  청약의 유인이란 타인을 꾀어내어 자기에게 청약을 하게 하려는 행위를 말하며, 청
  약과는 구별된다. 예를 들어 길거리에서 나누어주는 전단지(유인물), 구인광고 등이
  이에 해당한다. 청약의 유인은 청약을 하기 전의 사전의 준비행위이므로 확정적일
  필요가 없으나, 청약은 계약을 체결하려는 구속력 있는 의사표시로서 구체적이며
  확정적일 것을 요구한다. 자동판매기의 설치, 정찰가격 붙은 상품진열 등은 구체적
  이므로 청약으로 보는 것이 일반적이다.

③ **청약의 효력**

㉠ 청약의 효력발생시기

청약도 하나의 의사표시이므로 원칙적으로 도달에 의하여 효력을 발생한다(제111조 제1항). 즉 격지자, 대화자를 구별하지 않고 도달시에 그 효력이 발생한다. 청약자가 청약을 발신한 후 그것이 상대방에게 도달하기 전에 사망하거나 또는 행위능력이 제한되더라도 청약의 효력에는 영향을 미치지 아니한다(제111조 제2항).

㉡ 청약의 구속력

> 제527조 【계약의 청약의 구속력】 계약의 청약은 이를 철회하지 못한다.
>
> 제528조 【승낙기간을 정한 계약의 청약】 ① 승낙의 기간을 정한 계약의 청약은 청약자가 그 기간 내에 승낙의 통지를 받지 못한 때에는 그 효력을 잃는다.
> ② 승낙의 통지가 전항의 기간 후에 도달한 경우에 보통 그 기간 내에 도달할 수 있는 발송인 때에는 청약자는 지체 없이 상대방에게 그 연착의 통지를 하여야 한다. 그러나 그 도달 전에 지연의 통지를 발송한 때에는 그러하지 아니하다.
> ③ 청약자가 전항의 통지를 하지 아니한 때에는 승낙의 통지는 연착되지 아니한 것으로 본다.
>
> 제529조 【승낙기간을 정하지 아니한 계약의 청약】 승낙의 기간을 정하지 아니한 계약의 청약은 청약자가 상당한 기간 내에 승낙의 통지를 받지 못한 때에는 그 효력을 잃는다.

ⓐ 청약이 상대방에게 도달하여 효력을 발생한 때에는 임의로 이를 철회하지 못한다(제527조). 즉 청약이 있게 되면 이를 수령한 상대방은 승낙을 할 것인가를 고려하는 등 계약체결을 위한 준비를 하게 되는데, 청약자가 임의로 청약을 철회할 수 있다면 상대방에게 예측하지 못한 손해를 줄 염려가 있기 때문이다. 다만 미리 철회권을 유보한 청약이나 승낙기간을 정하지 아니한 대화자 사이의 청약은 예외로서 도달 후에도 철회할 수 있다.

ⓑ 청약의 존속기간

㉮ 승낙기간을 정한 경우

승낙기간을 정한 청약은 그 기간 중에는 철회하지 못하고(제527조), 그 기간을 경과하면 청약은 효력(승낙적격)을 잃는다(제528조 제1항).

㉯ 승낙기간을 정하지 않은 경우

승낙기간을 정하지 아니한 청약을 한 경우에는 청약자가 상당한 기간 내에 승낙의 통지를 받지 못한 때에는 효력을 잃는다(제529조).

2 과목

ⓒ 청약의 실질적 효력(승낙적격)

청약자가 청약을 했을 때 상대방의 승낙만 받으면 곧 계약을 성립시킬 수 있으므로 청약은 승낙만 있으면 계약을 성립시키는 효력을 가지는데 이를 청약의 실질적 효력(승낙적격)이라고 한다. 승낙은 청약이 효력을 발생한 때로부터 청약의 효력이 소멸할 때까지의 사이에 하여야만 계약을 성립시킬 수 있으므로, 승낙적격은 결국 청약의 존속기간이 된다.

(2) 승 낙

① 의 의

승낙이란 청약에 응하여 계약을 성립시키려고 청약의 상대방이 청약자에 대해서 하는 의사표시이다.

ⓐ 승낙의 상대방

승낙은 청약과 달리 반드시 특정인, 즉 청약자에 대하여 해야 한다. 또한 승낙은 청약의 내용과 객관적으로 합치하여야 한다.

ⓑ 승낙의 자유

청약의 상대방은 청약을 받은 사실로부터 법률상 아무런 의무를 부담하지 않는다. 승낙 여부는 그의 자유이며, 청약에 대해 회답할 의무도 지지 않는다.

② 연착된 승낙

ⓐ 통상적인 연착

승낙기간 내에 도달하지 못한 승낙은 승낙으로서의 효력을 갖지 못한다(제528조 제1항). 다만 이러한 연착된 승낙은 새로운 청약으로 볼 수 있다.

ⓑ 비통상적인 연착

> 제528조【승낙기간을 정한 계약의 청약】 ① 승낙의 기간을 정한 계약의 청약은 청약자가 그 기간 내에 승낙의 통지를 받지 못한 때에는 그 효력을 잃는다.
> ② 승낙의 통지가 전항의 기간 후에 도달한 경우에 보통 그 기간 내에 도달할 수 있는 발송인 때에는 청약자는 지체 없이 상대방에게 그 연착의 통지를 하여야 한다. 그러나 그 도달 전에 지연의 통지를 발송한 때에는 그러하지 아니하다.
> ③ 청약자가 전항의 통지를 하지 아니한 때에는 승낙의 통지는 연착되지 아니한 것으로 본다.

상대방이 승낙기간 내에 도달할 수 있도록 발송하였으나 특별한 사정으로 연착된 경우에는 청약자가 지체 없이 연착의 사실을 통지 하여야 한다. 만약 통지를 하지 않은 경우에는 계약은 성립된 것으로 보게 된다(제528조 제3항).

③ 계약의 성립시기

　㉠ 대화자 간의 승낙

　　대화자 간의 계약의 성립시기에 관하여는 특별한 규정이 없으므로 도달주의원칙에 따라 승낙이 청약자에게 도달한 때에 그 효력을 발생하고 계약도 성립하게 된다.

　㉡ 격지자 간의 승낙 － 발신주의

> **제531조【격지자 간의 계약성립시기】** 격지자 간의 계약은 승낙의 통지를 발송한 때에 성립한다.

　　민법은 의사표시의 효력발생시기에 관하여 도달주의를 취하고 있으나(제111조 제1항), 격지자 간의 계약의 성립에 관하여는 예외적으로 발신주의를 취하고 있다. 즉 승낙의 통지를 발송한 때에 승낙이 효력을 발생함으로써 계약이 성립한다. 당사자 쌍방이 계약의 성립을 바라고 있을 경우 가급적 빨리 계약을 성립시키는 것이 바람직하기 때문이다.

2 기타 방법에 의한 계약의 성립

(1) 교차청약(交叉請約)에 의한 계약성립

> **제533조【교차청약】** 당사자간에 동일한 내용의 청약이 상호교차된 경우에는 양청약이 상대방에게 도달한 때에 계약이 성립한다.

① 의 의

　교차청약이란 당사자들이 우연히 같은 내용의 청약을 서로 행한 경우를 말한다. 이 때에 계약이 성립하기 위해서는 그 청약의 내용이 완전히 일치하고 있어야 한다.

② 계약의 성립시기

　양 청약이 상대방에게 도달한 때에 계약이 성립한다. 즉 양 청약이 동시에 도달하지 않는 한, 나중의 청약이 도달한 때에 계약은 성립한다. 예를 들어 甲이 乙에게 자신 소유의 A건물을 1억원에 팔겠다는 청약을 하여 乙에게 청약서가 10월 22일에 도달하였고, 乙 역시 그 청약을 받기 전인 10월 21일에 우연히 甲에게 그 A건물을 1억원에 사겠다고 청약하여 甲에게 10월 24일에 청약서가 도달하였다면 계약은 나중의 청약이 도달한 10월 24일에 성립하게 된다.

(2) 의사실현에 의한 계약의 성립

> 제532조 【의사실현에 의한 계약성립】 청약자의 의사표시나 관습에 의하여 승낙의 통지가 필요하지 아니한 경우에는 계약은 승낙의 의사표시로 인정되는 사실이 있는 때에 성립한다.

① 의 의

의사실현이란 의사표시는 아니지만 그로부터 일정한 효과의사를 추단할 수 있는 행위를 가리킨다. 예를 들어 청약과 함께 송부되어 온 물품을 소비하거나 처분하였다면 그로부터 승낙의 효과의사를 추단할 수 있으므로 승낙이라는 명시적인 의사표시가 없더라도 계약이 성립하게 된다.

② 계약의 성립시기

의사실현에 의한 계약의 성립시기는 승낙으로 인정되는 사실이 있는 때에 성립하는 것이며, 청약자가 그 사실을 인식할 것을 요구하지 않는다.

3 계약체결상의 과실책임

> 제535조 【계약체결상의 과실】 ① 목적이 불능한 계약을 체결할 때에 그 불능을 알았거나 알 수 있었을 자는 상대방이 그 계약의 유효를 믿었음으로 인하여 받은 손해를 배상하여야 한다. 그러나 그 배상액은 계약이 유효함으로 인하여 생길 이익액을 넘지 못한다.
> ② 전항의 규정은 상대방이 그 불능을 알았거나 알 수 있었을 경우에는 적용하지 아니한다.

(1) 의 의

계약체결상의 과실이란 계약의 성립과정에서 당사자 일방의 귀책사유로 상대방에게 손해를 준 경우를 말한다. 그리고 이로 인한 손해의 배상책임을 '계약체결상의 과실책임'이라고 한다.

(2) 제535조의 요건

① 원시적(객관적 · 전부) 불능

계약의 내용이 원시적으로 불능이기 때문에 계약이 무효이어야 한다. 전부가 불능이어야 하며 일부불능시에는 담보책임이 적용된다. 예를 들어 甲은 자신 소유의 별장을 乙에게 매도하기로 10월 24일에 계약하였으나, 甲 소유의 별장이 계약이 성립되기 전에 이미 산불에 의해 전부 소실된 경우이다. 만일에 계약이 성립한 후에 소실되었다면 이는 후발적 불능으로서 계약은 무효가 되는 것이 아니라 후술하는 채무불이행이나 위험부담의 문제가 생기게 된다.

② **일방의 악의 또는 과실**

계약의 당사자 일방이 그 불능을 알았거나 알 수 있었어야 한다. 즉 악의 또는 과실이 있어야 한다.

③ **상대방의 선의·무과실과 손해의 발생**

상대방은 선의임과 동시에 무과실이어야 한다. 그리고 상대방이 계약을 유효한 것으로 믿었기 때문에 손해를 입었어야 한다.

Thema 43 쌍무계약의 효력

1 동시이행의 항변권

> 제536조【동시이행의 항변권】① 쌍무계약의 당사자일방은 상대방이 그 채무이행을 제공할 때까지 자기의 채무이행을 거절할 수 있다. 그러나 상대방의 채무가 변제기에 있지 아니하는 때에는 그러하지 아니하다.
> ② 당사자일방이 상대방에게 먼저 이행하여야 할 경우에 상대방의 이행이 곤란할 현저한 사유가 있는 때에는 전항 본문과 같다.

(1) 의 의

쌍무계약의 당사자 일방은 상대방이 그 채무의 이행을 제공할 때까지 자기의 채무이행을 거절할 수 있다(제536조). 이와 같은 이행거절의 권능을 '동시이행의 항변권'이라고 한다. 이것은 매매·교환 등과 같은 쌍무계약에서 자기의 채무는 이행하지 아니하고 상대방의 채무만을 청구한다면 공평의 이념에 반하므로 상대방에게 이행을 거절할 수 있는 권리를 인정하여 채무이행을 확보하도록 배려한 제도이다.

(2) 성립요건

① **양 채무가 서로 대가적 의미를 가지고 있을 것**

각 당사자가 채무를 부담하더라도 그 채무가 별개의 원인으로부터 생기거나, 동일계약으로부터 생기더라도 대가적 의미를 가지지 않을 때에는 이 항변권은 성립되지 않는다. 판례도 당사자 쌍방이 각각 별개의 약정으로 상대방에 대하여 채무를 지게 된 경우에는 자기의 채무이행과 상대방의 어떤 채무이행과를 견련시켜 동시이행을 하기로 특약한 사실이 없다면 상대방이 자기에게 이행할 채무가 있다 하더라도 동시이행의 항변권이 생긴다고 볼 수 없다고 한다(대판 1989.2.14, 88다카10753).

② **상대방의 채무가 변제기에 있을 것**

    ㉠ 원 칙

        상대방의 채무가 변제기에 있어야 한다. 상대방의 채무의 변제기가 도래하기 전에 이행할 의무가 있는 자, 즉 선이행의무자에게는 원칙적으로 동시이행의 항변권이 인정되지 않지만 다음과 같은 예외가 있다.

    ㉡ 예외 − 선이행의무의 불이행 중 후이행채무 변제기의 도래

        선이행의무자가 이행을 하지 않고 있는 동안에 상대방의 후이행채무의 변제기가 도래한 경우에는 상대방의 청구에 대하여 선이행의무자도 동시이행의 항변권을 행사할 수 있다. 예를 들어 매수인이 선이행하여야 할 중도금지급을 하지 아니한 채 잔대금지급일을 경과한 경우에는 매수인의 중도금 및 이에 대한 지급일 다음날부터 잔대금지급일까지의 지연손해금과 잔대금의 지급채무는 매도인의 소유권이전등기의무와 특별한 사정이 없는 한 동시이행관계에 있다(대판 1991.3.27, 90다19930). 따라서 매수인은 중도금지체에 대한 책임을 잔금일까지는 져야하지만 잔금일 이후부터는 동시이행관계가 인정되므로 잔금일 이후부터는 이행지체의 문제가 생기지 않는다.

③ **상대방이 이행 또는 이행의 제공을 하지 않았을 것**

    상대방이 이행 또는 이행의 제공을 하였다면 자신도 반대급부를 하여야 하므로 동시이행의 항변권을 주장할 여지가 없으므로 상대방이 이행 또는 이행의 제공을 하지 않고 이행을 청구하였어야 한다. 다만 상대방이 이행의 제공을 했음에도 불구하고 수령하지 않음으로써 수령지체에 빠진 당사자도 그 이행의 제공이 계속되지 않는 한 동시이행의 항변권을 행사할 수 있는지의 문제이다. 판례는 이를 인정하고 있다.

(3) **효 력**

① **이행거절의 권능** : 동시이행의 항변권은 상대방이 채무를 이행하거나 또는 이행의 제공을 할 때까지 자기의 채무의 이행을 거절할 수 있는 데 그치며, 상대방의 청구권을 영구적으로 부인하는 것은 아니다. 즉 '연기적 항변권(延期的抗辯權)'이다.

② **이행지체책임의 면제** : 동시이행의 항변권을 가지는 자는 비록 이행기에 이행을 하지 않더라도 이행지체가 되지 않는다. 즉 동시이행의 항변권은 존재하는 것 자체만으로 이행지체책임을 면하게 한다.

③ **소송상의 효력** : 법원이 직권으로 고려할 수 없고 당사자가 주장을 해야만 법원은 피고에 대하여 원고와 상환으로 이행할 것을 명하는 '상환급부판결'을 하게 된다. 만일 일방이 동시이행의 항변권을 주장하지 않았다면 원고일부승소인 상환급부판결이 아니라 원고전부승소판결을 하게 된다.

2 위험부담

(1) 의 의

위험부담은 쌍무계약으로부터 생기는 양채무의 '존속상의 견련관계'를 정하는 제도이다.
즉 쌍무계약에 있어 서로 대가적 의미의 채무를 부담하는 경우에 일방의 채무가 채무자의
책임없는 사유로 후발적 불능이 되어 소멸한 경우, 다른 일방의 채무는 존속하는가 아니면
소멸하는가의 문제이다.

핵심 **다지기**

甲이 乙에게 부동산을 매도하기로 계약을 체결하였으나, 목적부동산이 화재로 소실되었다.

1. **계약성립 전에 소실된 경우** : 원시적 불능

   원시적 불능으로 무효에 해당한다. 전술한 바와 같이 일정한 요건아래 계약체결상의 과실책임(제
   535조)이 문제된다.

2. **계약 성립 후에 소실된 경우** : 후발적 불능

① 채무자에게 귀책사유가 있는 경우 : 채무불이행이며 협의의 이행불능이 된다. 따라서 매수인은
   계약을 해제할 수 있으며, 이에 따른 손해배상을 청구할 수 있다.
② 채무자에게 귀책사유가 없는 경우 : 채무자에게 귀책사유가 없으므로 채무불이행이 될 수 없고,
   위험부담의 문제가 발생한다.

(2) **원칙** - 채무자주의

제537조【채무자위험부담주의】 쌍무계약의 당사자일방의 채무가 당사자쌍방의 책임 없는 사유로
이행할 수 없게 된 때에는 채무자는 상대방의 이행을 청구하지 못한다.

① **요 건**

채무자가 위험을 부담하기 위해서는 쌍무계약의 당사자 일방의 채무가 당사자 쌍방의
책임 없는 사유로 이행할 수 없게 되었어야 한다. 불능은 후발적 불능이어야 한다.

② **효 과**

위의 요건을 갖춘 때에는 채무자는 상대방의 이행을 청구하지 못한다(제537조). 즉 채
무자는 자기의 채무를 면하지만 동시에 채권자에 대하여 반대급부를 청구하는 권리를
잃는다. 그러므로 이미 반대급부를 하였으면 그 반환을 청구할 수 있다.

(3) 채권자주의

> **제538조 【채권자귀책사유로 인한 이행불능】** ① 쌍무계약의 당사자일방의 채무가 채권자의 책임 있는 사유로 이행할 수 없게 된 때에는 채무자는 상대방의 이행을 청구할 수 있다. 채권자의 수령 지체중에 당사자 쌍방의 책임 없는 사유로 이행할 수 없게 된 때에도 같다.
> ② 전항의 경우에 채무자는 자기의 채무를 면함으로써 이익을 얻은 때에는 이를 채권자에게 상환 하여야 한다.

① 채권자에게 귀책사유가 있거나 채권자의 수령지체 중에 후발적으로 불능이 되었을 때 에는 채권자주의로 전환되어 채무자는 반대급부를 청구할 수 있게 된다(제538조).

② 채권자가 위험을 부담하는 경우에 채무자가 자기의 채무를 면함으로써 얻은 이익은 채 권자에게 반환하여야 한다. 예를 들어 매도인이 물건을 매수인에게 송부하기로 하였고 그 송부비용을 매도인이 부담하기로 하였는데 수령지체 중에 물건이 소실되었다면 매 도인은 대금을 청구할 수는 있으나 송부비용은 상환하여야 한다.

Thema 44 계약의 해제와 해지

1 서 설

(1) 해제의 의의

계약이 체결되어 일단 효력을 발생한 후에 당사자 일방의 의사표시로 계약의 효력을 소급 적으로 소멸시키는 것을 계약의 해제라고 한다. 해제권은 해제권자의 일방적 의사표시로 효력이 발생하는 형성권에 해당한다.

(2) 해제권의 종류

해제에는 당사자가 미리 계약에서 해제권을 유보하였다가 그에 의해 해제하는 약정해제와 법률의 규정에 따라 해제하는 법정해제가 있다. 법정해제는 채무불이행을 원인으로 하는 것이 보통이다.

2 해제와 구별되는 제도

(1) 취 소

당사자 일방의 의사표시에 의하여 법률행위의 효력을 소급적으로 소멸케 하는 점에서는 해제와 취소는 같으나, 다음과 같은 점에서 구별된다.

① 해제는 계약에 한하여 적용되는 제도임에 대하여, 취소는 계약에 한하지 않고 모든 법률행위에 관하여 인정된다. 예를 들면 단독행위를 취소할 수는 있어도 단독행위를 해제한다는 것은 있을 수 없다.

② 취소권은 제한능력, 착오(제109조), 사기·강박(제110조) 등 법률의 규정에 의하여 발생하나, 해제권은 채무불이행을 원인으로 하는 법정해제권 외에 당사자 사이의 의한 약정해제권이 있다. 따라서 제한능력, 착오, 사기·강박의 사유가 없었다면 취소했다하더라도 아무런 효력이 생기지 않는다.

③ 시간적으로 구별하면 취소는 원시적 하자이며, 해제는 후발적 하자의 문제이다. 즉 취소를 하는 경우는 계약이 성립할 때에 제한능력, 착오, 사기·강박의 사유가 이미 존재하였던 것이고, 해제는 계약이 성립한 후에 채무불이행이라는 사유가 발생한 것이다.

④ 취소의 경우에는 부당이득반환의무가 생기며, 해제의 경우에는 원상회복의무가 생긴다. 따라서 해제가 된 경우에는 선의자라 하더라도 과실을 수취할 수 없으며 전부를 반환하여야 한다.

(2) 해제계약(합의해제)

해제는 해제권자의 일방적인 의사표시에 의하여 성립하는 단독행위란 점에서, 계약당사자가 체결한 계약의 효력을 합의에 의해 소멸시키는 해제계약(합의해제)과 구별된다. 합의해제는 묵시적으로도 이루어질 수 있으며, 매매계약의 합의해제시에도 해제에서와 마찬가지로 소유권은 소급적으로 매도인에게 당연히 회복되어 진다. 합의해제는 당사자의 합의에 따르므로 민법의 해제에 관한 규정(제543조 이하의 규정)은 적용되지 않는다. 따라서 합의해제 된 경우에도 특약이 없는 한 손해배상의 문제가 발생되지 않으며 금전을 반환하는 때에도 이자를 가산하지 않는다.

(3) 해제조건(실권약관)

해제는 해제권자의 의사표시(해제권의 행사)에 의하여 계약이 소급하여 소멸하나 해제조건은 별도의 의사표시 없이 조건의 성취로 인하여 효력이 소멸하게 된다.

(4) 해 지

임대차와 같은 계속적 채권관계에서 당사자 일방의 의사표시에 의하여 장래를 향하여 그 계약관계를 소멸시키는 것을 해지라고 하는데, 이는 소급효가 없다는 점에서 해제와 구별된다.

해 제	1회적 채권관계	소급효	원상회복의무	손해배상청구 인정
해 지	계속적 채권관계	비소급효	청산의무	손해배상청구 인정

■ 3 ■ 법정해제권의 발생

> **제544조【이행지체와 해제】** 당사자 일방이 그 채무를 이행하지 아니하는 때에는 상대방은 상당한 기간을 정하여 그 이행을 최고하고 그 기간 내에 이행하지 아니한 때에는 계약을 해제할 수 있다. 그러나 채무자가 미리 이행하지 아니할 의사를 표시한 경우에는 최고를 요하지 아니한다.

(1) 이행지체로 인한 해제권

① **보통의 이행지체**(정기행위가 아닌 경우)

이행지체로 인한 해제권이 발생하기 위해서는 상당한 기간을 정하여 최고하고 그 기간 내에도 이행이 없으면 계약을 해제할 수 있다.

㉠ 채무자의 귀책사유로 인한 이행지체 : 당사자 일방의 귀책사유로 인하여 이행하지 않아야 한다.

㉡ 상당한 기간을 정한 이행의 최고

ⓐ 상당한 기간은 채무자가 이행의 준비를 하고 이것을 이행함에 필요한 기간이며, 상당한 기간이냐 아니냐의 여부는 계약의 성질 기타 객관적 사정에 의하여 구체적으로 정하여지며, 채무자의 여행이나 병고와 같은 주관적 사정은 고려되지 않는다. 주의할 점은 상당한 기간에 미달하는 최고도 무효는 아니며 최고로서의 효력은 있으나 상당한 기간이 경과한 후에 해제권이 발생한다(대판 1965.3.30, 64다1224).

ⓑ 예외 : 채무자가 미리 이행하지 아니할 의사를 표시한 경우에는 최고를 요하지 아니한다(제544조 단서). 쌍무계약에 있어서 계약당사자의 일방은 상대방이 채무를 이행하지 아니할 의사를 명백히 표시한 경우에는 최고나 자기 채무의 이행제공 없이 그 계약을 적법하게 해제할 수 있다. 다만 그 이행거절의 의사표시가 적법하게 철회된 경우 상대방으로서는 자기 채무의 이행을 제공하고 상당한 기간을 정하여 이행을 최고한 후가 아니면 채무불이행을 이유로 계약을 해제할 수 없다(대판 2003.2.26, 2000다40995).

ⓒ 최고기간 내에 이행을 하지 않을 것

채무자가 최고 기간 내에 이행 또는 이행의 제공을 하지 않은 경우에는 계약을 해제할 수 있다.

② 정기행위에서의 이행지체

제545조【정기행위와 해제】 계약의 성질 또는 당사자의 의사표시에 의하여 일정한 시일 또는 일정한 기간 내에 이행하지 아니하면 계약의 목적을 달성할 수 없을 경우에 당사자일방이 그 시기에 이행하지 아니한 때에는 상대방은 전조의 최고를 하지 아니하고 계약을 해제할 수 있다.

ⓐ 의 의

정기행위란 계약의 성질상(예 결혼식용의 요리주문) 또는 당사자의 의사표시에 의하여 (예 결혼식에 입겠다는 것을 명시하고 한 예복의 주문) 일정한 이행기에 이행하지 않으면 계약의 목적을 달할 수 없는 것을 말한다(제545조). 즉 정기행위는 이행의 시기가 계약의 중요한 내용이 된다.

ⓑ 해제권의 발생

정기행위에 있어서는 채무불이행이 있으면 곧 해제권이 발생하고 보통의 계약에서와 같은 최고를 필요로 하지 않는다(제545조). 주의할 점은 해제권이 발생할 뿐이고 곧 해제의 효과가 발생하는 것은 아니라는 점이다. 즉 정기행위에 있어서는 최고는 필요치 않으나 해제의 의사표시는 필요하다.

(2) 이행불능으로 인한 해제권

이행불능이란 계약이 성립한 후에 채무자의 귀책사유로 인하여 채무를 이행할 수 없게 된 경우를 말한다. 이행불능으로 인한 책임을 묻는 경우에는 이행지체와 달라서 그 해제에 앞서 이행의 최고를 할 필요가 없다(대판 1976.6.22, 76다473). 또한 계약을 해제하기 위하여 자신의 이행 또는 이행의 제공을 할 필요도 없다.

(3) 불완전이행으로 인한 해제권

① 추완(追完) 가능한 경우

완전이행이 가능한 경우(추완 가능)에는 채권자가 상당기간을 정하여 완전이행을 최고하고, 채무자가 그 최고 기간 내에 이행이 없는 경우에는 채권자의 해제권의 행사가 가능하다.

② 추완(追完) 불가능한 경우

완전이행이 불가능한 경우에는 채권자는 최고 없이 곧 해제권을 행사할 수 있다.

(4) 부수적의무의 불이행으로 인한 해제권

채무불이행을 이유로 계약을 해제하려면, 당해 채무가 계약의 목적 달성에 있어 필요불가결하고 이를 이행하지 아니하면 계약의 목적이 달성되지 아니하여 채권자가 그 계약을 체결하지 아니하였을 것이라고 여겨질 정도의 주된 채무이어야 하고 그렇지 아니한 부수적 채무를 불이행한 데에 지나지 아니한 경우에는 계약을 해제할 수 없다(대판 2001.11.13, 2001다20394).

4 해제의 효과

(1) 서 설

> 제548조【해제의 효과, 원상회복의무】① 당사자일방이 계약을 해제한 때에는 각 당사자는 그 상대방에 대하여 원상회복의 의무가 있다. 그러나 제3자의 권리를 해하지 못한다.
> ② 전항의 경우에 반환할 금전에는 그 받은 날로부터 이자를 가하여야 한다.
> 제551조【해지, 해제와 손해배상】계약의 해지 또는 해제는 손해배상의 청구에 영향을 미치지 아니한다.

당사자 일방의 채무불이행이 있는 경우 계약을 해제하면 처음부터 그러한 계약이 있지 않았던 것과 같은 상태로 되돌아가게 된다(소급적 실효). 해제의 효과로서 민법이 규정하고 있는 것은 다음 세 가지이다.

① **소급적 실효**

채무불이행에 따른 법정해제의 효과로서 처음부터 계약이 존재하지 않았던 것으로 된다. 따라서 아직 이행되지 아니한 채무는 이행할 필요가 없게 된다.

② **원상회복**

이미 이행한 것이 있을 때에는 서로 반환하게 된다.

③ **손해배상**

해제를 함과 동시에 손해배상을 청구할 수 있게 된다(이행이익의 배상).

(2) 해제의 소급효

① **계약의 소급적 실효**

계약에 의하여 생긴 채권·채무는 해제에 의하여 소급하여 소멸한다. 해제된 계약에 기하여 이미 행하여진 이행행위가 등기나 인도로 물권의 변동이 발생하고 있더라도 원인행위인 채권계약이 해제되면 일단 이전되었던 권리는 등기나 인도 없이 당연히 복귀한다고 보는 것이 판례의 입장이다.

② **제3자의 보호**

　㉠ 민법 제548조 제1항 단서는 "제3자의 권리를 해하지 못한다."라고 규정하고 있다. 여기서 보호되는 제3자의 의미와 범위의 문제가 발생한다. 제3자라 함은 그 해제된 계약으로부터 생긴 법률적 효과를 기초로 하여 새로운 이해관계를 가졌을 뿐 아니라 등기·인도 등으로 완전한 권리를 취득한 자를 지칭하는 것이고, 계약상의 채권을 양도받은 양수인은 특별한 사정이 없는 이상 이에 포함되지 않는다(대판 1996. 4.12, 95다49882). 즉 완전한 권리가 아닌 단순히 채권에 대한 이해관계인은 제3자에서 제외한다.

　㉡ 원칙적으로 보호받는 제3자는 계약의 해제 전에 권리를 취득한 자를 말한다. 그러나 판례는 이를 확대하여 해제 이후라 하더라도 그 등기가 말소되기 전에 해제 사실을 모르고 권리를 취득한 경우에는 제3자로서 보호를 한다고 판시하고 있다.

③ **원상회복**

계약이 해제되면 각 당사자는 계약이 행해지지 않았던 것과 같은 상태로 복귀해야 하는 의무를 부담하게 되는데, 이를 원상회복의무라고 한다. 이러한 원상회복은 부당이득반환의 성질을 가지나, 부당이득반환의 경우 선의의 수익자는 '그 받은 이익이 현존하는 한도에서' 반환하면 되고(제748조 제1항) 선의의 점유자는 과실을 취득할 수 있지만(제201조 제1항), 해제로 인한 원상회복시에는 선의·악의를 묻지 않고 또한 현존이익 여부를 묻지 않고 급부를 전부 상대방에게 반환하여야 한다는 점에서 차이가 있다. 판례도 계약해제의 효과로서의 원상회복을 부당이득에 관한 특별규정의 성격을 가진 것이라고 판시하고 있다(대판 1962.3.29, 4294민상1429).

④ **손해배상**

제551조는 '계약의 해제는 손해배상의 청구에 영향을 미치지 아니한다.'고 규정하고 있다. 따라서 해제와 손해배상은 택일적 관계에 있는 것이 아니라 양립하며 함께 행사할 수 있다.

채무불이행을 이유로 계약해제와 아울러 손해배상을 청구하는 경우 신뢰이익이 아닌 이행이익의 배상을 구하는 것이 원칙이지만, 선택적으로 신뢰이익의 배상을 구할 수 있다(대판 2002.6.11, 2002다2539).

⑤ 매수인의 귀책사유에 의하여 이행불능된 경우에는 매수인은 계약을 해제할 수 없다.

Thema 45 매 매

1 서 설

> **제563조【매매의 의의】** 매매는 당사자일방이 재산권을 상대방에게 이전할 것을 약정하고 상대방이 그 대금을 지급할 것을 약정함으로써 그 효력이 생긴다.

(1) 의 의

매매란 당사자의 일방이 재산권의 이전을 약정하고, 상대방이 대금의 지급을 약정함으로써 성립하는 계약으로서 낙성·쌍무·유상·불요식계약이다.

(2) 성 질

① 매매는 낙성·쌍무·유상·불요식계약이다.

　㉠ 매매는 당사자 쌍방의 의사표시의 합치만으로 성립하는 낙성계약이다.

　㉡ 매매계약의 성립으로 발생하는 당사자 쌍방의 채무는 서로 대가적 관계에 있으므로 쌍무계약에 해당한다.

　㉢ 매매에서의 당사자 쌍방의 출연(出捐)은 서로 대가관계에 서므로 매매는 유상계약이다. 매매는 유상계약 중에서도 가장 전형적인 것이어서 매매에 관한 규정은 다른 유상계약에 준용된다(제567조). 예를 들어 해약금에 관한 규정(제565조)과 계약비용의 부담(제566조), 매도인의 담보책임(제570조 이하)에 관한 규정은 다른 유상계약에도 준용된다.

　㉣ 매매는 성립에 있어서 특별한 방식을 요구하지 않는 불요식계약이다.

② 매매는 재산권의 이전을 목적으로 하는 계약이다.

매매는 재산권의 이전을 목적으로 한다. 매매의 목적인 재산권은 계약 당시에 매도인에게 귀속하고 있을 필요는 없으며, 매매의 목적물인 재산권은 현존할 것을 요구하지 않고, 장래에 있어서 성립할 재산권도 매매의 목적이 될 수 있다.

③ 매매는 대금의 지급을 목적으로 한다.

재산권의 이전에 대한 반대급부로서 금전 이외의 다른 물건이나 권리의 이전을 약정하는 것은 매매가 아니라 교환이다(제596조).

2 계약금

(1) 의 의

계약금이란 계약을 체결할 때에 당사자의 일방이 상대방에 대하여 교부하는 금전 기타의 유가물을 말한다.

(2) 계약금계약의 성질

계약금계약은 금전 기타의 유가물의 교부를 요건으로 하므로, 하나의 독립한 요물계약에 해당하며, 매매 기타의 계약에 부수하여 행해지는 종된 계약이다. 따라서 주된 계약이 무효·취소·해제된 경우에는 계약금계약도 당연히 효력을 잃게 된다.

(3) 계약금의 종류

① 증약금

계약체결의 증거로서의 의미를 가지는 계약금이다. 따라서 계약금은 합의가 있었는지의 여부가 불분명한 경우에 언제나 증약금으로서의 기능을 한다. 즉, 증약금은 계약금의 최소한으로서의 성질이다.

② 손해배상액의 예정으로서의 위약금

계약금을 교부한 자가 불이행 한 경우에는 계약금을 몰수하고, 이를 교부받은 자는 불이행 한 경우에는 배액을 상환할 것을 약정한 경우에는 계약금은 손해배상액의 예정으로서의 성질을 갖게 된다. 계약금은 해약금으로 추정되므로(제565조 제1항), 계약금은 별도의 특약이 없어도 해약금의 성질을 갖지만 특약이 없는 한 손해배상액의 예정으로서의 성질을 갖지는 않는다.

③ 해약금

계약의 해제권을 보류하는 작용을 갖는 계약금을 말한다. 계약금을 교부한 자는 계약금을 포기하고, 이를 수령한 자는 그 배액을 상환함으로써 계약을 해제할 수 있다.

(4) 해약금의 추정

> 제565조【해약금】① 매매의 당사자일방이 계약당시에 금전 기타 물건을 계약금, 보증금 등의 명목으로 상대방에게 교부한 때에는 당사자 간에 다른 약정이 없는 한 당사자의 일방이 이행에 착수할 때까지 교부자는 이를 포기하고 수령자는 그 배액을 상환하여 매매계약을 해제할 수 있다.
> ② 제551조의 규정은 전항의 경우에 이를 적용하지 아니한다.

① 해제의 요건

㉠ 계약금을 교부한 자는 이를 포기해서 일방적으로 매매계약을 해제할 수 있으며 계약금의 수령자는 그 배액을 상환하여 매매계약을 해제할 수 있다. 계약금을 받은 사람이 그 배액을 상환하면서 하는 계약해제의 의사표시는 그 의사표시만으로는 부족하고, 그 배액의 제공이 있어야 계약해제의 효과가 생기는 것이다(대판 1973.1.30, 72다2243). 다만 상대방이 이를 수령하지 아니한다 하여 이를 공탁할 필요는 없다(대판 1981.10.27, 80다2784).

㉡ 해제할 수 있는 시기

당사자 일방이 이행에 착수한 경우에는 해제할 수 없다. 여기에서 이행에 착수한다는 것은 객관적으로 외부에서 인식할 수 있는 정도로 채무의 이행행위의 일부를 하거나 또는 이행을 하기 위하여 필요한 전제행위를 하는 경우를 말하는 것으로서 단순히 이행의 준비를 하는 것만으로는 부족하나 반드시 계약내용에 들어맞는 이행의 제공의 정도에까지 이르러야 하는 것은 아니다(대판 1993.5.25, 93다1114). 보통 매수인이 중도금을 지급하게 되면 이행에 착수한 것으로 보게 된다.

㉢ 배제특약이 없을 것

민법 제565조의 해약권은 당사자 간에 다른 약정이 없는 경우에 한하여 인정되는 것이고, 만일 당사자가 위 조항의 해약권을 배제하기로 하는 약정을 하였다면 더 이상 그 해제권을 행사할 수 없다(대판 2009.4.23, 2008다50615).

② 해제의 효과

해약금에 의한 해제도 보통의 해제와 마찬가지로 소급효가 존재한다. 다만 이는 이행에 착수하기 전에만 할 수 있으므로 원상회복의 문제는 발생하지 않는다. 또한 해약금에 의한 해제는 약정에 의한 해제이지 채무불이행에 의한 해제가 아니므로 손해배상의 문제는 발생하지 않는다.

3 매도인의 담보책임

(1) 의 의

매매계약을 이행함에 있어서 매도인은 매수인에게 완전한 권리, 완전한 물건을 이전해주어야 한다. 따라서 매수인이 취득하는 권리 또는 물건에 흠결 내지 하자가 있는 경우에는 매도인이 매수인에게 책임을 부담하게 되는데 이를 매도인의 담보책임이라고 한다. 매도인의 담보책임은 권리의 하자에 대한 담보책임과 물건의 하자에 대한 책임으로 크게 구별된다.

(2) 법적성질

① 법정 · 무과실책임

매도인의 담보책임에 대한 종래의 통설은 특정물에 하자가 있는 경우 매도인은 그 상태 그대로 목적물을 인도할 수밖에 없으므로 매도인의 잘못은 아니지만 매수인을 보호하고 거래의 안전을 보장하려는 법정책적 목적으로 인정되는 것이므로 과실이 없더라도 법률규정에 의해 지는 책임이라고 한다.

② 임의규정

> **제584조【담보책임면제의 특약】** 매도인은 전15조에 의한 담보책임을 면하는 특약을 한 경우에도 매도인이 알고 고지하지 아니한 사실 및 제3자에게 권리를 설정 또는 양도한 행위에 대하여는 책임을 면하지 못한다.

원칙적으로 담보책임을 면제 · 경감하는 특약은 유효하다. 다만 알면서도 고지하지 않았거나 매도 이후에 제3자에게 권리를 설정하거나 양도하였다면 책임을 면하지 못한다.

③ 유상계약에 준용

매도인의 담보책임에 관한 규정은 매매 외에 다른 유상계약에 준용된다(제567조).

(3) 담보책임의 종류

매도인의 담보책임의 내용으로는 ① 대금감액청구권 ② 해제 ③ 손해배상청구권 ④ 완전물급부청구권 등 4가지를 규정하고 있다.

(4) 담보책임의 내용

매도인의 담보책임은 권리의 하자에 대한 담보책임과 물건의 하자에 대한 책임, 채권의 매도인의 담보책임, 경매에서의 담보책임으로 구분될 수 있다. 여기에서는 권리의 하자를 중심으로 살펴본다.

① 권리의 전부가 타인에게 속하는 경우(제570조)

> **제569조【타인의 권리의 매매】** 매매의 목적이 된 권리가 타인에게 속한 경우에는 매도인은 그 권리를 취득하여 매수인에게 이전하여야 한다.
>
> **제570조【동전 - 매도인의 담보책임】** 전조의 경우에 매도인이 그 권리를 취득하여 매수인에게 이전할 수 없는 때에는 매수인은 계약을 해제할 수 있다. 그러나 매수인이 계약당시 그 권리가 매도인에게 속하지 아니함을 안 때에는 손해배상을 청구하지 못한다.

㉠ 요 건

매매의 목적물은 존재하고 있으나 그 목적물이 타인의 권리에 속하기 때문에 이전할 수 없는 경우에 한정한다. 따라서 계약체결시에 원시적으로 불능이거나 또는 계약시에는 매도인의 권리였으나 매수인에게 이전하기 전에 매도인의 권리가 소멸하였다면 각각 계약체결상의 과실책임과 채무불이행 또는 위험부담이 문제될 뿐이며 제570조는 적용하지 않는다.

㉡ 행사내용

ⓐ 해제권: 매수인은 계약시에 그 권리가 매도인에게 속하지 않음을 알았는지 여부와 상관없이 계약을 해제할 수 있다. 즉 매수인의 선악을 불문하고 해제권이 인정된다.

ⓑ 손해배상청구권: 선의의 매수인은 손해배상을 청구할 수 있다. 매도인은 선의의 매수인에 대하여 불능 당시의 시가를 표준으로 그 계약이 완전히 이행된 것과 동일한 경제적 이익을 배상할 의무가 있다(대판 1967.5.18, 66다2618). 즉 불능당시의 시가를 기준으로 하여 이행이익을 배상하여야 한다.

㉢ 제척기간

권리의 전부가 타인에게 속하여 이전할 수 없는 경우에 매수인의 해제권과 손해배상청구권의 행사에는 제척기간의 제한이 없다.

② **권리의 일부가 타인에게 속하는 경우**(제572조)

> **제572조【권리의 일부가 타인에게 속한 경우와 매도인의 담보책임】** ① 매매의 목적이 된 권리의 일부가 타인에게 속함으로 인하여 매도인이 그 권리를 취득하여 매수인에게 이전할 수 없는 때에는 매수인은 그 부분의 비율로 대금의 감액을 청구할 수 있다.
> ② 전항의 경우에 잔존한 부분만이면 매수인이 이를 매수하지 아니하였을 때에는 선의의 매수인은 계약전부를 해제할 수 있다.
> ③ 선의의 매수인은 감액청구 또는 계약해제 외에 손해배상을 청구할 수 있다.

㉠ 요 건

매매의 목적인 권리의 일부가 타인에게 속하기 때문에 매도인이 그 부분의 권리를 매수인에게 이전할 수 없는 경우이다. 예를 들어 甲이 乙에게 1000㎡의 토지를 매도하기로 하였으나, 그 중 200㎡가 丙의 소유여서 200㎡는 이전할 수 없게 된 경우이다.

㉡ 행사내용

매수인은 선악을 불문하고 타인에게 속하는 비율만큼 대금의 감액을 청구할 수 있다. 그러나 계약의 해제는 선의의 매수인이 잔존한 부분만이면 매수인이 이를 매수하지 아니하였을 때에만 계약 전부를 해제할 수 있다. 선의의 매수인에 한해 손해배상을 청구할 수 있다.

ⓒ 제척기간

제572조의 권리는 매수인이 선의인 경우에는 사실을 안 날로부터, 악의인 경우에는 계약한 날로부터 1년 내에 행사하여야 한다.

③ **목적물의 수량부족 또는 일부멸실의 경우**(제574조)

> **제574조【수량부족, 일부멸실의 경우와 매도인의 담보책임】** 전2조의 규정은 수량을 지정한 매매의 목적물이 부족되는 경우와 매매목적물의 일부가 계약당시에 이미 멸실된 경우에 매수인이 그 부족 또는 멸실을 알지 못한 때에 준용한다.

㉠ 요 건

당사자가 수량을 지정하여 매매하였는데 목적물의 수량이 부족한 경우 또는 목적물의 일부가 계약당시에 이미 멸실되어 있는 경우에 발생하는 담보책임이다. 예를 들어 토지를 m^2당 100만원으로 $100m^2$를 매도하는 계약을 체결하였으나 토지의 실측 결과 $20m^2$가 부족하거나, 건물매매에서 부속건물이 계약 전에 이미 멸실된 경우에 발생하는 문제이다. 여기서 '수량을 지정한 매매'란 당사자가 매매의 목적인 특정물이 일정한 수량을 가지고 있다는 데에 중점을 두고, 대금도 이 수량을 기준으로 정한 경우를 말한다.

㉡ 행사내용

ⓐ 대금감액청구권 : 선의의 매수인은 부족한 수량만큼의 대금감액을 청구할 수 있다. 주의할 점은 권리의 일부가 타인에게 속하는 경우와는 달리 악의자에게는 대금감액청구권이 인정되지 않는다. 매수인이 이를 알면서 매수하는 경우에는 그러한 사정을 고려하여 대금액을 결정하게 되므로 악의의 매수인에게는 인정하지 않는다.

ⓑ 선의의 매수인은 잔존한 부분만이면 매수인이 이를 매수하지 아니하였을 때에는 계약 전부를 해제할 수 있으며, 선의의 매수인은 손해배상을 청구할 수 있다.

ⓒ 제척기간

제574조의 권리는 악의자에게는 인정되지 않으며, 선의인 경우에는 사실을 안 날로부터 1년 내에 행사하여야 한다.

④ **용익적 권리에 의하여 제한되어 있는 경우**(제575조)

> **제575조【제한물권 있는 경우와 매도인의 담보책임】** ① 매매의 목적물이 지상권, 지역권, 전세권, 질권 또는 유치권의 목적이 된 경우에 매수인이 이를 알지 못한 때에는 이로 인하여 계약의 목적을 달성할 수 없는 경우에 한하여 매수인은 계약을 해제할 수 있다. 기타의 경우에는 손해배상만을 청구할 수 있다.

> ② 전항의 규정은 매매의 목적이 된 부동산을 위하여 존재할 지역권이 없거나 그 부동산에 등기된 임대차계약이 있는 경우에 준용한다.
> ③ 전2항의 권리는 매수인이 그 사실을 안 날로부터 1년 내에 행사하여야 한다.

　㉠ 요 건

　　매매의 목적물이 지상권·지역권·전세권·질권·유치권의 목적이 되어 있는 경우, 목적부동산을 위하여 있어야 할 지역권이 없는 경우, 목적부동산 위에 대항력 있는 임차권이 있는 경우에 발생하는 책임이다.

　㉡ 행사내용

　　ⓐ 대금감액청구권 : 인정되지 않는다. 이는 양적인 하자가 아니라 질적인 하자에 해당하므로 감액부분을 비율적으로 산출할 수 없기 때문이다.

　　ⓑ 선의의 매수인은 이로 인하여 계약의 목적을 달성할 수 없는 경우에 한하여 계약을 해제할 수 있으며 선의의 매수인은 손해배상을 청구할 수 있다.

　㉢ 제척기간

　　제575조의 권리는 악의자에게는 인정되지 않으며, 선의인 경우에는 제한물권의 존재 또는 지역권의 부존재를 안 날로부터 1년 내에 행사하여야 한다.

⑤ **저당권·전세권의 행사로 제한이 있는 경우**(제576조)

> **제576조【저당권, 전세권의 행사와 매도인의 담보책임】** ① 매매의 목적이 된 부동산에 설정된 저당권 또는 전세권의 행사로 인하여 매수인이 그 소유권을 취득할 수 없거나 취득한 소유권을 잃은 때에는 매수인은 계약을 해제할 수 있다.
> ② 전항의 경우에 매수인의 출재로 그 소유권을 보존한 때에는 매도인에 대하여 그 상환을 청구할 수 있다.
> ③ 전2항의 경우에 매수인이 손해를 받은 때에는 그 배상을 청구할 수 있다.

　㉠ 요 건

　　ⓐ (저당권 또는 전세권의 행사로) 소유권을 취득할 수 없거나 취득한 소유권을 잃은 때 또는 소유권을 보존한때

　　　㉮ 소유권을 취득할 수 없을 때 : 부동산의 매매계약이 체결되고 매수인에게 소유권이 이전되지 않은 상태에서 저당권자 또는 전세권자 경매청구로 제3자가 경락을 받은 경우를 말한다.

　　　㉯ 소유권을 잃은 때 : 매매가 이행되어 매수인이 소유권을 이전받았으나 설정되어 있던 저당권 또는 전세권으로 경매가 실행되어 제3자에게 소유권이 이전된 경우를 말한다.

ⓓ 소유권을 보존한 때 : 매수인이 피담보채권 또는 전세금반환채권을 변제함으로써 저당권 또는 전세권을 소멸시킴으로써 이로 인한 경매실행을 막은 경우이다. 다만 매수인이 목적물을 매수하면서 저당채무를 공제하고 매수하였다면 제576조의 적용은 없다. 예를 들어 전세권이 설정되어 있는 시가 2억원의 부동산을 매수하면서 전세금 1억원을 공제하고 1억원에 매수하였다면 담보책임이나 구상권의 문제는 생기지 않는다.

ⓑ 제576조는 저당권·전세권의 설정만으로 인정되는 것이 아니라 그것이 실행되어 매수인에게 위와 같은 사유가 발생한 경우에 인정된다. 저당권은 점유를 수반하지 않는 권리이므로 저당권의 설정만으로는 매수인의 사용을 방해받지 않기 때문에 담보책임을 문제 삼을 필요는 없으며, 전세권이 설정되어 있는 경우에는 제575조의 책임이 인정되는 것이다.

ⓛ 행사내용

ⓐ 대금감액청구권

성질상 인정되지 않는다. 소유권을 잃어버리거나 취득할 수 없는 경우에 생기는 문제이므로 대금의 감액문제는 생길 여지가 없다.

ⓑ 해제권

매수인이 소유권을 취득할 수 없거나 또는 소유권을 상실한 때에는 선악을 불문하고 계약을 해제할 수 있다. 또한 매수인의 출재로 소유권을 보존한 때에는 출재의 상환을 청구할 수 있다.

ⓒ 손해배상청구권

매수인이 소유권을 취득할 수 없거나 취득한 소유권을 잃은 때 또는 소유권을 보존한 때에 손해가 발생한 경우에는 손해배상을 청구할 수 있다.

ⓒ 제척기간 : 제척기간의 제한은 없다.

Thema 46 임대차

1 임대차의 의의와 법률적 성질

(1) 의 의

임대차란 임대인이 임차인에게 목적물을 사용·수익하게 할 것을 약정하고, 임차인이 이에 대하여 차임을 지급할 것을 약정함으로써 성립하는 낙성·쌍무·유상·불요식계약이다.

(2) 법적성질

① 임대차는 사용·수익의 대가로서 차임을 지급하는 것이 그 요소이다. 차임은 금전에 한하지 않는다. 임대차계약에서 보증금을 지급하였다는 입증책임과 임료를 지급하였다는 입증책임 모두 임차인이 부담한다(대판 2005.1.13, 2004다19647).

② 임대차의 목적물은 물건이다. 따라서 물건이 아닌 권리를 목적으로 하는 것은 임대차와 비슷한 일종의 무명계약에 해당한다.

③ 임대차는 채권계약에 해당하며 임대인은 임대물에 대한 소유권이나 또는 처분할 권한을 가지고 있을 것을 요구하는 것은 아니다.

2 임대차의 존속기간

(1) 임대차기간을 약정한 경우

임대차의 최장기간 제한은 헌법재판소의 위헌결정이 있었으므로 현재에는 기간의 제한규정은 없이 당사자가 자유로이 약정할 수 있다.

(2) 임대차의 법정 갱신

> 제639조【묵시의 갱신】① 임대차기간이 만료한 후 임차인이 임차물의 사용, 수익을 계속하는 경우에 임대인이 상당한 기간 내에 이의를 하지 아니한 때에는 전임대차와 동일한 조건으로 다시 임대차한 것으로 본다. 그러나 당사자는 제635조의 규정에 의하여 해지의 통고를 할 수 있다.
> ② 전항의 경우에 전임대차에 대하여 제3자가 제공한 담보는 기간의 만료로 인하여 소멸한다.

임대차기간이 만료한 후에도 임차인이 임차물의 사용, 수익을 계속하는 경우에 임대인이 상당한 기간 내에 이의를 제기하지 않은 때에는 전임대차와 동일한 조건으로 다시 임대차한 것으로 본다. 이때 임대차의 기간은 정함이 없는 것으로 본다. 기간의 정함이 없는 임대차의 경우 각 당사자는 언제든지 해지의 통고를 할 수 있다. 토지, 건물 기타 공작물에 대하여는 임대인이 해지를 통고한 경우에는 임차인이 받은 날로부터 6월, 임차인이 해지를 통고한 경우에는 임대인이 받은 날로부터 1월이 경과하면 소멸한다.

3 임대차의 효력

(1) 임대인의 권리와 의무

① **임대인의 권리**

ㄱ 차임지급청구권 : 임대인의 권리로서 가장 중요한 것은 임차인에 대한 차임청구권이다.

ㄴ 차임증액청구권 : 임차물에 대한 공과부담의 증가 기타 경제사정의 변동으로 인하여 약정한 차임이 상당하지 아니하게 된 때에는 임대인은 장래에 대한 차임의 증액을 청구할 수 있다(제628조).

ㄷ 목적물반환청구권 : 임대인은 임대차 종료시에 목적물반환청구권을 갖는다.

② **임대인의 의무**

ㄱ 목적물 인도의무 : 임대인은 임차인이 그 목적물을 사용·수익할 수 있도록 임차인에게 인도하여야 한다(제623조).

ㄴ 사용·수익하게 할 의무

> **제623조【임대인의 의무】** 임대인은 목적물을 임차인에게 인도하고 계약존속 중 그 사용, 수익에 필요한 상태를 유지하게 할 의무를 부담한다.
>
> **제624조【임대인의 보존행위, 인용의무】** 임대인이 임대물의 보존에 필요한 행위를 하는 때에는 임차인은 이를 거절하지 못한다.

ⓐ 임차목적물에 파손 또는 장애가 생기더라도 그것이 별 비용을 들이지 않고 손쉽게 고칠 수 있는 사소한 것이어서 임차인의 사용·수익을 방해할 정도의 것이 아니면 임대인은 수선의무를 부담하지 않는다.

ⓑ 수선하지 아니하면 '임차인의 사용·수익을 방해'할 상태인 경우에는 임대인은 수선의무를 지지만, 이것은 특약에 의하여 면제할 수 있다. 다만 특약에 의하여 임대인이 면할수 있는 수선의무는 통상 생길 수 있는 파손의 수선이며, 대규모의 수선은 이에 포함되지 아니하고 여전히 임대인이 그 수선의무를 부담해야 한다.

ⓒ 방해제거의무 : 제3자가 임차인이 점유하고 있는 임차물을 침해하여 사용·수익
을 방해하는 때에는 임대인은 임차인을 위하여 그 장해를 제거해야할 의무를 부
담한다.

ⓓ 비용상환의무 : 임대인은 특별한 약정이 없는 한 임차인이 지출한 필요비와 유
익비를 상환할 의무를 부담한다.

ⓔ 담보책임 : 임대차는 유상계약이므로 매매에 관한 규정이 준용된다(제567조). 따
라서 임대인은 매도인과 같은 담보책임을 부담한다.

(2) 임차인의 권리와 의무

① 임차인의 권리

㉠ 임차권 : 임차인은 계약 또는 그 목적물의 성질에 의하여 정하여진 용법으로 임차물
을 사용·수익하여야 한다(제654조). 또한 임차인은 임대인의 승낙 없이 임차물을
타인에게 용익하게 할 수 없다(제629조). 임차인이 이와 같은 임차권의 범위에 위반
하는 사용·수익을 하는 때에는 임대인은 계약을 해지할 수도 있다.

㉡ 등기청구권과 건물등기 있는 차지권의 대항력

> **제621조【임대차의 등기】** ① 부동산임차인은 당사자 간에 반대 약정이 없으면 임대인에 대
> 하여 그 임대차등기절차에 협력할 것을 청구할 수 있다.
> ② 부동산임대차를 등기한 때에는 그때부터 제3자에 대하여 효력이 생긴다.
>
> **제622조【건물등기 있는 차지권의 대항력】** ① 건물의 소유를 목적으로 한 토지임대차는
> 이를 등기하지 아니한 경우에도 임차인이 그 지상건물을 등기한 때에는 제3자에 대하여
> 임대차의 효력이 생긴다.
> ② 건물이 임대차기간 만료 전에 멸실 또는 후폐한 때에는 전항의 효력을 잃는다.

임차권은 채권이므로 대항력이 없으나 예외적으로 임대차를 등기하면 대항력이 발
생한다. 그러나 임차권의 등기는 임차인이 단독으로 할 수 없는 것이며 이를 임대인
에게 청구하여야 하는데, 이러한 청구가 임대인에게 강제되는 것은 아니므로 임차
인이 대항력 없는 임차권을 가지게 되는 경우가 생길 수 밖에 없다. 따라서 건물의
소유를 목적으로 한 토지임대차와 같은 경우 별도의 대항력 취득 방법을 마련하지
않으면 토지임차인이 큰 피해를 보게 되므로 민법은 별도의 규정을 두게 되었다(제
622조). 예를 들어 甲의 토지에 乙이 임차권을 설정하고 건물을 축조하였으나 甲이
임차권등기를 거절하더라도 乙이 축조한 건물의 보존등기를 하게 되면 그 이후의
토지물권자에게 대항할 수 있게 된다.

© 비용상환청구권

> **제626조【임차인의 상환청구권】** ① 임차인이 임차물의 보존에 관한 필요비를 지출한 때에는 임대인에 대하여 그 상환을 청구할 수 있다.
> ② 임차인이 유익비를 지출한 경우에는 임대인은 임대차 종료시에 그 가액의 증가가 현존한때에 한하여 임차인의 지출한 금액이나 그 증가액을 상환하여야 한다. 이 경우에 법원은 임대인의 청구에 의하여 상당한 상환기간을 허여할 수 있다.

ⓐ 필요비상환청구권 : 임차인이 임차물의 보존에 관한 필요비를 지출한 때에는, 임대차의 종료를 기다리지 않고서 '즉시' 그 상환을 청구할 수 있다.

ⓑ 유익비상환청구권 : 임차인이 유익비를 지출한 경우에는 그 가액의 증가가 현존한 때에 한하여 임대인은 임대차 '종료시'에 청구할 수 있다. 유익비라 함은 임차인이 임차물의 객관적 가치를 증가시키기 위하여 투입한 비용을 말한다. 따라서 임차인이 임차건물부분에서 간이음식점을 경영하기 위하여 부착시킨 시설물에 불과한 간판은 건물부분의 객관적 가치를 증가시키기 위한 것이라고 보기 어려울 뿐만 아니라, 그로 인한 가액의 증가가 현존하는 것도 아니어서 그 간판설치비를 유익비라 할 수 없다(대판 1994.9.30, 94다20389·20396).

ⓒ 행사기간 : 필요비 및 유익비의 상환청구권은 임대인이 목적물을 반환받은 날로부터 6개월 내에 행사하여야 한다(제654조·제617조).

ⓓ 임의규정 : 임차인의 비용상환청구권은 임의규정에 해당하므로 당사자간의 약정으로 이를 포기할 수 있다.

ⓔ 임차인은 지출한 필요비 금액의 한도에서 차임의 지급을 거절할 수 있으므로 필요비를 지급하지 않은 임대인은 차임연체를 이유로 임대차계약을 해지할 수 없다.

② 부속물매수청구권

> **제646조【임차인의 부속물매수청구권】** ① 건물 기타 공작물의 임차인이 그 사용의 편익을 위하여 임대인의 동의를 얻어 이에 부속한 물건이 있는 때에는 임대차의 종료시에 임대인에 대하여 그 부속물의 매수를 청구할 수 있다.
> ② 임대인으로부터 매수한 부속물에 대하여도 전항과 같다.

ⓐ 임차인의 부속물매수청구권에 관한 규정은 강행규정에 해당한다. 따라서 임차인이 매수청구권을 포기하는 특약은 임차인에게 불리한 약정으로 무효가 된다.

ⓑ 매수청구권은 임대차가 종료한 경우에 발생한다(제646조 제1항). 다만 임대차계약이 임차인의 채무불이행으로 인하여 해지된 경우에는 임차인은 민법 제646조에 의한 부속물매수청구권이 없다(대판 1990.1.23, 88다카7245·7252). 매수청구의 대상이 되는 부속물이란 건물에 부속된 물건으로서 임차인의 소유에 속하고,

건물의 구성부분으로는 되지 아니한 것으로서 건물의 사용에 객관적인 편익을 가져오게 하는 물건이라고 할 것이므로, 부속된 물건이 오로지 임차인의 특수목적에 사용하기 위하여 부속된 것일 때에는 이에 해당하지 않는다(대판 1993.10.8, 93다25738·25745).

ⓜ 토지임차인의 계약갱신청구권과 지상물매수청구권

> **제643조【임차인의 갱신청구권, 매수청구권】** 건물 기타 공작물의 소유 또는 식목, 채염, 목축을 목적으로 한 토지임대차의 기간이 만료한 경우에 건물, 수목 기타 지상시설이 현존한 때에는 제283조의 규정을 준용한다.
>
> **제283조【지상권자의 갱신청구권, 매수청구권】** ① 지상권이 소멸한 경우에 건물 기타 공작물이나 수목이 현존한 때에는 지상권자는 계약의 갱신을 청구할 수 있다.
> ② 지상권설정자가 계약의 갱신을 원하지 아니하는 때에는 지상권자는 상당한 가액으로 전항의 공작물이나 수목의 매수를 청구할 수 있다.

ⓐ 토지임차인은 1차적으로 계약의 갱신을 청구하고, 임대인이 그에 응하지 않을 때에 2차적으로 그 지상물의 매수를 청구할 수 있다(강행규정). 임차인의 지상물매수청구권은 형성권이다. 따라서 계약갱신을 거절당한 임차인이 이를 행사하면 그 즉시 지상물에 대한 매매가 성립하는 것이지, 임대인의 승낙이 있어야 성립하는 것은 아니다.

ⓑ 임차인의 지상물매수청구권에 관한 규정은 강행규정이다. 따라서 토지 임대인과 임차인 사이에 임대차기간 만료 후 임차인이 지상건물을 철거하여 토지를 인도하고 만약 지상건물을 철거하지 아니할 경우에는 그 소유권을 임대인에게 이전하기로 한 약정은 민법 제643조 소정의 임차인의 지상물매수청구권을 배제키로 하는 약정으로서 임차인에게 불리한 것이므로 무효이다(대판 1991.4.23, 90다19695).

ⓒ 임대인이 임차인의 채무불이행을 이유로 임대차계약을 해지하였을 경우에는 임차인이 지상물매수청구권을 행사할 수 없다(대판 1991.4.23, 90다19695).

ⓗ 차임감액청구권

ⓐ 일부멸실로 인한 차임감액청구권

> **제627조【일부멸실등과 감액청구, 해지권】** ① 임차물의 일부가 임차인의 과실 없이 멸실 기타 사유로 인하여 사용, 수익할 수 없는 때에는 임차인은 그 부분의 비율에 의한 차임의 감액을 청구할 수 있다.
> ② 전항의 경우에 그 잔존부분으로 임차의 목적을 달성할 수 없는 때에는 임차인은 계약을 해지할 수 있다.

임차물의 일부가 임차인의 과실 없이 멸실 기타 사유로 인하여 사용·수익할 수 없는 경우 임차인은 그 부분의 비율에 의한 차임의 감액을 청구할 수 있다. 주의할 점은 당연히 감액되는 것이 아니라 감액청구를 하여야 한다. 차임감액청구권은 형성권이므로 차임감액을 청구하면 임대인의 승낙을 기다리지 않고 당연히 감액된다. 제627조는 강행규정이므로 이에 위반하는 약정으로서 임차인에게 불리한 것은 무효이다.

ⓑ 경제사정의 변동으로 인한 차임감액청구권

> **제628조【차임증감청구권】** 임대물에 대한 공과부담의 증감 기타 경제사정의 변동으로 인하여 약정한 차임이 상당하지 아니하게 된 때에는 당사자는 장래에 대한 차임의 증감을 청구할 수 있다.

제628조조는 강행규정이므로 이에 위반하는 약정으로서 임차인에게 불리한 것은 무효이다. 따라서 차임감액을 금지하는 특약은 임차인에게 불리한 것으로서 무효가 된다. 다만 차임을 증액하지 않는다는 특약은 임차인에게 유리하므로 유효하다.

② **임차인의 의무**

㉠ 차임지급의무

> **제640조【차임연체와 해지】** 건물 기타 공작물의 임대차에는 임차인의 차임연체액이 2기의 차임액에 달하는 때에는 임대인은 계약을 해지할 수 있다.

차임을 2기에 달하도록 연체한 때에는 임대인은 계약을 해지할 수 있다. 연속하여 2기를 연체하여야 하는 것은 아니며, 연체액이 2기에 달하기만 하면 해지권이 발생한다. 제640조와 제641조는 강행규정이므로 임차인에게 불리한 약정은 무효이다. 예를 들어 1기의 차임 연체시 해지할 수 있다는 특약은 무효이다. 차임의 지급시기는 특약이 없는 한 후급을 원칙으로 한다.

㉡ 임차물보관의무

임차인은 임대차관계의 종료로 임차물을 임대인에게 반환할 때까지 선량한 관리자의 주의를 가지고 보관할 의무가 있다(제374조). 또한 임차물이 수리를 요하거나 임차물에 대하여 권리를 주장하는 자가 있는 때에는 임차인은 지체 없이 임대인에게 이를 통지하여야 한다. 그러나 임대인이 이미 이를 안 때에는 통지할 필요는 없다. 임대인이 임대물의 보존에 필요한 행위를 하는 때에는 임차인은 이를 거절하지 못한다(제624조).

4 임차권의 양도와 전대

> **제629조【임차권의 양도, 전대의 제한】** ① 임차인은 임대인의 동의 없이 그 권리를 양도하거나 임차물을 전대하지 못한다.
> ② 임차인이 전항의 규정에 위반한 때에는 임대인은 계약을 해지할 수 있다.

(1) 의 의

① 임차권의 양도란 임차권이 그 동일성을 유지하면서 양수인에게 이전하게 하는 계약을 말하며 전대란 임차인이 그 임차물을 다시 제3자로 하여금 사용·수익하게 하는 계약을 말한다.

② **민법의 규정**

ㄱ 원칙 : 임차권의 양도 또는 임차물의 전대는 임대인의 동의를 얻어야 한다. 임대인의 동의를 얻지 않은 경우에는 임대인에게 대항할 수 없고, 임대인은 임대차계약을 해지할 수 있다(제629조). 다만 이는 임의규정이므로 특약으로 달리 정할 수 있다.

ㄴ 예 외

ⓐ 건물의 임차인이 그 건물의 소부분을 타인에게 사용하게 하는 경우에는 임대인의 동의를 요하지 않고 할 수 있다(제632조).

ⓑ 임차인이 임대인으로부터 별도의 승낙을 얻은 바 없이 제3자에게 임차물을 사용·수익하도록 한 경우에 있어서도 임차인의 당해 행위가 임대인에 대한 배신적 행위라고 인정할 수 없는 특별한 사정이 있는 경우에는 해지권은 발생하지 않는다(대판 1993.4.27, 92다45308). 따라서 임차권자가 임차건물에 동거하면서 함께 가구점을 경영하고 있는 자신의 아내에게 임차권을 양도한 것은 임대인에 대한 배신적 행위라고 인정할 수 없는 특별한 사정이 있는 경우이므로 해지사유가 될 수 없다.

ㄷ 임대인의 동의

임대인의 동의는 임차권의 양도 또는 전대를 가능하게 하는 권능을 임차인에게 부여하는 일방적 의사표시이다. 임대인의 동의는 양도·전대의 유효요건(효력발생요건)은 아니고 대항요건에 해당한다. 즉 임대인의 동의 없이 임차권의 양도·전대계약이 이루어져도 그 계약자체는 유효하며 임차인은 임대인의 동의를 얻어 줄 의무를 부담한다. 동의는 반드시 양도·전대 이전에 이루어져야 하는 것은 아니며 사후 동의도 가능하다.

(2) 임대인의 동의 없는 양도 · 전대

① 임차인과 양수인 · 전차인의 관계

임대인의 동의를 받지 아니하고 임차권을 양도(전대)한 계약도 이로써 임대인에게 대항할 수 없을 뿐 임차인과 양수인(전차인) 사이에는 유효한 것이고 이 경우 임차인은 양수인(전차인)을 위하여 임대인의 동의를 받아 줄 의무가 있다(대판 1986.2.25, 85다카1812). 동의를 얻지 못하면 임차인은 이에 대한 담보책임을 져야한다.

② 임대인과 양수인 · 전차인의 관계

㉠ 양수인(전차인)의 목적물에 대한 점유는 임대인에 대한 관계에서는 불법점유가 된다. 따라서 임대인은 소유권에 기하여 임차물을 반환할 것을 청구할 수 있다. 다만 임대인이 임차인과의 임대차계약을 해지하기 전에는 직접점유자인 임차인에게 반환할 것을 청구할 수 있고, 해지한 후에는 직접 자신에게 반환할 것을 청구할 수 있다.

㉡ 임대인은 임대차 계약을 해지하기 전에는 임차인으로부터 차임을 지급받으므로 양수인(전차인)에 대하여 손해배상을 청구하지 못한다. 그러나 해지한 후에는 양수인(전차인)에게 차임에 갈음하여 손해배상을 청구할 수 있다.

㉢ 임대인은 전차인에게 차임청구권을 갖지 못하나 임차인의 차임청구권을 대위행사할 수 있다.

③ 임대인과 임차인의 관계

임대인은 임대차계약을 해지할 수 있다(제629조 제2항). 그러나 해지를 하지 않는 동안에는 임차인은 종전의 지위를 그대로 유지한다. 따라서 임대차계약이 해지되지 않는 한, 임대인은 임차인에 대하여 차임청구권을 가진다.

(3) 임대인의 동의 있는 임차권의 양도

양도인은 임차인으로서의 지위에서 벗어나고, 양수인이 임차인의 지위를 그대로 승계하여 동일성을 유지하면서 임차인으로서의 권리 · 의무를 취득하게 된다. 따라서 차임지급의무도 당연히 양수인에게 이전한다. 그러나 양도인의 연체차임채무나 다른 의무위반으로 인한 손해배상의무는 별도의 약정이 없는 한 이전하지 않는다.

(4) 임대인의 동의 있는 임차물의 전대

제630조【전대의 효과】① 임차인이 임대인의 동의를 얻어 임차물을 전대한 때에는 전차인은 직접 임대인에 대하여 의무를 부담한다. 이 경우에 전차인은 전대인에 대한 차임의 지급으로써 임대인에게 대항하지 못한다.
② 전항의 규정은 임대인의 임차인에 대한 권리행사에 영향을 미치지 아니한다.

① **임차인(전대인)과 전차인의 관계**

임차인(전대인)과 전차인의 관계는 전대차계약의 내용에 의하여 결정된다.

② **임대인과 전차인의 관계**

㉠ 임대인의 동의 있는 전대차가 적법하다고 하여 임대인과 전차인 사이에 직접 임대차관계가 성립하는 것은 아니다. 따라서 전차인은 임대인에 대하여 권리를 주장하지 못한다.

㉡ 임대인과 전차인 사이에 임대차 관계는 없지만 민법은 임대인 보호를 위하여 전차인은 직접 임대인에 대하여 의무를 부담한다고 규정한다(제630조 제1항). 따라서 전차인은 목적물보관의무·목적물반환의무·차임지급의무 등을 지게 된다. 전차인은 전대차계약에 의하여 임차인(전대인)에 대해서도 의무를 지므로 임차인에게 의무이행을 한 한도 내에서 임대인에 대한 의무를 면하게 된다. 다만, 전차인이 전대차계약에서 정한 변제기 전에 차임을 임차인에게 지급하면 그로써 임대인에게 대항하지 못한다(제630조 제1항).

③ **임대인과 임차인(전대인)의 관계**

전대차 성립에 의하여 임대인과 임차인은 아무런 영향을 받지 않는다. 임대인이 직접 전차인에게 권리를 행사할 수 있다고 하여 임차인에게 권리를 행사할 수 없다는 것은 아니다.

④ **전차인보호를 위한 특별규정**

㉠ 임차인이 임대인의 동의를 얻어 임차물을 전대한 경우에는 임대인과 임차인의 합의로 계약을 종료한 때에도 전차인의 권리는 소멸하지 않는다.

㉡ 임대차계약이 해지의 통고로 인하여 종료된 경우에 그 임차물이 적법하게 전대되었을 때에는 임대인은 전차인에 대하여 그 사유를 통지하지 아니하면 해지로써 전차인에게 대항하지 못한다.

㉢ 건물 기타 공작물의 소유 또는 식목·채염·목축을 목적으로 한 토지임차인이 적법하게 그 토지를 전대한 경우에 임대차 및 전대차의 기간이 동시에 만료되고 건물·수목 기타 지상시설이 현존한 때에는 전차인은 임대인에 대하여 전전대차와 동일한 조건으로 임대할 것을 청구할 수 있다(제644조).

㉣ 건물 기타 공작물의 임차인이 적법하게 전대한 경우에 전차인이 그 사용의 편익을 위하여 임대인의 동의를 얻어 이에 부속한 물건이 있는 때에는 전대차의 종료시에 임대인에 대하여 그 부속물의 매수를 청구할 수 있다. 임대인으로부터 매수하였거나 그 동의를 얻어 임차인으로부터 매수한 부속물에 대하여도 같다(제647조).

㉤ 적법한 건물전차인에게는 임대청구권과 건물매수청구권은 인정되지 않으며 부속물매수청구권은 인정된다.

제36회 공인중개사 시험대비 **전면개정판**

2025 박문각 공인중개사 **1차** 기초입문서

초판인쇄 | 2024. 10. 25.   **초판발행** | 2024. 10. 30.   **편저** | 박문각 부동산교육연구소
발행인 | 박 용   **발행처** | (주)박문각출판   **등록** | 2015년 4월 29일 제2019-000137호
주소 | 06654 서울시 서초구 효령로 283 서경빌딩 4층
팩스 | (02)584-2927   **전화** | 교재주문·학습문의 (02)6466-7202

판 권
본 사
소 유

정가 20,000원   ISBN 979-11-7262-281-7 / ISBN 979-11-7262-280-0(1·2차 세트)